Organizadores:
Éderson Garin Porto
Felipe Asensi Dutra

COMPLIANCE

Reflexões e Aplicações Setoriais

Autores:
Bruno França Amaro
Éderson Garin Porto
Eduardo W. S. Pimentel Junior
Elizandro Brollo
Fernando De Faveri
Flávia Fernandes Caregnato
Jean Victor Fredi Monteiro
José Eduardo Cavalari
José Luiz Gondim dos Santos
Juliana de Souza
Julio Mariano Fernandes Praseres
Karen Nayara de Souza Sturmer
Marcus Abreu de Magalhães
Natalia Gomes Vargas
Nilvan Vieira da Silva
Pedro Bolívar de Souza Andrade

Publisher: Ambra University Press
First edition: October 2020 (Revision 1.0a)

Authors: Bruno França Amaro, Éderson Garin Porto, Eduardo W. S. Pimentel Junior, Elizandro Brollo, Fernando De Faveri, Flávia Fernandes Caregnato, Jean Victor Fredi Monteiro, José Eduardo Cavalari, José Luiz Gondim dos Santos, Juliana de Souza, Julio Mariano Fernandes Praseres, Karen Nayara de Souza Sturmer, Marcus Abreu de Magalhães, Natalia Gomes Vargas, Nilvan Vieira da Silva, Pedro Bolívar de Souza Andrade.
Title: Compliance: reflexões e aplicações setoriais
Cover design: Raquel Gaudard
Book design: André Luiz Gama
Proofreading: André Luiz Gama

E-book format: EPUB
Print format: Paperback- 6 x 9 inch

ISBN: 978-0-9890761-7-3 (Print - Paperback)
ISBN: 978-0-9890761-8-0 (e-book – EPUB)

Ambra University Press is a division of Ambra Education, Inc.
Orlando, FL, USA
https://press.ambra.education/ • https://www.ambra.education/

The translation below is for convenience only. In case of any conflict, English text in the previous page prevails.
A tradução abaixo é somente por conveniência. Em caso de quaisquer conflitos, o texto em inglês da página anterior prevalece.

Editora: Ambra University Press
Primeira edição: outubro de 2020 (Revisão 1.0a)

Autores: Bruno França Amaro, Éderson Garin Porto, Eduardo W. S. Pimentel Junior, Elizandro Brollo, Fernando De Faveri, Flávia Fernandes Caregnato, Jean Victor Fredi Monteiro, José Eduardo Cavalari, José Luiz Gondim dos Santos, Juliana de Souza, Julio Mariano Fernandes Praseres, Karen Nayara de Souza Sturmer, Marcus Abreu de Magalhães, Natalia Gomes Vargas, Nilvan Vieira da Silva, Pedro Bolívar de Souza Andrade.
Título: Compliance: reflexões e aplicações setoriais
Design da capa: Raquel Gaudard
Projeto gráfico: André Luiz Gama
Revisão: André Luiz Gama

Formato e-book: EPUB
Formato impresso: Capa mole - 6 x 9 polegadas

ISBN: 978-0-9890761-7-3 (Impresso – capa mole)
ISBN: 978-0-9890761-8-0 (e-book – EPUB)

Ambra University Press é uma divisão da Ambra Education, Inc.
Orlando, FL, EUA
https://press.ambra.education/ • https://www.ambra.education/

PREFÁCIO

Compliance é algo simples conceitualmente e complexo na prática. É uma arte e uma ciência que precisa de conhecimento aprofundado e profissionais sérios e comprometidos para poder alcançar os seus verdadeiros objetivos.

Trata-se de uma área de atuação profissional aplicada tanto a empresas familiares como a grandes corporações de capital aberto ou mesmo a empresas públicas e governos em geral. Trata-se de campo de estudos multidisciplinar e multifacetado que abre espaço para profissionais de direito, administração, contabilidade, auditoria, finanças, engenharia, etc.

O compliance tem grande demanda em diversos setores regulados, mas também a qualquer empresa que deseja organizar sua governança corporativa. Ele é uma ferramenta importante para quem quer manter os princípios e valores da origem ao longo do tempo de vida da empresa.

Certamente, boas práticas de compliance contribuem para garantir uma vida mais longa para as empresas, assim como uma melhor qualidade destas, pois visam manter a coerência entre o que é esperado e o que realmente é praticado nas empresas. Assim, os custos de implantação do compliance acabam por se transformar em investimento.

A presente obra levará você a se inspirar e transpirar compliance em diversas áreas, trazendo diferentes visões. Não se trata de uma mera coletânea de artigos. Trata-se de algo que vai muito além. Trata-se de uma verdadeira obra coletiva.

Esta é a primeira obra colaborativa produzida por profissionais que estão cursando o mestrado em ciências jurídicas da Ambra University. Mais precisamente, que cursam o programa na área de concentração de risco e compliance.

A produção desta obra envolveu dois professores e 15 mestrandos. Estes são profissionais que atuam em carreiras diversas como: advocacia, consultoria, auditoria, magistratura, segurança pública e procuradoria municipal. Suas experiências diversas engrandecem esta obra.

Especialmente por ser o primeiro de muitos que devem surgir, esta obra ficará na história e no coração de todos nós da Ambra University. Parabéns e obrigado aos autores, (mestrandos e professores) que se dedicaram durante meses para esta produção colaborativa tornar-se realidade.

Ao longo de mais de 6 meses, o conteúdo foi desenvolvido e discutido entre os autores. Inicialmente, os autores, mestrandos da área de compliance da Ambra University, tiveram aulas, participaram de encontros e discutiram semanalmente sobre compliance com o professor doutor Éderson Porto Gárin na disciplina de Compliance.

O final do processo de ensino-aprendizagem com o professor Éderson foi composto por um ciclo de palestras no qual cada mestrando se apresentou para o professor e os demais mestrandos. Concluído o estudo dos fundamentos do compliance em nível de mestrado, os profissionais passaram para debates e produção acadêmica com a orientação e supervisão do professor doutor Felipe Asensi Dutra. Esse trabalho foi realizado ao longo do Compliance Series Seminar.

Durante o tempo de estudos do Compliance Series Seminar, os mestrandos contaram com palestras de profissionais de mercado da advocacia, profissionais de compliance de empresas públicas e privadas e renomados professores na área.

Este livro foi produzido em ciclos de produção, discussão e feedback entre os autores conforme o seguinte processo:

1. Discussão em grupo dentro do mestrado

2. Estudo e pesquisa individual

3. Apresentação oral para o Professor Éderson

4. Incorporação dos feedbacks da etapa anterior e produção do capítulo do livro

5. Ciclo de comentário no qual cada autor comentava dois outros capítulos e cada capítulo era comentado e avaliado por dois autores

6. Incorporação das sugestões e revisão do capítulo

7. Novo ciclo de comentário no qual cada autor comentava dois outros capítulos e cada capítulo era comentado e avaliado por dois autores

8. Incorporação das sugestões da etapa anterior e revisão do capítulo

9. Ciclo de comentário do professor doutor Felipe Asensi em todos os capítulos produzidos

10. Incorporação das sugestões da etapa anterior e revisão do capítulo

Ao final desse processo colaborativo e planejado usando técnicas de prática deliberada presentes no CAP Method da Ambra University, chegamos a esta obra.

Agradeço e parabenizo os autores pela excelente produção colaborativa e tenho certeza de que o leitor terá grandes *insights* a partir deste livro.

Um forte abraço
Alfredo Freitas

SUMÁRIO

UMA ABORDAGEM DO COMPLIANCE A PARTIR DA ANÁLISE ECONÔMICA DO DIREITO

Éderson Garin Porto

Um olhar retrospectivo para os índices de desenvolvimento econômico e social globais permite perceber que a civilização humana experimentou expressiva melhora nas últimas décadas. É possível notar o aumento da renda das famílias e, ainda mais importante, uma forte redução da extrema pobreza.

Dados extraídos desde 1820 até o ano de 2015 retratam a redução da pobreza e o incremento da riqueza, conforme estudo conduzido pela Universidade de Oxford no projeto "Our world in data":

Muitos outros dados poderiam ser acrescentados para afirmar que, em termos absolutos, a população mundial tem experimentado melhores condições de vida, tais como a redução do nível de mortalidade infantil[1] e o aumento na expectativa de vida[2].

---

[1] Dados sobre a redução da mortalidade infantil, disponível em https://www.who.int/gho/child_health/mortality/mortality_under_five_text/en/

[2] Dados sobre o aumento na expectativa de vida, disponível em https://ourworldindata.org/life-expectancy

O fenômeno observado não deve ser explicado apenas por um único fator, mas é possível estabelecer uma relação entre os bons índices de desenvolvimento humano com a liberdade econômica verificada naqueles países. Basta observar os dados apresentados no Relatório do Banco Mundial para perceber que os países com maior nível de liberdade econômica são também os países com mais baixos níveis de pobreza:

Estudos comprovam que a liberdade econômica, própria do sistema capitalista, é capaz de trazer maior bem estar à sociedade do que qualquer outro modelo econômico ou experiência já testada pela civilização moderna[3]. O mecanismo de preços é o melhor sistema já inventado pelo ser humano, pois sem a necessidade de qualquer intervenção, os agentes do mercado podem livremente buscar a melhor alocação de seus esforços e recursos.

---

[3] Sobre o tema, conferir o interessante artigo científico com dados estatísticos: Cephas Naanwaab, 2018. "Does Economic Freedom Promote Human Development? New Evidence from a Cross-National Study," Journal of Developing Areas, Tennessee State University, College of Business, vol. 52(3), pages 183-198, July-Sept.

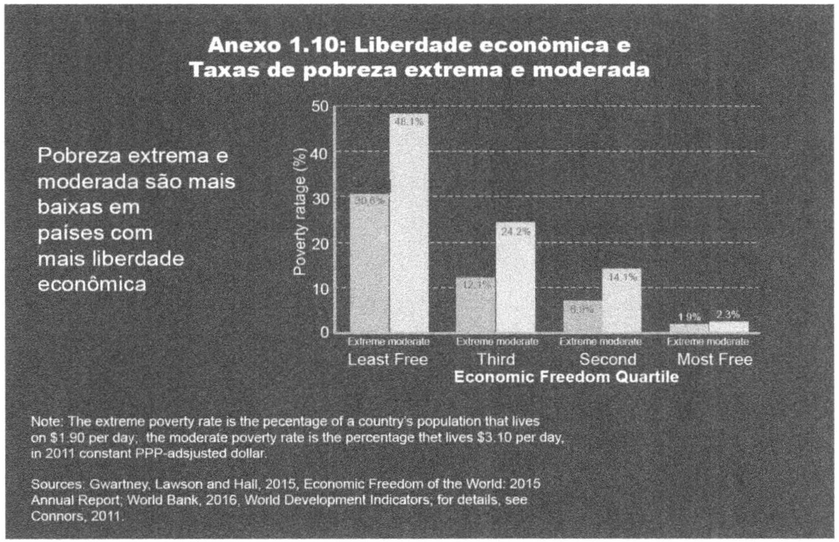

Fonte: Gráfico 3: Liberdade econômica e taxas de pobreza extrema e pobreza moderada. No eixo Y, a taxa de pobreza. No eixo X, o agrupamento de países de acordo com sua liberdade econômica. Quanto mais à direita, maior a liberdade econômica. Em cada agrupamento há o percentual de pobreza extrema (extreme) e de pobreza moderada (moderate). Fonte: Cato Institute *et al.*, "Economic Freedom of the World: 2016 Report."

É bem verdade que a literatura econômica reconhece que o sistema possui imperfeições, às quais atribui a denominação de falhas de mercado[4] e estas disfunções do sistema podem e devem ser atacadas por medidas mitigatórias. Para compreender este ponto é preciso, ainda que brevemente, recobrar o pensamento de Ronaldo Coase.

---

[4] PINDYCK, Robert S.; RUBINFELD, Daniel L. Microeconomia. 6. ed. Tradução Eleutério Prado e Thelma Guimarães. São Paulo: Pearson Prentice Hall, 2006. Capítulos I a VI; VARIAN, Hal. Microeconomia: princípios básicos. Tradução da 7ª edição norte americana por maria José Cyhlar Monteiro e Ricardo Doninelli. Rio de Janeiro: Elsevier, 2006; COOTER, Robert. Law and Economics. Berkeley Law Books, 2016. Capítulo 2.

Por que existem as empresas? [5] A questão suscitada por Ronald Coase em 1937 buscava explicar por que surgiria a firma numa economia de livre mercado onde as trocas voluntárias poderiam naturalmente resolver as necessidades da sociedade. Se o mecanismo de preços poderia prover todas as necessidades, qual seria a justificativa para a existência de uma organização hierarquizada? Por que integrar em uma entidade vários meios de produção e não contratar isoladamente? Afinal, o que determina quais atividades a firma irá incorporar e fazer por si mesma e quais atividades irá buscar no mercado?[6]

O trabalho de Coase demonstra que o tamanho da firma (ou a sua própria existência) deve levar em consideração o que chamou de custo do mercado (isto é, os custos de usar o mecanismo de preço) e os custos de organização de diferentes empreendedores[7]. Portanto, Ronald Coase antecipou a proposição de que não era uma pré-existente entidade tecnológica, mas que a firma e o mercado seriam modos alternativos de organização. Assim, a escolha entre o mercado e a organização hierarquizada (firma) seria decidida principalmente pelos custos de transação[8].

A pesquisa de Coase trouxe outros dois dilemas: (1) se o mercado é perfeito, por que a maior parte das atividades são organizadas em empresas? (2) Se a organização da produção em empresas traz mais vantagens em relação ao mercado, por que todas as trocas não se organizam em torno de uma única grande empresa? Segundo Willianson, em um número maior que o desejado,

---

[5] COASE, Ronald H. *The firm, the Market and the Law.* Chicago: The University of Chicago Press, 1990, p. 37.

[6] WILLIAMSON, Oliver E. e WINTER, Sidney G. *The Nature of the Firm. Origins, evolution and development.* New York: Oxford University Press, 1993, p. 4.

[7] COASE, Ronald H. *The firm, the Market and the Law.* Chicago: The University of Chicago Press, 1990, p. 53.

[8] WILLIAMSON, Oliver E. *The transaction cost economics Project. The theory and Practice of the Governance of Contractual Relations.* Northhampton: Edward Elgar Publishing, 2013, p. 3.

a substituição da organização interna pelas trocas promovidas no mercado são atrativas menos em razão das economias tecnológicas associadas a produção mas por causa do que pode ser conhecido como "falhas transacionais" na operação do mercado para intermediar a troca de bens.

A perspectiva que se descortina com o crescimento do modelo de negócio inaugurado com a economia compartilhada é que os custos de transação que induziram a criação de grandes organizações cuja lógica era a integração vertical da produção[9] hoje são colocados em cheque. Eis um tema para ser observado nos próximos anos.

Tomando estas premissas como ponto de partida, é possível afirmar que a melhor forma de trazer prosperidade para as nações é através do prestígio ao mercado, conferindo-lhe segurança e confiabilidade e sobretudo reduzindo os chamados custos de transação identificados no trabalho de Coase.

Essas considerações podem parecer triviais para alguns e questionáveis para outros, mas o leitor deve estar intrigado em compreender qual a relação de tais assertivas com o tema "compliance".

Pois esta é uma abordagem que se propõe original.

A cultura do *compliance* ganhou força nos últimos anos e muito se deve a relação do tema com o combate a corrupção, dentre outros ilícitos. O movimento tem início com a imposição às corporações de leis que visavam coibir ilícitos e assim aprimorar os mercados. Com o passar dos anos, muitas instituições e empresas passaram a incorporar práticas pregadas pelo *compliance*. Parcela expressiva desses agentes adotaram tais compromissos porque a legislação impunha, sem compreender efetivamente qual o benefício que tais comportamentos poderiam agregar ao seu negócio.

---

[9] WILLIAMSON, Oliver E. *The transaction cost economics Project. The theory and Practice of the Governance of Contractual Relations.* Northhampton: Edward Elgar Publishing, 2013, p. 7.

É possível afirmar que ainda hoje, passados mais de 30 anos do surgimento das primeiras normas nos Estados Unidos, muitos empresários ainda observam o *compliance* com desconhecimento e desconfiança. E qual seria a explicação? É evidente que tendência de comportamento jamais pode ser explicada de forma simplória a partir de apenas uma causa. No entanto, para o efeito de esclarecer a abordagem de Análise Econômica do Direito com o *Compliance* é que se ousa explicar a baixa adesão por aquelas instituições e empresas de pequeno e médio porte, ainda não obrigadas por lei a assumir um programa de *compliance*.

Partindo da premissa que o ser humano é um agente racional e que este busca a sua maior satisfação, afigura-se evidente a resistência em implantar condutas e práticas alinhadas com as melhores práticas de *compliance* quando não se vislumbra a "maximização da satisfação" com a adoção de tais programas. Em linguagem mais simples, não há razão para gastar com *compliance* se esta despesa não irá trazer maior lucro. Como a criação de um bom programa de *compliance* envolve custos e numa abordagem rasa tal estratégia não irá resultar em maior lucro, não há razão para tal investimento.

Reside nestas percepções equivocadas que a abordagem aqui defendida vai concentrar atenção.

A ideia de um livre mercado sólido e pautado pela confiança entre seus agentes, inspirado pela segurança para a realização dos negócios é o segredo de prosperidade indicado pelo Professor Robert Cooter[10]. Para Cooter e Schaefer, a fraqueza do Direito é a causa da pobreza das nações, sufocando e atrapalhando negócios. É preciso na visão dos autores proteger a propriedade, garantir o *pacta sunt servanda*, prover integridade financeira e proteger os stakeholders[11]. Pois este é o pensamento que se pretende abordar

---

[10] COOTER, Robert e SCHAEFER, Hans-Bernd. *Solomon's knot: How law can end poverty of Nations*. Berkeley: Princeton University Press, 2011, p. 10.

[11] COOTER, Robert e SCHAEFER, Hans-Bernd. *Solomon's knot: How law can end poverty of Nations*. Berkeley: Princeton University Press, 2011, p. 10.

para defender a aproximação do *compliance* com a Análise Econômica do Direito[12].

A cultura do *compliance*, mais do que combater a corrupção e condutas antijurídicas, pode prestar um grande serviço ao desenvolvimento de uma determinada sociedade. É possível estimular a realização de negócios e, assim criar mais oportunidades e mais riqueza, quanto maiores forem as sinalizações das instituições e do próprio mercado para a criação de uma atmosfera de confiança.

Há, portanto, um papel muito importante reservado ao *compliance*. Entende-se que além de um fim imediato (combate à corrupção), o *compliance* deve atuar como verdadeiro farol, torre de controle (em linguagem da aviação), indicando para os agentes as condutas esperadas e que trarão um maior bem-estar para todos.

A compreensão de que os negócios mais alinhados aos padrões de governança e *compliance* serão mais atrativos pode resolver o primeiro problema apresentado, vale dizer, a incompreensão dos empresários sobre qual a vantagem em estruturar um programa de *compliance*. Se os negócios que sinalizam melhores práticas atraem mais e melhores oportunidades, há uma forte razão para que as empresas passem a aderir tais práticas. Nessa linha, se muitos negócios passarem a se comportar nesse sentido, é possível prever uma melhoria sistêmica no ambiente de negócios, criando um mercado mais próspero.

A proposta visa quebrar o círculo vicioso que vigora em países em desenvolvimento como é o caso do Brasil. Nestes mercados, as pessoas descumprem as normas porque todos descumprem. Se todos descumprem e somente um cumprir, este será considerado não alinhado e seguramente será

---

[12] Um excelente estudo de aproximação de governança corporative e análise econômica é empreendido pelo Prof. Robert Bartlet: Bartlett, Robert P. and Talley, Eric L., Law and Corporate Governance (July 26, 2017). Forthcoming, Handbook of Corporate Governance (Hermalin & Weisbach, eds, 2018). Available at SSRN: https://ssrn.com/abstract=3009451 .

alijado do mercado[13]. Logo, impera a lógica do jeitinho, da malandragem ou "lei de gerson"[14]. Não há incentivos para o cumprimento porque as instituições são lenientes com este tipo de comportamento e o mercado já se acomodou dentro destas "regras". O resultado é que estes mercados são extremamente fechados. Não há interesse do investimento migrar de países desenvolvidos para países em desenvolvimento quando a percepção de cumprimento das normas é tão desprezada. Outro círculo se forma: os países são pobres porque não recebem investimentos e, ao não receber investimentos não desenvolvem e não há nenhuma razão para os players mudarem seus comportamentos enquanto estão extraindo vantagens com as regras vigentes.

Um bom exemplo que pode ilustrar a quebra do círculo vicioso num mercado extremamente fechado e inseguro, segundo a percepção dos investidores é o caso dos contratos de castelo. Sabe-se que existem muitos castelos no oriente médio e muitos deles estão disponíveis para venda. Ocorre que a transação num mercado desconhecido, com idioma incompreensível por muitos e que, ainda por cima, tem suas transações colocadas em xeque pela fama de intermediários corruptos e práticas não transparentes faz com que tal mercado não seja atrativo para os investidores estrangeiros.

O governo dos Emirados Árabes Unidos percebeu este problema e resolveu propor medidas para estimular os negócios neste atrativo mercado. Por meio da adoção de instrumentos jurídicos sólidos, apoio (*enforcement*)

---

[13] Neste ponto, adota-se um abordagem de Análise Econômica do Direito com a aplicação da chamada "Teoria dos Jogos". Sobre o tema consultar com proveito: MACKAAY, Ejan; ROUSSEAU, Stéphane. **Analise economica do direito**. São Paulo, Atlas, 2014, *passim*.

[14] Essa é uma expressão muito famosa criada na década de 1980 no Brasil por algumas pessoas que invocavam em suas entrevistas um comercial de cigarros veiculado na década de 70. O comercial protagonizado pelo jogador da seleção brasileira de futebol campeã do mundo, veiculava a seguinte mensagem declamada pelo jogador: ""Por que pagar mais caro se o Vila me dá tudo aquilo que eu quero de um bom cigarro? Gosto de levar vantagem em tudo, certo? Leve vantagem você também, leve Vila Rica!"

estatal, conseguiu-se quebrar a desconfiança e hoje se observa o crescimento de um mercado que tem atraído grandes fundos de investimento mundiais. Este exemplo ilustra que boas regras são capazes de estimular e despertar a confiança do mercado, tornando-o mais atrativo.

Não obstante os incontáveis benefícios e vantagens da incorporação do *compliance* na cultura de um determinado mercado, acredita-se que o efeito mais concreto e capaz de criar os incentivos corretos para a adoção voluntária por parte dos agentes é sem dúvida a demonstração da melhoria no ambiente de negócios. Esta abordagem detem um poder de persuasão maior que simplesmente justificar que é ético fazer a coisa certa e cumprir as leis. Com isso não se está desprezando ou rebaixando a importância de todos os esforços até aqui empreendidos no sentido da implantação da cultura do *compliance* nas corporações. Pelo contrário, o que se objetiva é demonstrar que sobram razões de natureza econômica para a adoção de condutas conformes e implantação de programas que documentem e espelhem tais condutas.

Portanto, é preciso que os agentes do mercado percebam e sejam convencidos das vantagens e externalidades positivas que a implementação do *compliance* em suas instituições. Pode-se dizer que a incorporação do *compliance* pelos mercados apresenta uma eficiência de Pareto, quando se observa a melhoria sistêmica do mercado e ninguém veio a amargar prejuízo com a adoção de tais práticas. Significa dizer que a implantação de um programa de *compliance* é eficiente numa abordagem econômica e tem capacidade de melhorar o bem-estar da sociedade no chamado equilíbrio de Pareto[15].

---

[15] SALAMA, Bruno M. O que é pesquisa em Direito e Economia? Cadernos DireitoGV nº 22, v. 5, n. 2, mar/2008. MANKIW, N. Gregory; HASTINGS, Allan Vidigal; PAES E LIMA, Elisete; PINTO, Manuel José Nunes. Introdução à economia. São Paulo: Cengage Learning, 2014. Capítulos I e II. POSNER, Richard A. Guido Calabresi's 'The Costs of Accidents': A Reassessment. 64 Maryland Law Review 12, 2005. PINDYCK, Robert S.; RUBINFELD, Daniel L. Microeconomia. 6. ed. Tradução Eleutério Prado e Thelma Guimarães. São Paulo: Pearson Prentice Hall, 2006. Capítulos I a VI.

O COMPLIANCE DE DADOS NA LEI GERAL DE PROTEÇÃO DE DADOS PESSOAIS

Marcus Abreu de Magalhães[1]

Debate acerca da proteção de dados na Era da Informação. Lei 13.709/2018 - Lei Geral de Proteção de Dados no Brasil. Atividade de Compliance de Dados. O papel do *Data Protection Officer* (DPO). A transformação social decorrente dos novos meios de comunicação e disseminação de informações; o debate acerca da proteção à intimidade e privacidade; a demanda por regulação legislativa advinda do novo cenário social; a necessidade de se amoldar às novas exigências; os riscos corporativos; as medidas mínimas necessárias às organizações; os primeiros passos antes da vigência da LGPD; e a limitação de responsabilidade dos provedores de dados.

O artigo analisa o controle da informação no contexto contemporâneo da coleta, cruzamento e aproveitamento de dados pessoais por empresas na rede mundial de computadores. A partir de casos concretos verifica-se a necessidade de governança para assegurar a segurança dos dados coletados e proteger a organização da responsabilidade correspondente. Ante a relevância

[1] Juiz de Direito no TJMS, graduado em Economia e Direito pela UnB, mestrando da Ambra University

da atividade de *big data* na Era da Informação diversas nações incorporaram em seus ordenamentos jurídicos normas para compelir as empresas a realizar tais controles. O artigo aborda as semelhanças e principais distinções entre os modelos regulatórios já propostos. Além disso, também se percebe a importância de marco regulatório na medida em que agências em diversos países foram desdobradas para supervisionar o uso de dados particulares por corporações.

Entretanto, os controles desenhados nessa primeira geração de normas se revelam insuficientes para assegurar o objetivo de proteção almejado. Talvez justamente por partir de modelos burocráticos repletos de obrigações acessórias a novel legislação terá dificuldades em promover efetivo controle do trânsito de informações entre diferentes plataformas. Não obstante marcam o início da regulação estatal e a resposta aos anseios e preocupações do setor com a ubiquidade e fragilidade do compartilhamento de dados entre diferentes agentes no mercado.

INTRODUÇÃO

A Era da Informação marca nova dinâmica das relações humanas. Seguindo as revoluções marcadas pelo advento da agricultura, da escrita, da indústria, o fenômeno da universalização das comunicações e da informação transformou outra vez a sociedade. Acredita-se (SIDHU, 2015; HARARI, 2015; HAN, 2018) estarmos passando por uma quarta grande revolução a transformar o conjunto das relações sociais, profissionais e pessoais. O controle da informação será o ponto fulcral dessa nova dinâmica de poder.

A Internet é a face mais evidente dessa revolução. A virada para o III Milênio apresentou novas formas de comércio, de trabalho, de produção e de relacionamento entre pessoas. Guerras são travadas no ciberespaço. Fortunas criadas com produtos virtuais, distribuídas por serviços virtuais e acumuladas em carteiras de criptomoedas virtuais.

Independentemente de sua localização física, por meio de canais cibernéticos, pequenas empresas podem negociar em mercados globais, adquirir insumos diretamente de fabricantes e distribuir produtos e serviços a consumidores em qualquer lugar do globo.

A interação nos ambientes virtuais gera volume imenso de dados, que podem ser armazenados, separados, coletados e aproveitados para identificar pessoas - físicas e jurídicas - e assim perscrutar acerca de suas preferências, hábitos, vícios, capacidade econômica e vulnerabilidades.

A preocupação com o poder resultante desse controle de dados, do papel das empresas gerenciadoras dessas informações na sociedade e do esgarçamento da privacidade e da intimidade dos cidadãos motiva a edição de novo arcabouço de normas protetivas voltadas a limitar e a responsabilizar provedores de conteúdo.

A partir de tal responsabilização, as corporações irão responder por vazamentos de dados dos indivíduos, pelo compartilhamento irregular de dados sensíveis ou privados ou mesmo por algumas das consequências do uso indevido das informações armazenadas. Em razão disso, obrigatoriamente deverão implementar rotinas mais rígidas de segurança de dados para mitigar o risco de despesas com pagamento de reparações pelos danos decorrentes da fragilidade de seus controles.

Ante o largo tempo previsto para a entrada em vigor dessas normas, em torno de 24 meses na maioria das legislações, as empresas têm a oportunidade de criar políticas de *compliance* de dados e adequar seus controles internos a esse novo panorama. Este artigo trata da importância do *Compliance* na gestão de dados e de sua implementação no ambiente corporativo. Aborda-se aqui a transformação social decorrente dos novos meios de comunicação e as novas formas de disseminação de informações e seu impacto na sociedade; o debate acerca da proteção à intimidade e privacidade resulta de transformações de garantias antes reconhecidas e do uso, não raro pouco transparente, dos dados individuais; a resposta social por meio da regulação legislativa e a necessidade de se amoldar às novas exigências; os riscos corporativos enfrentados pelas organizações decorrentes do vazamento ou compartilhamento de dados; bem como as medidas mínimas requeridas para limitar a responsabilidade institucional[2]. A polêmica da responsabilidade dos provedores de dados pelas informações divulgadas por terceiros em suas plataformas ante o controle de conteúdo efetivamente exercido pelo editor.

O trabalho abre com a apresentação do contexto do uso de imensos volumes de dados pessoais em meio digital para substituir atividades cotidianas, como comércio, serviços, pesquisa e desenvolvimento de novos produtos, organização da logística de distribuição bem como relacionamento pessoal, comunicações diversas e entretenimento. A partir da alteração do panorama do mercado de bens para a economia da informação abordaremos o surgimento da atividade de coleta, cruzamento e aproveitamento de dados pessoais. Essa nova atividade descortina um conjunto de oportunidades, mas também de riscos políticos, sociais e individuais.

No capítulo seguinte apresenta-se a necessidade de criação da atividade de *compliance* de dados, justamente para assegurar o controle dos dados e do seu uso por organizações e por terceiros que obtenham a informação por compartilhamento (autorizado ou subtraído). Aborda-se regulamentos e exigências internacionais, em especial na União Europeia, para a criação de instâncias específicas dentro das corporações para garantir tais controles.

No quarto e quinto capítulos analisa-se a Lei Geral de Proteção de Dados Pessoais – LGPD de 2018 do Brasil. A inspiração no diploma europeu é destacada bem como a dificuldade de as empresas brasileiras seguirem o novo ordenamento mesmo com o largo tempo de *vacatio legis*.

No sexto capítulo, partindo da relevância do tema fixada nos tópicos anteriores, enfrenta-se a polêmica da responsabilidade pela disseminação de conteúdo. A fronteira marcada até o século XX entre o autor de opiniões e o responsável pelo meio de divulgação dessas opiniões se torna tênue na virada

---

[2] seja a administrativa, a civil ou a penal (nos ordenamentos que acolhem a responsabilidade penal de pessoas jurídicas).

do milênio. Já no século XXI não mais se vislumbra a razão da imunidade do distribuidor da informação em relação ao autor da opinião ou afirmação uma vez verificada a confusão entre tais atividades. O provedor de conteúdo tanto pode promover um ponto de vista quanto censurar outra perspectiva. A capacidade de controlar e influenciar a audiência migra do autor da opinião para quem controla sua divulgação. Em razão disso identifica-se a tendência de alteração das regras de responsabilidade pelo discurso.

Finalmente, à guisa de conclusão, convida-se o leitor para que acompanhe o incipiente tema. A falta de considerações definitivas e de veredito acerca do acerto da Lei Geral de Proteção de Dados Pessoais - LGPD ou dos controles estatais sobre a governança de dados particulares coletados pelas organizações públicas ou privadas decorre justamente da impossibilidade de apreensão dos fenômenos ainda em construção.

A ERA DA INFORMAÇÃO E A RESPONSABILIDADE PELO CONTROLE DE DADOS

A necessidade de engajamento das organizações com essas novas políticas decorre das transformações em curso na sociedade. A dinâmica política do poder migrou do controle da indústria para o controle da informação. Mais que uma tendência passageira, o *compliance* de dados nas instituições será mecanismo crucial para a gestão da própria atividade fim das corporações. A regulação legislativa da proteção de dados pessoais no ciberespaço não decorre de repentino reclamo social ou questão tópica, mas de drástica mutação que há tempos vem se desenhando no contexto civilizatório. Globalização, convergência digital, redes sociais cibernéticas e esgarçamento da autoridade estatal são efeitos do mesmo movimento.

O livro A Terceira Onda (TOFFLER, 1980) comparou as transformações sociais com ondas, onde cada nova vaga se espraia sobre a anterior. O autor já anunciava a substituição do comércio físico pelas compras via Internet, bem como pagamento de contas e encaminhamento digital de documentos. No mesmo sentido, historiadores (HARARI, 2015) identificam a Era da Informação como marco transformador comparável à Revolução Industrial ou à Revolução do Neolítico, quando as sociedades agrícolas substituíram as comunidades coletoras e permitiram o surgimento da escrita. A Revolução Industrial para Alvin Toffler teria sido a segunda onda, pois transformou a sociedade pela imprensa, as universidades em centros de pesquisa científica aplicada, e promoveu o surgimento das máquinas. Assim:

> "*The Second Wave Society is industrial and based on mass production, mass distribution, mass consumption, mass education, mass media, mass recreation, mass entertainment, and weapons of mass destruction. You combine those things with standardization, centralization, concentration, and synchronization, and you wind up with a style of organization we call bureaucracy.*"

Antes disso, ideias similares haviam sido formuladas na proposta do termo "*sociedade pós-industrial*" (TOURAINE, 1969 e BELL, 1973). Todavia, a percepção de que a informática seria o eixo do poder na Era da Informação e, via de consequência, o cerne dos riscos envolvidos nessa transição cibernética, foi apresentada por Alvin Toffler em duas de suas obras: *A Terceira Onda* e *Powershift*.

A Terceira Onda, também por alguns (SIDHU, 2015) denominada Revolução Digital, seria justamente o advento dessa nova organização social, com o enfraquecimento da noção clássica do Estado-Nação, abalado pelo gradual esgarçamento do consenso interno.

Até mesmo a Academia se transformou. Desapareceu o modelo de cidades ou bairros erigidos em torno do *campus*, tal como as Universidades estabelecidas no fim do I Milênio em Oxford ou Bolonha, em prol de redes virtuais de pesquisadores espraiados pelo planeta. Prédios, salas, bibliotecas espetaculares dão lugar a aulas virtuais, plataformas de estudo e convívio não menos fantásticos entre discentes e docentes. Como se vê desta publicação, coordenada a distância e elaborada em nuvem por discentes em diferentes países, as universidades inteiramente virtuais já estão estabelecidas e em plena operação.

A própria Internet surgiu como mecanismo acadêmico, na década de 70, na França, no projeto Cyclades, logo aproveitado em estrutura de comunicação militar, pelos Estados Unidos, no sistema ARPANET, ainda no bojo da troca de informações entre pesquisadores.

Para além de aplicações comerciais, militares ou acadêmicas, a Internet encontrou largo campo no entretenimento e nas conexões pessoais. A possibilidade de interação virtual deu azo a toda uma gama de novas modalidades de inter-relacionamento, tais como comunicadores instantâneos, redes sociais, aplicativos de encontros, grupos de discussões.

Esse panorama arrasta os indivíduos para um convívio em novas bases onde os limites da privacidade são desconstruídos tanto pela velocidade das comunicações, quanto pelas ferramentas de exposição em massa. Essa transformação tem merecido atenção da Filosofia (HAN, 2018; ROSENZWEIG, 2016) que aborda o impacto da comunicação instantânea para as pessoas:

> "A falta de distância leva a que o privado e o público se misturem. A comunicação digital fornece essa exposição pornográfica da intimidade e da esfera privada. Também as redes sociais se mostram como espaços de exposição do privado. A mídia digital como tal privatiza a comunicação, ao deslocar a produção de informação do público para o privado."[3]

---

[3] HAN, Byung-Chul. **No enxame: perspectivas do digital.** Petrópolis: Vozes, 2018. pp. 11- 20

A coleta de dados virtuais, combinada com algoritmos e ferramentas estatísticas de grandes números (*big data*), permitiu o aproveitamento de informações pessoais para fins comerciais. O sucesso do modelo de colheita de dados e metadados para fins de direcionamento marketing político, publicidade comercial ou mesmo avaliação de comportamento do indivíduo acendeu o debate acerca dos riscos inerentes a tal tecnologia.

O alcance da tecnologia de mineração de dados pode ser ilustrado com um exemplo. Na conferência Predictive Analytics World em 2010 foi apresentada a história[4] de como o supermercado Target, nos Estados Unidos, utiliza alterações de hábitos de consumo para prever eventos importantes de seus clientes. Por exemplo, os estatísticos do programa de análise de dados identificaram que mulheres grávidas param de adquirir loções fortes em favor daquelas sem perfume por volta do terceiro mês de gravidez. Esse exemplo, junto com outros 25 produtos, permitiu a previsão com grande exatidão de quais consumidoras estavam grávidas e assim orientar a remessa de cupons e promoções de artigos relacionados a bebês.

Tal prática - identificar clientes sob registro único para correlacionar seus dados - é comum a toda a indústria. O caso do Target porém trouxe a peculiaridade de um pai de aluna de segundo grau em Minneapolis ter ido ao mercado para reclamar com o gerente dos cupons recebidos por sua filha. A adolescente ainda não havia contado à família acerca da gravidez e o pai estava ultrajado com a afronta do mercado em oferecer produtos de maternidade endereçados a sua filha.

Em jogo valores constitucionais como a privacidade e a intimidade, mas também a própria democracia. O papel do cidadão de influir nas escolhas políticas, acompanhar e controlar as ações governamentais e interagir com atores privados – como grandes corporações e interesses – repentinamente parece se inverter. O risco de imersão em distopias antes reservadas à ficção

[4] Palestrante Andrew Pole título da palestra "How Target Gets the Most out of Its Guest Data to Improve Marketing ROI" - outubro 2010.

com manipulação de notícias, controle da informação e domínio sobre as próprias convicções pessoais dos indivíduos surge no debate acadêmico como real, possível e quiçá iminente.

Em resposta, propostas de regulação legislativa e revisão jurisprudencial surgem como primeira tentativa para conter os efeitos dessa vulnerabilidade cibernética. Ante a velocidade das novas tecnologias de coleta de dados e aproveitamento das informações certamente haverá a necessidade de permanente revisão normativa. O objetivo é impor limites ao compartilhamento de dados; tornar transparentes quais dados são coletados, armazenados e como são comercializados; bem como permitir ao indivíduo que retifique, exclua ou migre seus dados pessoais. Os vetores axiológicos dessas normas são firmados nos conceitos de proteção à privacidade; à liberdade de informação; à inviolabilidade da intimidade, da honra e da imagem; e, em termos mais amplos, à dignidade da pessoa humana.

No Brasil foi promulgada a Lei 13.709/2018 - Lei Geral de Proteção de Dados Pessoais (LGPD), em 14 de agosto de 2018, bem como promovidas alterações na Lei 12.965/2014 - Marco Civil da Internet com o objetivo de limitar a coleta de dados e proteger direitos constitucionais de privacidade dos cidadãos. Em 2019, aprovada no Senado, segue para aprovação na Câmara dos Deputados a PEC 17 que busca alterar a Constituição Federal para incluir a proteção de dados pessoais entre os direitos e garantias fundamentais e para fixar a competência privativa da União para legislar acerca da proteção e do tratamento de dados pessoais.

A União Europeia editou norma semelhante, o Regulamento Geral sobre a Proteção de Dados – RGPD[5], em 25 de maio de 2018, que orienta os Estados parte a implementar medidas semelhantes em seus respectivos ordenamentos. Nos Estados Unidos, o Estado da Califórnia foi o primeiro a criar legislação

---

[5] *General Data Protection Regulation* (GDPR), em Portugal incorporada ao ordenamento pela Lei 58/2019 - Lei de Execução do Regulamento Geral de Proteção de Dados, de 08 de agosto de 2019.

específica de controle, a *California Consumer Privacy Act* (CCPA), de 28 de junho de 2018. A multa de 5 bilhões de dólares aplicada ao Facebook pela Comissão Federal de Comércio dos Estados Unidos (Federal Trade Commission - FTC), em julho de 2019, foi acompanhada da imposição de criação de comitê de privacidade independente e implementação de arcabouço institucional de *compliance* de dados na plataforma.

Outra questão relevante é a natureza jurídica do provedor de conteúdo, em especial os responsáveis pelas redes sociais, onde os usuários são os produtores do conteúdo e o provedor é o organizador da plataforma de acesso. A regra primitiva que orientou globalmente a interpretação da natureza desse serviço, a *Section* 230 do *Communications Decency Act* (CDA) de 1996, estabeleceu não ser o provedor responsável pelo conteúdo publicado pelos usuários. Porém tal entendimento passou a ser objeto de debates na medida em que as redes sociais controlam, retiram, divulgam e organizam o conteúdo. Em razão disso, na medida em que o provedor reprime, censura ou bloqueia determinado conteúdo poderia se tornar responsável pelo conteúdo remanescente, porque promovido, disseminado e de certo modo chancelado pela empresa.

Nesse novo modelo que se desenha nesta nova década, tanto os provedores de conteúdo como fornecedores de serviços e produtos poderão ser responsabilizados[6] pelo uso indevido de informações, seja por má-fé na distribuição ou simples falhas no controle de dados. Cadastros informatizados de clientes ou usuários, mesmo em empresas com uso não intensivo da rede cibernética, irão sujeitar a empresa responsável à responsabilização por eventual mal uso ou disseminação. Desde a ubíqua rede social, que detém dados acerca da intimidade, personalidade, fortuna e miséria de cada usuário, até a rede de farmácias da esquina que apenas cadastra números básicos de identificação para fins de monitorar o consumo de cada cliente, passando pelos

---

[6] Em razão da prestação do serviço a consumidores, ainda que sem remuneração direta, a incidência do CDC poderia hoje atrair a responsabilidade objetiva por danos decorrentes do vazamento de dados, porém com a LGPD as falhas em atender as exigências legais mínimas irão caracterizar responsabilidade decorrente de ato ilícito.

gigantescos cadastros públicos, todas as entidades estarão sujeitas a indenizar por eventual vazamento de dados.

COMPLIANCE DE DADOS

A atividade de *compliance* na gestão de conteúdo nos provedores de Internet ganha assim assento próprio na organização corporativa. Assim como o *Compliance* representa o setor da organização responsável por assegurar o controle e a observância das leis e regulamentos pertinentes à atividade da empresa, o Compliance de Dados é setor específico voltado a garantir o cumprimento das normas de segurança, controle e acesso a informações.

O Regulamento Geral de Proteção de Dados da União Europeia (GDPR) prevê a obrigatoriedade da função de *Data Protection Officer* (DPO) em entidades públicas, companhias que atuem no monitoramento de pessoas em larga escala e companhias que processem dados sensíveis, como, por exemplo, de saúde, gênero ou religião[7]. A instituição do cargo de *Data Protection Officer*

---

[7] **GDPR - Section 4 - Data Protection Officer**

Article 37 - Designation of the data protection officer

1. The controller and the processor shall designate a data protection officer in any case where:

(a) the processing is carried out by a public authority or body, except for courts acting in their judicial capacity;

(b) the core activities of the controller or the processor consist of processing operations which, by virtue of their nature, their scope and/or their purposes, require regular and systematic monitoring of data subjects on a large scale; or

(c) the core activities of the controller or the processor consist of processing on a large scale of special categories of data pursuant to Article 9 and personal data relating to criminal convictions and offences referred to in Article 10.

e respectivo setor de *compliance* já se encontravam entre as recomendações do chamado *Article 29 Working Party*, que era nome dado ao corpo técnico de proteção de dados[8] auxiliar da Comissão Europeia até 25 de maio de 2018, quando foi substituído pelo Comitê Europeu de Proteção de Dados (*European Data Protection Board*).

As funções mínimas do DPO são formalmente elencadas em diretriz específica editada pela União Europeia antes da entrada em vigor do GDPR[9]. Esse executivo será o responsável por monitorar a conformidade com a legislação de proteção de dados, notadamente com o GDPR na Europa; pela obediência às normas internas da própria companhia; pela realização de auditorias e testes de integridade para assegurar a *compliance* às normas; treinar e promover a divulgação das normas e boas práticas; por atuar como ligação entre a companhia e as autoridades de controle, inclusive comunicando em 72 horas eventuais vazamentos de dados; por supervisionar as atividades de proteção (inclusive contra ciberataques, vazamentos, espionagem, sabotagem); e por aconselhar formalmente a alta administração da companhia acerca de riscos, medidas necessárias e falhas verificadas.

No Brasil, a norma prevê a figura do encarregado, artigos 5º, VIII, 23 e 41, da LGPD, que atua como canal de comunicação com os titulares de dados e a autoridade pública. A nomenclatura do cargo já indica função de gerência ou posto executivo em posição intermediária (ao contrário do GDPR) no organograma. Entretanto, ante o grau de responsabilidade e a necessidade de adequação a parâmetros globais, a tendência será a valorização dentro das organizações em patamar mais elevado que a previsão legal.

---

[8] porque entidade prevista no artigo 29 das Diretrizes Europeias de Proteção de Dados de 1996, o nome da instituição era "*Article 29 Working Party*"

[9] Guidelines on Data Protection Officers, de 13 de dezembro de 2016, revisada em 05 de abril de 2017. Disponível em: http://ec.europa.eu/justice/data-protection/index_en.htm Acesso em 20.ago.2019

De plano verificam-se pontos comuns com a atividade geral de *compliance* corporativo. Entretanto, o *Data Protection Officer* - DPO não se confunde com o *Chief Compliance Officer* - CCO. O CCO encontra-se em contato direto com a alta administração e é o responsável pelas falhas de segurança. No modelo europeu, o DPO não será o responsável pelas falhas, mas sim o CCO, o *Chief Financial Officer* – CFO, o *Data Controller* ou o *Data Processor* (em empresas menores), cargos previstos em lei e diretamente responsáveis pela implementação das políticas[10]. Isso porque o DPO apesar de exercer o controle interno, produzir relatórios e apontar falhas, não é o responsável pela implementação das medidas necessárias e não se encontra em posição hierárquica para exigir tais medidas.

Neste estudo abordamos apenas o modelo de *compliance* ocidental, voltado à preocupação de assegurar a proteção de dados individuais, controlar o uso corporativo dos dados coletados e a assegurar transparência às atividades de agregação e aproveitamento de dados. Imenso campo de estudos se abre para a atividade de controle e acompanhamento do uso de informações por parte do Estado em regime distinto. Nesse diapasão, por exemplo, a China monitora seus cidadãos, sancionando transgressões cotidianas e bonificando ações consentidas. Auditorias levadas a cabo por órgãos estatais de controle são muito mais amplas porém seguem arcabouço distante do modelo aqui enfocado.

Percebe-se assim que a atividade de *Compliance de Dados* terá imenso campo de atuação e grandes desafios tanto para proteger a empresa de arcar com indenizações não raro vultosas, quanto para proteger a sociedade dos riscos de futuro distópico onde o indivíduo seja monitorado por algoritmos lançados por corporações insuscetíveis de qualquer controle, transparência ou sindicância.

---

[10] Artigo 39(1)(c) e Artigo 30 do GDPR

LEI GERAL DE PROTEÇÃO DE DADOS PESSOAIS (LGPD) E *COMPLIANCE*

No Brasil foi promulgada a Lei 13.709, de 14 de agosto de 2018, com as alterações da Lei 13.853, de 08 de julho de 2019, que restou conhecida como a Lei Geral de Proteção de Dados Pessoais - LGPD. Essa lei reproduz em grandes linhas o ordenamento europeu, mas com importantes inovações para o panorama brasileiro.

Há previsão específica para os cargos de *Data Controler*, que é o Controlador do art. 5º, VI, da Lei; e de *Data Processor*, que é o Operador do art. 5º, VII, da Lei e o do encarregado, acima mencionado, no art. 5º, VIII, da LGPD. Os artigos 37 e seguintes retomam as obrigações do Controlador e do Operador determinando o dever de manter registro das operações, análise de impacto à proteção de dados pessoais, e a garantir a segurança das informações.

Não há previsão expressa para o cargo de *Data Protection Officer* - DPO. O encarregado, previsto nos artigos 5º, VIII, 23 e 41, da LGPD, não possui a mesma alçada e muito menos o mesmo acesso à direção da empresa. A responsabilidade de comunicação à autoridade nacional e ao titular dos dados é atribuída ao Controlador pelo art. 48 da LGPD. No mesmo sentido as funções de boas práticas e governança são da alçada dos Controladores e Operadores, como se vê do art. 50 da LGPD. Acreditamos não ser a melhor solução, porque a segregação de funções, mormente na área de controle, é essencial para garantir a eficácia da governança. Certes, há economia para a empresa ao deixar de criar todo o setor de *Data Compliance*, que seria subordinado ao DPO, porém estamos seguros que logo que a lei for efetivamente implementada a necessidade de controle independente será eventualmente reconhecida.

A garantia da autonomia técnica e profissional no exercício do cargo constava do art. 41, §4º, III, do projeto de lei, mas o parágrafo foi vetado pelo Presidente da República de sorte que restaram limitadas as possibilidades de a Autoridade

Nacional regulamentar suas prerrogativas. O polêmico veto, fundado na necessidade de impedir a reserva de mercado a profissionais do ramo jurídico ou regulatório[11], findou por também impedir a regulamentação da necessidade de criação do cargo de encarregado, eis que lançadas nos incisos e não em parágrafo próprio como inicialmente desenhado. A manobra de redação culminou por levar o veto também aos incisos, deixando um vácuo normativo acerca do papel do encarregado, suas garantias e necessidade do cargo.

Ante as imensas novas exigências aportadas pela LGPD é compreensível que se tenha dispensado a exigência de instituição do *Data Protection Officer* – DPO, de maneira a reduzir o impacto gerencial e de custos da implementação da política nacional de proteção de dados. Entretanto ainda que não previsto expressamente, há previsão da exigência de *Compliance* no Capítulo VII - Da Segurança e das Boas Práticas, em especial na sua Seção II - Das Boas Práticas e da Governança, o que irá estimular a criação de setor específico de compliance de dados em muitas empresas.

A LGPD requer que a empresa seja capaz de identificar e proteger os dados sensíveis do usuário, tais como nome, idade, gênero, endereço, e-mail ou qualquer dado apto a identificar alguém de maneira única. Deve se assegurar que detém a autorização para a coleta e armazenamento desses dados, mesmo das informações antes coletadas, e deve ser capaz de retirar os dados quando requisitada, identificar com precisão com quem compartilhou os dados e ainda relatar à autoridade nacional a existência do banco de dados com os detalhes acerca do tipo de informações que armazena (MALDONADO, 2018).

A LGPD já entrou em vigor no tocante aos artigos que regulamentam a Autoridade Nacional de Proteção de Dados (ANPD), órgão da administração pública federal, integrante da Presidência da República, para assegurar a estrutura burocrática necessária à atividade de supervisão e controle. Em relação às empresas, a lei tem previsão de entrar em vigor em agosto de 2020,

---

[11] consoante mensagem de veto, disponível em: http://www.planalto.gov.br/ccivil_03/_Ato2019-2022/2019/Msg/VEP/VEP-288.htm acesso em 22.JAN.2020.

vacatio legis que poderá sofrer nova prorrogação, momento em que já poderão responder administrativamente às requisições dos cidadãos e da autoridade nacional bem como responder por negligência em ações judiciais de reparação de danos morais e materiais.

CAMINHOS E MEDIDAS PARA A ADEQUAÇÃO À LGPD

As empresas deverão, antes da entrada em vigor da LGPD promover a estruturação do controle de dados para assegurar a realização das etapas mínimas de governança, a saber: identificação dos dados sensíveis; assegurar a proteção desses dados; restringir o acesso aos dados e detectar ameaças.

A **identificação dos dados sensíveis** importa o levantamento nos diversos bancos de dados dos variados setores, inclusive de parceiros comerciais que eventualmente tenham recebido em compartilhamento dados coletados pela empresa. Ante a diversidade de bancos de dados, em dispositivos variados, com plataformas de dados em sistemas e linguagens distintos, elaborados para atender setores específicos da empresa, o trabalho de levantamento do conjunto de bancos de dados sensíveis pode ser complexo e dispendioso. A exigência pode se convolar em oportunidade para instituir a padronização e integração de diversos bancos de dados espraiados pela organização.

A **proteção dos arquivos**, não apenas mediante dispositivos de cifração, backup e senhas biométricas, mas também mediante efetivo planejamento da estrutura física de segurança das instalações deve merecer atenção específica ante os riscos decorrentes da possibilidade de responsabilização da empresa por vazamentos de dados.

O **acesso aos dados** deve ser restrito aos colaboradores que efetivamente tenham a necessidade de acesso à informação. Apenas essa medida já demanda extenso trabalho de identificação do papel de cada setor e de cada funcionário da organização. Os dados devem ser classificados em níveis de sigilo, atribuídos conforme a responsabilidade e hierarquia na empresa bem como segmentados segundo a pertinência do setor com a informação. Quando não mais forem necessários os dados deverão ser apagados como medida de segurança (art. 16 da LGPD e art. 7º, X, da Lei 12.965/14 - Marco Civil da Internet).

Além disso, a atividade de **restrição ao acesso** também abarca a proteção contra acessos indevidos, por agentes externos, infiltrados no sistema e até integrantes da organização. Os pedidos de dados, recebidos pelo sistema, devem ser identificados e armazenados, permitindo o monitoramento e controle do acesso às informações sensíveis.

Finalmente, a atividade de **identificação e prevenção das ameaças** reais ou potenciais deve ser constante, ante a contínua evolução e adaptação das formas de ciberataques, que podem resultar em imensos prejuízos em decorrência de atividades ilícitas como espionagem corporativa; exigência de resgate para não divulgação de dados capturados *ransomware*, e, claro, vazamentos de dados sensíveis, que irão ensejar sanções administrativas e reparações cíveis.

Esses primeiros passos deverão ser ultimados antes da entrada em vigor da LGPD e constituem apenas a estrutura básica para que se possa estabelecer o setor de governança e dar início a programa de boas práticas na gestão de dados.

PROVEDORES DE CONTEÚDO

O provedor de conteúdo, por manusear conjunto muito mais extenso de informações pessoais, mediante coleta de dados, metadados e cruzamento de informações entre diversas plataformas da mesma empresa, precisa atender conjunto maior de normas e medidas de controle. A existência de setor específico e independente de *Compliance de Dados*, com autonomia técnica em relação à Gestão de Dados, é fundamental.

Dessa forma esses grandes operadores de dados pessoais, além da necessidade de disponibilizar ferramentas de identificação e acesso para os titulares dos dados, relatórios de impacto para a autoridade nacional, controle do compartilhamento e demais medidas previstas na LGPD para os grandes armazenadores de dados, necessitam de medidas específicas para prevenir a promoção de danos pessoais ou institucionais em larga escala e, via de consequência, grandes ações de reparação desses danos.

Em que pese o debate acerca da influência das redes sociais e das grandes empresas no mercado da informação, ainda não houve efetiva responsabilização por danos provocados a pessoas, instituições, mercados ou mesmo sistemas políticos. Estudos apontam a possibilidade de interferência nociva dessas empresas e, assim, os danos eventualmente provocados poderão ser objeto de disputas administrativas ou comerciais.

Nesse sentido, a coleta de dados acerca dos pequenos vendedores agregados por grande plataforma de vendas no varejo, como Amazon, Mercado Livre, Americanas, etc., poderiam levar o provedor, que também atua como vendedor e fornecedor na plataforma, a dominar o mercado e prejudicar a concorrência[12]. A coleta irregular de dados pessoais por meio de mecanismos clandestinos, como por exemplo o *phishing*[13], pode levar a prejuízos financeiros diretos, como desvio de recursos de contas pessoais, e indiretos, como venda

---

[12] Comissão Europeia. **Antitrust: Commission opens investigation into possible anti-competitive conduct of Amazon.** Press Release. 17.julho.2019. Disponível em: https://ec.europa.eu/commission/presscorner/detail/en/ip_19_4291 Acesso em 31.ago.2019

[13] *Phishing* é modalidade de ciberataque voltado à coleta remota de dados em sistemas de informática. Via de regra busca-se recolher informações como senhas, contas, dados de cartão de crédito e similares. O termo *phishing* se popularizou no fim da década de '90. O nome deriva de trocadilho a partir de anterior, *phone phreaking*, prática técnica da década de '70, de invasão em sistemas de telefonia por meio de tons e pulsos sonoros. Em razão disso a grafia com *ph* e não com *f*, apesar de a palavra soar e se relacionar com o termo inglês *fishing*.

ilegal de dados pessoais. A extorsão criptoviral[14] tornou-se delito frequente, obrigando empresas e particulares ao pagamento de resgates. Em um grau mais especulativo, até mesmo o conceito de Estado Nacional e Democracia poderiam estar ameaçados pela manipulação das pessoas, de seus dados e opiniões políticas (BENKLER, FARIS & ROBERTS, 2018).

Atualmente não há responsabilização dos provedores de conteúdo[15] pelas opiniões e afirmações divulgadas pelos usuários das redes e plataformas. Em razão de serem tratados como distribuidores passivos da informação, a responsabilidade pelo conteúdo se limita ao usuário que o produziu e divulgou. Todavia, a nossa opinião é que esse entendimento tende a ser revisto na medida em que as plataformas estão cada vez mais monitorando os conteúdos divulgados, apagando postagens com violação de direitos autorais, políticas da rede social, conteúdo violento, pornográfico ou com discurso de ódio, assim entendido nos termos definidos pela própria plataforma. Ao escolher quais conteúdos serão bloqueados, quais serão permitidos e quais serão incentivados e divulgados (ou impulsionados) a plataforma deixaria de atuar como distribuidor passivo para passar a editor com poder de controle sobre o conteúdo (KOSSEFF, 2019) atraindo tanto a responsabilidade por omissão em retirar conteúdo quanto a por ação ao impulsionar postagens.

Caso as redes sociais e as plataformas de conteúdo passem a ser responsabilizadas pelo conteúdo que proporcionam, tal como editores ou curadores do material armazenado e divulgado, a necessidade de políticas claras e eficientes de *compliance* digital se tornaram ainda maiores.

---

[14] O *ransomware* é delito praticado por meio da contaminação de sistemas, cujo controle é assumido pelo perpetrador que passa a exigir valores em troca da liberação do acesso (SYDOW, 2014).

[15] Provedor de conteúdo é aquele que disponibiliza na rede os dados criados ou desenvolvidos por provedores de informação ou pelos próprios usuários (ANDRIGHI, 2012). O Marco Civil da Internet não contempla essa classificação.

CONSIDERAÇÕES FINAIS

Na Era da Informação o poder do controle de dados se tornou foco da atenção tanto do poder público, quanto da Academia e de organizações independentes de defesa dos direitos civis. O risco inerente à manipulação dessas informações ou mesmo o uso combinado de dados sensíveis autênticos é tamanho que novas legislações e agências de controle estão sendo construídas com o propósito de compreender a extensão dessas atividades e estabelecer controle sobre abusos.

Nesse contexto, o papel do setor de *compliance* de dados será crucial tanto para permitir às empresas que conheçam os riscos envolvidos e possam mitigar indenizações não raro significativas, quanto para permitir o controle por parte da sociedade do uso dos dados sistematicamente coletados de empresas, instituições e pessoas físicas. Esse novo campo de trabalho, ainda em seu prelúdio, irá permear as organizações em geral dada a ubiquidade do tratamento de dados nas organizações do séc. XXI. A informação e o controle da informação, algo como um meta controle cibernético, será o campo onde serão travadas as disputas entre empresas, estados nacionais e, também, pelos cidadãos, que darão forma à sociedade que se descortina.

Dessarte, a partir da estruturação desses controles no âmbito das empresas que lidam com dados sensíveis bem como do acompanhamento dessa política por acadêmicos, por instituições públicas de auditoria e organizações do terceiro setor voltadas à proteção de direitos civis, poderemos compreender qual o nível de domínio sobre os dados será possível e desejável na sociedade. Porém, antes desse debate político será preciso criar ferramentas de governança que tornem possível a realização de qualquer controle, seja pela própria empresa detentora dos dados, seja pela sociedade, seja pelo usuário titular das informações coletadas.

Ainda que importante marco inicial essa primeira geração de leis aqui apresentada já começa superada para a proteção e controle de dados, seja pelo ritmo das mudanças, que já aportam novas dificuldades de gestão e novos mecanismos de aproveitamento de dados pessoais, não contemplados na norma, seja pelas falhas de compreensão da nova dinâmica social que deriva da interação virtual que ainda precisam ser enfrentadas. Esse descompasso é inerente ao ritmo de desenvolvimento de novas tecnologias e, exatamente por essa razão, o tema merece maior atenção por parte da Doutrina.

Tanto a relevância do mercado de coleta e tratamento de informações pessoais, quanto a amplitude da arena da disputa pela informação foi subestimada pelo legislador. Em especial o alcance das normas propostas. Ainda a poucos meses da (esperada) entrada em vigor da legislação brasileira se percebe a ausência de interesse tanto de empresas quanto de entidades públicas para se adequar ao novo modelo. A dimensão dos ajustes e precauções sugere aposta na baixa efetividade e incidência da norma. As organizações aparentemente estão confiantes em menores custos de eventuais indenizações pontuais do que nos custos de implementação das medidas de governança de dados.

Não obstante resistências momentâneas e estratégias protelatórias, o controle da informação é inexorável. O novo modelo de presença no mercado global é virtual e as estratégias de tomada de decisão são lastreadas em modelos de *big data*. Ao postergar as medidas de controle as empresas apenas perdem oportunidades de controlar e desenvolver suas próprias soluções para o domínio das informações relevantes para suas atividades.

Finalmente, da perspectiva do cidadão, a transparência e a capacidade de interferir e limitar as ações das grandes empresas no controle dos dados pessoais de seus clientes e fornecedores (WEBB, 2019) será crucial para o desenho da sociedade do século XXI. As instituições necessárias à garantia da participação popular na manutenção e construção efetiva do Estado Democrático de Direito precisam criar mecanismos para assegurar a proteção da sociedade do abuso de ferramentas de controle social seja de grandes corporações seja do próprio Estado.

Os dados constituem o próprio tecido social do século XXI, quem controlar a informação, controlará a sociedade. O desenho da sociedade dependerá da capacidade de compreensão, regulação e controle desse fluxo de informação e do acesso aos dados.

REFERÊNCIAS

ANDRIGHI, Fátima Nancy. **A Responsabilidade Civil dos Provedores de Pesquisa via Internet.** Revista do TST. Brasília. vol. 78, nº 3, jul/set 2012.

BELL, Daniel. **The Coming of Post-Industrial Society: A Venture in Social Forecasting** Nova York EUA: Basic Books, 1973.

DUHIGG, Charles. **How Companies Learn Your Secrets.** The New York Times Magazine. 16/fev/2012

HAN, Byung-Chul. **No enxame: perspectivas do digital.** Petrópolis: Vozes, 2018. pp. 11- 20.

HARARI, Yuval Noah. **Sapiens - uma breve história da humanidade.** São Paulo: L&PM Editores, 2015.

KOSSEFF, Jeff. **The Twenty-Six Words that Created the Internet.** New York: Cornell University Press, 2019.

MALDONADO Viviane N., e BLUM Renato O. LGPD **Lei Geral de Proteção de Dados Comentada.** São Paulo: Thomson Reuters RT, 2018.

ROSENZWEIG, Paul. **The Surveillance State: Big Data, Freedom, and You.** Chantilly, VA: TGC LLC, 2016

SIDHU, Inder. **The Digital Revolution: How Connected Digital Innovations Are Transforming Your Industry, Company & Career.** New Jersey: Pearson FT Press, 2015

SYDOW, Spencer Toth. **Extorsão Criptoviral.** Boletim IBCCrim. n. 258, maio, 2014, p. 6 – 7

TEPEDINO, Gustavo, FRAZÃO, Ana, e OLIVA Milena D. **Lei Geral de Proteção de Dados Pessoais - e Suas Repercussões no Direito Brasileiro.** São Paulo: Thomson Reuters RT, 2019.

TOFFLER Alvin. **The Third Wave**. Nova York EUA: Bantam Books, 1980.

TOFFLER, Alvin. **Powershift: Knowledge, Wealth and Violence at the Edge of the 21st Century**. Nova York: Bantam Books, 1990.

TOURAINE, Alain. **La société post-industrielle. Naissance d'une société,** Paris: Denoël, 1969.

WEBB, Amy. The Big Nine: How the Tech Titans and Their Thinking Machines Could Warp Humanity. New York: PublicAffairs Hachette Books, 2019.

YOCHAI Benkler, ROBERT Faris, HAL Roberts. **Network Propaganda: Manipulation, Disinformation, and Radicalization in American Politics**. New York: Oxford University Press, 2018.

O COMPLIANCE ANTICORRUPÇÃO NOS ORGANISMOS INTERNACIONAIS E A ACESSÃO DO BRASIL À OCDE

Bruno França Amaro

INTRODUÇÃO

O combate à corrupção é um princípio insculpido no Pacto Global das Nações Unidas e tem sido objeto de inúmeros tratados nos últimos cinquenta anos. Com a multiplicação de empresas transnacionais, consolidou-se a preocupação da comunidade internacional em se "combater a corrupção em todas as suas formas, inclusive extorsão e propina" (ONU, 2015, p. 13).

Ainda que a possibilidade de sobreposição de interesses pessoais sobre o interesse público acompanhe a sociedade desde os seus primórdios, decerto o surgimento das grandes organizações possibilitou sua sistematização através dos crimes empresariais. Más condutas de seus agentes deixaram de ser um problema simplesmente local, irradiando-se em outros mercados globais.

Como consectário, o setor de integridade e análise de risco deve ganhar destaque, mormente quando se sabe que, em média, os custos não-compliance costumam ficar entre o dobro e o triplo (PONEMON, 2011, p. 03) do custo do compliance.

Sendo a corrupção um fenômeno de alcance transnacional, foram necessárias fontes do Direito Internacional Público - DIP para coibir tais ações. Tratados foram elaborados por várias Organizações Internacionais, entre as quais a Organização para a Cooperação e Desenvolvimento Econômico - OCDE, que se destaca por monitorar o cumprimento das medidas por seus membros, proporcionando maior efetividade de seus atos.

A OCDE ou OECD foi criada em 1961, com o objetivo de fortalecer a tradição de cooperação já existente entre membros que, em esforço mútuo, haviam reconstruído a Europa após a Segunda Guerra Mundial. Foi, portanto, uma sucessora das políticas bem-sucedidas do Plano Marshall, em um nível de alcance global. Ao longo de sua atuação, a OCDE fortaleceu a sua imagem como a de uma organização que harmoniza e desenvolve boas práticas de governança e os padrões de comércio exterior das grandes nações ocidentais.

O presente artigo tem como objetivo enumerar atos de *compliance* anticorrupção de alcance global, com ênfase na efetividade daqueles emanados da OCDE, a cujo ingresso o Brasil se candidatou no ano de 2019. Inicia com um breve histórico sobre os tratados internacionais com foco no combate à corrupção, para, em seguida, discorrer sobre uma Convenção da OCDE sobre o tema. Explica, ainda, como os instrumentos normativos da OCDE adentram a jurisdição de seus membros, a fim de permitir uma visão geral de como pode se dar a sua aplicabilidade no Brasil.

Nesse contexto, o tópico final versa sobre como a acessão do Brasil à OCDE impulsionaria mudanças na legislação local, pois a aprovação da candidatura pressupõe a obrigatoriedade de compatibilização de suas leis, como requisito ao seu ingresso. O passo é mais que uma direção de política externa, porque marca um posicionamento global do País, permitindo estudo sobre possibilidades de uma economia mais aberta e transparente.

HISTÓRICO DOS PRINCIPAIS TRATADOS INTERNACIONAIS ANTICORRUPÇÃO

A internacionalização normativa da luta contra a corrupção teve como protagonista os Estados Unidos da América e como marco inicial a Lei Americana de Práticas Corruptas no Exterior (FCPA), cujo escopo era proibir o suborno a funcionários públicos estrangeiros. Ferreira e Morosini contextualizam que, em meados dos anos setenta, durante o escândalo político conhecido como *Watergate*, "enquanto investigava-se o financiamento de campanhas políticas, descobriu-se a existência de fundos irregulares mantidos pelas empresas transnacionais norte-americanas para corromper governos estrangeiros" (2013, p. 257).

Os Estados Unidos atentaram à ligação entre empresas transnacionais e o fenômeno da corrupção e implementou seu marco regulatório. Segundo Baptista, "sob o ponto de vista jurídico, a empresa transnacional é uma anomalia" (1987, p. 30), mas cuja autonomia tem limites na centralização, controles e condutas padronizadas. Visando à igualdade de competitividade pela padronização, os Estados Unidos iniciaram um movimento pela adoção de medidas semelhantes pelos outros países, como forma de adotar uma norma semelhante, através do fim de discrepâncias e uniformização legal.

As Nações Unidas deram o primeiro passo contra a prática da corrupção entre as empresas transnacionais, através de sua Assembleia Geral de 1975. Em seguida, em 1976, em outro organismo internacional, a Organização para a Cooperação e Desenvolvimento Econômico - OCDE, sucessora da OECE (Leal, 1999, p. 135) o tema também entrou em pauta, resultando em convenções como a de combate à corrupção dos funcionários públicos estrangeiros. Entre os organismos internacionais, a OCDE tem como finalidade institucional de promover o desenvolvimento econômico e o bem-estar social pelo mundo, através da liderança de seus países-membros.

A concretização de um texto escrito e formal se deu através da OCDE, através de seu tratado internacional anticorrupção. No preâmbulo de sua Convenção (Brasil, 2007, p.13), registrou que "a corrupção é um fenômeno difundido nas Transações Comerciais Internacionais, incluindo o comércio e o investimento, que desperta sérias preocupações morais e políticas, abala a boa governança e o desenvolvimento econômico, e distorce as condições internacionais de competitividade". Em outra publicação, a OCDE também destacou que o suborno, além de levantar preocupações morais e políticas, distorce a condição competitiva internacional.

Regionalmente, também houve reuniões no Conselho da Europa (CE) e na Organização dos Estados Americanos (OEA), nos anos noventa (Ferreira e Morosini, 2013, p. 266). O primeiro instrumento contra o suborno tanto dos funcionários públicos nacionais quanto dos funcionários estrangeiros foi Convenção Interamericana contra a Corrupção, lavrada pela OEA, em 1996. O texto previa ainda criação de uma agência governamental para o controle de corrupção, necessidade de *accountability* e proteção dos denunciantes, entre outros. Na Europa, foi assinada a Convenção da União Europeia na luta contra a corrupção envolvendo funcionários europeus ou funcionários dos Estados-Membros da União Europeia, também com alcance regional.

Embora tenham sido elaboradas concomitantemente (Ramina, 2003, p. 190), a convenção da OEA antecedeu a da OCDE, que foi assinada em 1997, como "Convenção da OCDE sobre o Combate da Corrupção de Funcionários Públicos Estrangeiros em Transações Comerciais Internacionais". Com alcance e número de subscritores maiores, o foco nos servidores públicos estrangeiros preserva as jurisdições nacionais e se concentra nas relações econômicas transnacionais. Importante destacar que a maioria dos membros da OEA é de países em desenvolvimento, logo não compõem a OCDE, razão pela qual a tratado regional era estritamente necessário.

A Organização das Nações Unidas, em 2003, no âmbito da Convenção da ONU contra a Corrupção, também deu sua contribuição através da consolidação de texto que foi ratificado por 159 países. O Tratado da ONU versa sobre temas caros ao *compliance*, como sistemas de controle e auditoria e disseminação de códigos de conduta.

Através do breve histórico narrado, percebe-se que o Tratado da ONU é mais recente e até mais abrangente que o da OCDE, em número de países signatários. Entrementes, por envolver o maior volume de negociações e cifras de investimentos internacionais, a OCDE tem um mecanismo de avaliação superior ao da ONU e consequentemente um poder de influência para iniciativas de edições legislativas nos seus membros. Ademais, nos aspectos práticos, enquanto na ONU os efeitos são como cartas de intenções, as recomendações da OCDE atualizam as formas de combate à corrupção de forma mais ativa, a fim de proporcionar transparência nos negócios internacionais.

CONVENÇÃO DA OCDE SOBRE O COMBATE À CORRUPÇÃO DE FUNCIONÁRIOS PÚBLICOS ESTRANGEIROS EM TRANSAÇÕES COMERCIAIS INTERNACIONAIS

Como ilustra o estudo histórico dos tratados internacionais anticorrupção, as normas emanadas pela ONU e pela OCDE coexistem, havendo harmonia entre os dispositivos dessas fontes do Direito Internacional. Os Tratados são acordos formais conclusos entre sujeitos de direito internacional público (Rezek, 2002, p. 14) e, quando versam sobre o mesmo tema, são complementares. Por ser mais restrita e guardar maiores semelhanças entre seus membros, a Convenção da OCDE adquire maior relevância pelo grau de efetividade de sua execução.

A Convenção sobre o Combate da Corrupção de Funcionários Públicos Estrangeiros em Transações Comerciais Internacionais é uma das várias iniciativas anticorrupção desenvolvidas pela OCDE. Entre elas, há a Declaração sobre Investimento Internacional e Empresas Multinacionais, que já tem algumas décadas de vigência, eis que publicada em 1976, e inclui conteúdo de *compliance* nas Diretrizes para Empresas Multinacionais.

Como seus membros possuem grandes fluxos de investimentos e de comércio internacional, é importante que haja convergência legal mínima entre eles, a fim de que haja equilíbrio de competitividade e se minimizem os riscos de disputas. Um exemplo preliminar curioso citado por Ramina (2003, p. 202) é que, apenas em 1996, a OCDE uniformizou, entre seus membros, que se deveriam eliminar práticas relativas a dedução fiscal de propinas mediante a adoção da Recomendação sobre a Dedução Fiscal de Propinas pagas a Funcionários Públicos Estrangeiros. Isto é, mesmo em economias maduras, até recentemente empresas privadas podiam requerer dedução fiscal de propinas pagas a servidores estrangeiros.

Partiu também da OCDE o estabelecimento de diretrizes para que os Estados membros criminalizassem a corrupção transnacional. Assim, surgiu a Convenção sobre o Combate da Corrupção de Funcionários Públicos Estrangeiros, da qual o Brasil, mesmo como membro não efetivo, por recepção, é signatário desde sua gênese. A recepção das normas ocorre quando "uma ordem jurídica interna faz suas certas normas de Direito Internacional" (Boson, 1996, p. 148).

A ênfase na corrupção de servidores públicos estrangeiros se deu, pois, em tese, a corrupção de funcionários locais já constituía crime conforme legislações domésticas. O esforço, pois, foi no sentido de eliminar o fornecimento de propinas a funcionários públicos estrangeiros, consubstanciado na corrupção ativa.

Para fins convencionais, a definição de corrupção, jurisdição e de funcionário público estrangeiro foram bem amplas, como se observa:

> O Delito de Corrupção de Funcionários Públicos Estrangeiros
>
> 1. Cada Parte deverá tomar todas as medidas necessárias ao estabelecimento de que, segundo suas leis, é delito criminal qualquer pessoa intencionalmente oferecer, prometer ou dar qualquer vantagem pecuniária indevida ou de outra natureza, seja diretamente ou por intermediários, a um funcionário público estrangeiro, para esse funcionário ou para terceiros, causando a ação ou a omissão do

> funcionário no desempenho de suas funções oficiais, com a finalidade de realizar ou dificultar transações ou obter outra vantagem ilícita na condução de negócios internacionais.
>
> 2. Cada Parte deverá tomar todas as medidas necessárias ao estabelecimento de que a cumplicidade, inclusive por incitamento, auxílio ou encorajamento, ou a autorização de ato de corrupção de um funcionário público estrangeiro é um delito criminal. A tentativa e conspiração para subornar um funcionário público estrangeiro serão delitos criminais na mesma medida em que o são a tentativa e conspiração para corrupção de funcionário público daquela Parte.
>
> 3. Os delitos prescritos nos parágrafos 1 e 2 acima serão doravante referidos como "corrupção de funcionário público estrangeiro". (OCDE, 1997).

Além dos conceitos amplos, cujas generalidades ampliam sua área de atuação, também há, no diploma estudado, a previsão de responsabilidade criminal das pessoas jurídicas. Nos países em que não há previsão legal da responsabilização penal de corporações, exige-se que a responsabilidade extrapenal de pessoas jurídicas ocorra nas esferas civil e administrativa, através de penalidades financeiras, inclusive. Naturalmente, para pessoas físicas, o texto requer que seus membros imponham sanções criminais efetivas, proporcionais e dissuasivas.

No tocante às prestações de contas, a Convenção exige que haja arquivos contábeis transparentes, para dificultar o "caixa dois" e proibir mecanismos de contabilidade paralela. A ocultação de propinas geralmente se dá com documentos falsos, simulações de transações ou despesas nunca realizadas, razão pela qual é necessário o registro do material de *accountability*.

Há, ainda, previsão de assistência jurídica recíproca nas investigações criminais, bem como de extradição de criminosos (artigos nono e décimo). O Grupo de Trabalho da OCDE para a Corrupção, por sua vez, intermedia a cooperação internacional entre os países signatários.

Na conjuntura atual do *compliance* no Brasil, a Controladoria Geral da União afirma que os ditames da Convenção em estudo foram os responsáveis pelo projeto que se tornou a norma anticorrupção brasileira mais importante (BRASIL, 2019). A Lei n. 12.846/2013, que prevê sanções não-penais dissuasivas às empresas que praticarem atos lesivos contra o patrimônio público do Estado nacional ou estrangeiro, engloba os atos de corrupção praticados contra o funcionário público estrangeiro em transações comerciais transnacionais.

INSTRUMENTOS LEGAIS DA OCDE: APLICABILIDADE PRÁTICA AOS PAÍSES MEMBROS

As fontes do Direito Internacional e normas exaradas por entidades externas podem depender de ratificação expressa no processo legislativo interno ou simplesmente compor o que é denominado "soft law". Como o nome indica, trata-se de uma norma flexível, maleável, em oposição ao "hard law", rígido, ou "jus cogens" (Mello, 2004, p. 87) e com provável origem na literatura jurídica norte-americana, conforme Mello:

> Os organismos internacionais têm adotado em alguns casos o consenso, quando se necessita da unanimidade e se consagram princípios gerais. O texto é diluído e a sua precisão é sacrificada. O "soft law" deixa aos destinatários uma larga margem de manobra (Mohamed Bennouna). A expressão "soft law" parece ter surgido na literatura jurídica norte-americana na década de 70. Alguns autores (Ryuichi Ida) têm apresentado restrições a ele alegando que acaba por criar uma responsabilidade "soft" em que a única sanção seria a retorsão. Ele atende a sociedade internacional que está em mutação, vez que a sua elaboração é mais rápida do que a do costume. Observa ainda o internacionalista citado

que "soft law" é uma expressão negativa significando que não é um "hard law" e nem um não direito" (2004, p. 315).

Para demonstrar a importância dos tratados referidos ao longo do presente artigo, embora não componha seu escopo principal, é salutar tratar da obrigatoriedade e força jurídica dos atos emanados da OCDE, como as Decisões, as Recomendações e as Declarações.

O Conselho da OCDE adota vários instrumentos legais que devem ser implementados pelos seus membros, uniformizando condutas e visando às boas práticas e diretrizes. São 240 instrumentos legais, em 17 áreas diferentes, todos disponíveis em seu sítio oficial, em vários idiomas.

Seus atos podem ter efeitos vinculantes a seus membros, conforme artigos 5, 6 e 7 de sua Convenção. A organização também pode elaborar Recomendações de comum acordo com seus membros e celebrar tratados. Para a aplicabilidade prática, pode ser necessário procedimento de internacionalização em cada país e também são possíveis reservas e abstenções. O compromisso internacional assumido, porém, é o que prevalece e deve ser cumprido responsavelmente, sob vigilância multilateral.

Os principais instrumentos legais da OCDE são as Decisões e as Recomendações, sendo que as primeiras são juridicamente vinculantes a todos os membros que não se abstiveram no momento da adoção. Os membros assumem o compromisso e se obrigam a implementá-las em seus ordenamentos. Consoante Yamamoto, "sua atuação no plano internacional gera *decisões e ações*, de caráter normativo, que, conquanto em sua maioria não mandatória, integram ou podem vir a integrar, o sistema jurídico internacional" (2000, p. 257).

As Recomendações, por sua vez, não são vinculantes, mas possuem grande força persuasiva por representarem a vontade política e anseios de uniformidade do grupo. Vejamos trecho de Ferreira e Morosini (2013, p. 269) sobre uma interseção entre tais instrumentos legais e a implementação da lei internacional anticorrupção:

> Recomendações também lidam com a necessidade de criar uma cultura de transparência nos negócios, a fim de prevenir e detectar casos de corrupção transnacional. Além da supervisão dos registros contábeis mencionados na Convenção, a OCDE recomenda a criação de um programa de "controle interno, ética e conformidade", baseado em "orientações sobre boas práticas" e manutenção de um sistema de auditoria externa independente. Os governos podem exigir a manutenção de mecanismos de conformidade para participar de concursos públicos (concessões, licitação) ou o acesso a programas de financiamento e crédito público.

Os outros instrumentos são as Declarações, os Entendimentos e os Acordos Internacionais, mas os expedientes que predominam numericamente são as Decisões e Recomendações. Entre eles, as Decisões e os Acordos Internacionais são juridicamente vinculantes, enquanto os outros são considerados possuidores de força moral.

A implementação de todos é monitorada no âmbito da OCDE, ainda que não haja sanções diretas pelo descumprimento. Há tradição de implementação das regras pelos países, porque são documentos técnicos e pragmaticamente elaborados pelo Conselho, havendo vigilância mútua entre os próprios membros. O número de países é seleto, muitos com valores ou características semelhantes, e há um grau de cooperação e comprometimento, baseado na confiança mútua pela consecução dos fins da organização.

No Brasil, as Convenções são promulgadas por Decreto, através do Presidente da República, usando da atribuição que lhe confere o art. 84, incisos IV a VIII, da Constituição. No mesmo sentido, "as resoluções das organizações internacionais têm sido promulgadas, como as da OEA ou da ONU, com fundamento no art. 84", sempre por meio de decreto do Poder Executivo (Mello, 2004, p. 132). O processo de internalização envolve anterior aprovação do ato multilateral no Congresso Nacional e o depósito do Instrumento de Ratificação.

Bruno França Amaro

A ACESSÃO DO BRASIL À OCDE E A RATIFICAÇÃO DO COMPROMISSO DE COMPLIANCE

A OCDE sucedeu a Organização Europeia de Cooperação Econômica - OECE, que tinha "em vista consolidar a nova ordem implantada em Bretton Woods" (Leal, 1999, p. 135) e foi criada "para administrar Recursos do plano Marshall" (Amaral, 2004, p. 89), em 1948, com a finalidade de manutenção das práticas bem-sucedidas de crescimento e expansão econômica. Tornando-se global, os objetivos da OCDE se ampliaram, como detalhado por Thorstensen, Cortellini e Gullo (2018, p. 26), ao discorrer sobre a estrutura atual:

> O foco de trabalho da Organização são as chamadas boas práticas para políticas públicas. Suas atividades são classificadas em 17 temas multidisciplinares e globais, tendo negociado e adotado 240 instrumentos legais nas mais diversas áreas econômicas, dividindo tais atividades em cerca de 250 comitês.

O Brasil se relaciona com a OCDE desde o início dos anos 1990 (OCDE, 2019b), quando integrou o Comitê do Aço, como país-associado. No período, houve modernização legislativa no Brasil, como a prevalência do princípio da autonomia de vontade, com a Lei de Arbitragem de 1996 (Araújo, 1997, p. 184). A participação do Brasil na OCDE foi gradualmente aumentando, tanto que, em 1999, a organização criou um programa direcionado ao Brasil, que passou a ser convidado a todas as reuniões ministeriais da OCDE.

Até o ano 2000, o Brasil assinou a Convenção de Combate à Corrupção de Autoridades Estrangeiras e o Ponto de Contato Nacional – PCN, relacionado à Declaração sobre Investimento Internacional e Empresas Multinacionais. Em 2007, segundo o então Ministro de Relações Exteriores, Celso Amorim, "entrar na OCDE não é uma reivindicação nem uma aspiração do Brasil ... precisamos saber se não seria exigida a saída do G-77 e do grupo de países em desenvolvimento. O Brasil não aceitaria se afastar desses grupos" (B.B.C, 2007). Passou, porém, ao patamar de "Parceiro-chave", o que facilitou sua participação em órgãos, comitês e grupos de trabalho.

Destaque-se que, em 2017, o Brasil formalizou o pedido de adesão e notificou que aderiu a 31 novos instrumentos da OCDE, de um total de 240 (OCDE, 2019-b). Nesse contexto de fortalecimento perante a organização, em 2018, o Brasil já atuava na vice-presidência de dois Conselhos de Administração e participava como membro ou associado em 27 organismos, projetos e atividades da OCDE. No mesmo sentido, em 51 outros programas, atuava como participante ou observador, incluindo conteúdo específico para o País, no idioma português, além de marcos de cooperação entre o Brasil e a OCDE.

Em 2019, segundo informação oficial, o Brasil já aderiu formalmente a 84 instrumentos legais (OCDE, 2019-b). Tendo em vista o histórico de aproximação dos últimos trinta anos, a aceitação do pedido de acessão brasileiro é uma questão de tempo, mormente quando há apoio formal de fortes membros tradicionais, como Estados Unidos (Brasil, 2019b) e Reino Unido (Brasil, 2019c), embora negociações internacionais possam durar alguns anos. Nessa ordem evolutiva, convém focar no passo seguinte - o que vale para o Brasil e para outros países aderentes - já tratando das consequências de se tornar membro da OCDE.

Ser membro da OCDE significa conhecer e ingressar nos pormenores das políticas de boas práticas aplicadas por países mais desenvolvidos, na área de governança e *compliance*. Há o compromisso de maior envolvimento e participação em seus diversos órgãos, bem como de implementar decisões, recomendações e outros instrumentos da organização nas políticas públicas nacionais.

Com a aceitação do pedido, por consenso entre os 35 membros, abre-se o cronograma de negociações, que inclui termos, condições e processo a ser seguido. Nesse "mapa de acessão", também há indicação de revisões dos Comitês às políticas públicas do país, legislações e práticas, a fim de que sejam compatíveis com os instrumentos da OCDE.

O Mapa de Acessão (*Accession Roadmap) (OCDE, 2019c)* é uma oportunidade de fortalecimento do *compliance* no Brasil, porque os instrumentos da OCDE versam especificamente sobre integridade. Os passos incluem fornecer informações aos Comitês, além de responder e justificar recomendações de alterações que receber, para que esteja em conformidade ou em adequação aos instrumentos da OCDE.

Como exemplos dos referidos instrumentos, podemos citar: *Decision-Recommendation of the Council on Compliance with Principles of Good Laboratory Practice; Anti-corruption Recommendation of the Council for Development Co-operation Actors on Managing the Risk of Corruption; Declaration on the Fight Against Foreign Bribery - Towards a New Era of Enforcement; Recommendation of the Council for Further Combating Bribery of Foreign Public Officials in International Business Transactions e o Convention on Combating Bribery of Foreign Public Officials in International Business Transactions.*

Esses são atos que a OCDE já considera como aderidos pelo Brasil e demonstram sua importância em *compliance* e em políticas anticorrupção. Entre eles, está a Convenção sobre o Combate da Corrupção de Funcionários Públicos Estrangeiros em Transações Comerciais Internacionais, de que o País já é signatário. Como novo membro, há o compromisso de adesão a novos instrumentos legais da OCDE e aos seus Organismos de maneira geral, previsto no Mapa de Acessão (OCDE, 2019c).

Com o Acordo de Acessão (*Acession Agreement),* iniciar-se-á a tomada de medidas internas necessárias, bem como o depósito do instrumento de ratificação à Convenção. Será uma oportunidade de equiparação de suas práticas nacionais às que deram certo nos países mais desenvolvidos, além de se tornar parte dos Comitês e Convenções da OCDE. Ademais, como o Congresso Nacional tem dificuldade em legislar sobre temas que contrariam interesses influentes, o processo de incorporação se torna mais adequado na incorporação.

Vejamos alguns instrumentos de governança, risco e *compliance* a que o Brasil ainda não aderiu, mas que será signatário ao tornar-se membro: *Recommendation of the Council on Guidelines on Anti-Corruption and Integrity in State-Owned Enterprises* (OCDE, 2019); *Recommendation of the Council on the Governance of Critical Risks* (OCDE, 2014) e o *Recommendation of the Council on OECD Guidelines for Managing Conflict of Interest in the Public Service* (OCDE, 2003). Mantêm-se os títulos no idioma original, pela essência, mas destacando que o ingresso dará adesão a normas anticorrupção e de integridade, gerenciamento de riscos, bem como sobre conflitos de interesses no serviço público.

É inegável que a OCDE seja um foco de boas práticas governamentais, razão pela qual a sua acessão como membro obrigará o Brasil a realizar um importante reexame de suas políticas regulatórias. É um importante passo para mitigar os riscos da corrupção, a qual, tradicionalmente, dificultou o desenvolvimento do País e seu crescimento. Ao fazer parte do foro central da governança global como membro pleno, terá oportunidade de modernizar e reformar políticas públicas no tocante à integridade. Internalizar práticas que deram certo nos países-membros confirmará o Brasil como *player* nos fluxos globais de comércios e investimento.

CONCLUSÃO

Em um mundo globalizado e interconectado, findaram-se as barreiras territoriais para as empresas, gerando o desafio de implementação de mecanismos anticorrupção, tanto de seus agentes quanto dos funcionários públicos dos vários países em que atuam. Identificamos a existência de um regime internacional contra essa prática danosa, através de tratados lavrados pelas principais organizações internacionais, como OCDE, OEA e ONU.

A corrupção tem custos difusos e causa prejuízos econômicos e sociais graves. Pode-se afirmar que destrói lentamente a capacidade de investimento de um País, o que justifica o estabelecimento de políticas para o seu controle, como a Convenção sobre o Combate da Corrupção de Funcionários Públicos Estrangeiros em Transações Comerciais Internacionais. Porém, os instrumentos internacionais não punem automaticamente, sendo preciso que os Estados-Membros criem suas normas no Direito Interno, através das diretrizes pactuadas através das fontes do Direito Internacional.

Organismos internacionais como a OCDE fazem o intermédio entre os países, para que haja previsão legal de punição pela corrupção transfronteiriça. Por essa razão, focalizou no lado ativo da corrupção, pois, até então, a modalidade ativa só era tipificada quando ocorria no território nacional. Pela noção clássica de jurisdição, o país de origem tinha dificuldade em punir atos de corrupção consumados em países corruptos, mas esse problema foi mitigado pelos acordos internacionais.

Atos corruptos de funcionários públicos estrangeiros produzem danos também nos países que fornecem propinas, como a perda de padrões morais e risco à preservação de suas próprias instituições. Isso também reforça a necessidade de estabelecer uma política internacional sobre o assunto, até para evitar a repetição de condutas indesejáveis em seus próprios territórios.

Em virtude de pressões feitas por processos de avaliação na OCDE, seus membros reformaram sua legislação anticorrupção. Os principais instrumentos legais da OCDE são as Decisões e as Recomendações, sendo as primeiras vinculantes. Nas outras, há um forte poder persuasivo, pois os países signatários se fiscalizam, havendo também um monitoramento da OCDE em relação aos compromissos assumidos.

A acessão do Brasil na OCDE pode proporcionar uma modernização de sua legislação, incluindo convenções sobre integridade e gestão de riscos já existentes e que aguardam a adesão. Embora a acessão demande tempo, a ratificação dos atos internacionais é mais simples que o longo processo legislativo. Ser membro pleno da OCDE transpassa credibilidade, favorecendo a aspiração de se ter mais respeito e competitividade no cenário internacional.

REFERÊNCIAS

ARAÚJO, N. (1997). **Contratos internacionais: novas tendências**. Rio de Janeiro, RJ: Renovar.

AMARAL, A. C. R. (coord.) et al. (2004). **Direito do comércio internacional: aspectos fundamentais**. São Paulo, SP: Aduaneiras.

BAPTISTA, L. O. (1987). **Empresa transnacional e Direito**. São Paulo, SP: Revista dos Tribunais.

B.B.C. (2007). Brasil fica fora de expansão do 'clube dos ricos'. Disponível em: https://www.bbc.com/portuguese/reporterbbc/story/2007/05/070516_ocdeparis_as.shtml. Acesso em: 14/10/2019.

BOSON, G. B. M. (1996). **Constitucionalização do direito internacional: internacionalização do direito constitucional - direito constitucional internacional brasileiro**. Belo Horizonte, MG: Del Rey.

BRASIL. Controladoria Geral da União (2019). Articulação internacional e Convenção da OCDE. Disponível em: https://www.cgu.gov.br/assuntos/articulacao-internacional/convencao-da-ocde/a-convencao. Acesso em 23/08/2019.

BRASIL. Ministério das Relações Exteriores (2019). Governo dos EUA reitera apoio ao ingresso do Brasil na OCDE. Disponível em http://www.itamaraty.gov.br/pt-BR/notas-a-imprensa/20439-governo-dos-eua-reitera-apoio-ao-ingresso-do-brasil-na-ocde . Acesso em: 28/08/2019.

BRASIL. Ministério das Relações Exteriores (2019). Assinatura de memorando entre o Reino Unido e a OCDE para apoiar o ingresso do Brasil na OCDE. Disponível em: http://www.itamaraty.gov.br/pt-BR/acontece-noexterior/20429-assinatura-de-memorando-entre-o-reinounido-e-a-oecd-para-apoiar-o-ingresso-do-brasil-na-ocde. Acesso em: 28/08/2019.

BRASIL. Controladoria Geral da União (2007). Cartilha da Convenção da OCDE contra suborno de funcionários públicos estrangeiros em transações comerciais internacionais. Disponível em: https://www.cgu.gov.br/assuntos/articulacao-internacional/convencao-da-ocde/arquivos/cartilha_com-marca.pdf. Acesso em: 20/08/2019.

CARVALHO, A. C. (coord.) et al. (2019). **Manual de compliance**. Rio de Janeiro, RJ: Forense.

FERREIRA, L. V.; MOROSINI, F. C (2013). **A implementação da lei internacional anticorrupção no comércio:** o controle legal da corrupção direcionado às empresas transnacionais. Disponível em: http://repositorio.furg.br/handle/1/5255.

LEAL, R. P. (1999) **Soberania e mercado mundial: a crise jurídica das economias nacionais** (2. ed.). Leme, SP: De Direito.

MELLO, C. D. A. (2004). **Curso de direito internacional público** (15. ed.). Rio de Janeiro, RJ: Renovar.

OCDE (2019). Recommendation of the Council on Guidelines on Anti-Corruption and Integrity in State-Owned Enterprises. Disponível em: https://legalinstruments.oecd.org/en/instruments/OECD-LEGAL-0451. Acesso em: 20/08/2019.

OCDE (2019). Legal instruments: adherences. Disponível em: https://legalinstruments.oecd.org/en/adherences. Acesso em: 27/08/2019.

OCDE (2014). Recommendation of the Council on the governance of critical risks. Disponível em: https://legalinstruments.oecd.org/en/instruments/OECD-LEGAL-0405. Acesso em: 20/08/2019.

OCDE (2019). Roadmap: accession. Diponível em: http://www.oecd.org/official documents/displaydocument/?doclanguage=en&cote=C(2007)31/Final. Acesso em: 20/10/2019.

OCDE (2011). Convention on combating bribery of foreign public officials in international business transactions and related documents. Disponível em:

http://www.oecd.org/daf/antibribery/ConvCombatBribery_ENG.pdf.

OCDE (2003). Recommendation of the Council on OECD guidelines for managing conflict of interest in the public service. Disponível em: https://legalinstruments.oecd.org/en/instruments/OECD-LEGAL-0316. Acesso em: 20/08/2019.

OCDE (1997). Convention on combating bribery of foreign public officials in international business transactions. Disponível em https://legalinstruments.oecd.org/en/instruments/OECD-LEGAL-0293. Acesso em: 11/08/2019.

ONU. UN Global Compact (2015). **Caderno do Pacto – Anticorrupção**. Disponível em: https://d335luupugsy2.cloudfront.net/cms/files/89484/1562341214Caderno Anticorrupcao.pdf. Acesso em: 29/08/2019.

POMENON (2011). **The True Cost of Compliance | Benchmark Study of Multinational Organizations**. Ponemon Institute. Disponível em: https://www.ponemon.org/local/upload/file/True_Cost_of_Compliance_Report_copy.pdf

RAMINA, L. O. (2007). **Tratamento jurídico internacional da corrupção:** a Convenção Interamericana contra a Corrupção da OEA e a Convenção sobre o combate da corrupção de funcionários públicos estrangeiros em transações comerciais internacionais da OCDE. A&C-Revista de Direito Administrativo & Constitucional, v. 3, n. 11. DOI: http://dx.doi.org/10.21056/aec.v3i11.812.

REZEK, J. F. (2002). **Direito internacional público** (9. ed.). São Paulo, SP: Saraiva.

THORSTENSEN, V. H.; CORTELLINI, A. C. N.; GULLO, M. F (2018). **A OCDE como fórum de governança das empresas multinacionais**. Disponível em: http://hdl.handle.net/10438/24817.

YAMAMOTO, T. (2000). **Direito internacional e direito interno**. Porto Alegre, RS: Sergio Antonio Fabris Editor.

A LEGITIMIDADE DO FOREIGN ACCOUNT TAX COMPLIANCE ACT (FATCA) AMERICANO NO BRASIL E SUA IMPORTÂNCIA PARA A OPERAÇÃO LAVA-JATO

Pedro Bolívar de Souza Andrade[1]

A Operação Lava Jato representa uma das maiores e mais importantes investigações de corrupção da história do Brasil. Uma das maiores, sob a ótica da quantidade de profissionais envolvidos, de diligências realizadas e de condenações efetuadas. Uma das mais importantes, pelo seu alcance indiscriminado aos principais empresários do país, a diversos partidos políticos (os mais votados, da esquerda à direita), incluindo senadores, deputados, governadores, ministros e presidentes da República, dentre outros.

---

[1] Pedro Bolívar de Souza Andrade é advogado, engenheiro, consultor de empresas e aluno de mestrado em *Legal Studies* com ênfase em *Compliance & Risks* na AMBRA University, sediada em Orlando-USA.

A importância da Operação Lava-Jato para as Instituições nacionais é corroborada pelas atitudes tanto da Polícia Federal quanto do Ministério Público, os quais designaram equipes integralmente dedicadas à essa Operação, e vêm reforçando esses times ano após ano, não havendo qualquer previsão de esgotamento das investigações, enfraquecimento dos trabalhos ou dissolução permanente da força-tarefa.

Iniciada pela Polícia Federal em 2009, na cidade de Londrina-PR, a Operação Lava-Jato nasceu com o objetivo de investigar operações financeiras possivelmente ilícitas por parte de um doleiro com histórico de lavagem de dinheiro e um deputado federal, inicialmente por meio de escutas telefônicas[2]. A investigação do doleiro apontou para relações suspeitas com a Diretoria da Petrobrás, e a partir de março de 2014 foi deflagrada a primeira fase ostensiva da operação contra as atividades criminosas investigadas. Investigados, presos preventivamente e pressionados, os diretores da petroleira estatal afirmaram terem sido nomeados para os respectivos cargos com a missão específica de proteger os interesses de alguns partidos políticos específicos (leia-se, desviar dinheiro público da estatal para os caixas desses partidos e seus líderes), o que levou à investigação e prisão dos VIP´s (*very important people*: deputados, senadores, ministros, empresários, etc.) mencionados anteriormente.

O esquema de desvio de dinheiro consistia em superfaturar contratos de obras e serviços, com a anuência de fornecedores (incluindo as maiores empresas de construção civil do país) que, ao receberem os pagamentos efetuados pela petroleira, devolviam um percentual fixo do montante pago diretamente para os partidos políticos envolvidos.

Ainda que haja uma parcela da população devota dos políticos presos, e que essas pessoas insistam em afirmar que os processos de investigação, denúncia e julgamento apresentam vícios insanáveis, bem como insistam em

---

[2] Informações públicas disponíveis no Portal do Ministério Público Federal na web. Acesso em 10/09/2019. Disponível em: http://www.mpf.mp.br/grandes-casos/caso-lava-jato/atuacao-na-1a-instancia/investigacao/historico.

defender que o objetivo da Operação Lava-Jato é meramente político e voltado a interesses econômicos específicos, o fato é que essa operação conduzida pela Polícia Federal e pelo Ministério Público (cada um com suas atribuições) possui maciço apoio da população e da mídia especializada.

Por outro lado, alguns podem se perguntar: por que só agora? Por que só agora as autoridades decidiram investigar e punir os infratores (corruptos ativos e passivos)? A corrupção no Brasil é sistêmica e endêmica, tendo origem remota no período colonial[3]. Sequer é necessário voltar tantos anos: o tema da corrupção esteve constantemente presente em torno da presidência - bem como dos políticos e dos grandes empresários - desde a Primeira República, a começar pelas fraudes eleitorais e pelo coronelismo. Dentre os presidentes que foram acusados de corrupção nos últimos cem anos, podemos citar ... quase todos. Notoriamente, destacam-se as crises que as acusações de corrupção trouxeram aos governos de Getúlio Vargas, Juscelino Kubitscheck, João Goulart, José Sarney, Fernando Collor de Mello, Fernando Henrique Cardoso e Luís Inácio Lula da Silva. Sendo assim, por que só agora?

A resposta é que foi necessário que o país aprovasse um arcabouço legislativo penal e fiscal robusto o suficiente para conseguir levar adiante as investigações e as punições dos mais importantes e influentes empresários e líderes da política nacional. A promulgação da Lei Anticorrupção (Lei 12.846/2013) e da Lei das Organizações Criminosas (12.850/2013), dentre outras, e principalmente, a recepção do FATCA (Decreto nº 8.506/2015) no ordenamento jurídico nacional, foram fundamentais para que a Operação Lava-Jato pudesse alcançar a dimensão e importância que possui hoje. Além disso, é importante destacar que a tipificação penal não retroage a atos cometidos antes do seu ingresso material e formal ao ordenamento jurídico, o que impede sua aplicação a atos cometidos no passado.

---

[3] Nota do autor: para mais detalhes, consultar reportagem da BBC Brasil veiculada disponível em: http://g1.globo.com/brasil/noticia/2012/11/corrupcao-no-brasil-tem-origem-no-periodo-colonial-diz-historiadora.html . Acesso em 23/08/2019.

Nesse contexto, o presente artigo tem por objetivo principal refletir sobre a importância do *Foreign Account Tax Compliance Act* (FATCA) para a Operação Lava-Jato. Para tanto, o capítulo seguinte abordará, de forma simplificada, a origem e o conteúdo do FATCA. Por uma questão didática e em função da natural necessidade de que sejam expostos os conceitos primeiro e as conclusões depois, os temas serão apresentados iniciando-se pelo histórico de surgimento do FATCA e seu conteúdo simplificado, seguido pelas reflexões sobre a implementação do FATCA no Brasil, sob a ótica da extraterritorialidade da lei norte-americana em outros países (ou não), e sob a ótica do confronto entre o 'direito individual ao sigilo bancário' e o 'direito coletivo à justa arrecadação de tributos'. Por fim, o artigo será concluído com a reflexão pretendida pelo objetivo principal, a saber, refletir sobre a importância do FATCA para o sucesso da operação Lava-Jato, e pelas considerações finais.

DA ORIGEM E DO CONTEÚDO DO *FOREING ACCOUNT TAX COMPLIANCE ACT* (FATCA) NORTE-AMERICANO

O FATCA foi promulgado pelo Congresso dos EUA em 2010 (no governo de Barack Obama) como parte de um Programa de Incentivos para Restabelecer o Emprego (*HIRE Act*[4]) e para reverter os efeitos da crise imobiliária e de *subprimes* que assolou o país alguns anos antes. O objetivo do FATCA foi instituir e viabilizar o uso de uma ferramenta administrativa de coleta de informações financeiras com o objetivo de prevenir e detectar evasões fiscais

---

[4] *HIRE Act* = *Hiring Incentives to Restore Employment Act*, ou, em tradução livre, Programa de Incentivos para Restabelecer o Emprego.

de 'empresas e de cidadãos norte-americanos' (ou *US Person*[5], em seu idioma original).

Assim, o legislador norte-americano entendeu que o aumento do nível de *compliance* tributário e financeiro seria uma alternativa condizente como a necessidade de combate ao crescente desemprego e ao aumento da dívida pública daquele país. Mais especificamente, o objetivo do FACTA foi implementar uma ferramenta capaz de detectar os contribuintes (pessoas físicas e jurídicas) norte-americanos que buscavam reduzir a taxa de impostos que lhes seria aplicada por meio da manutenção de ativos em contas bancárias estrangeiras não divulgadas ao fisco dos EUA.

Além disso, a promulgação do FATCA viria a contribuir com outra demanda do legislador norte-americano, relacionada ao combate ao terrorismo, uma vez que a ferramenta a ser implementada para o combate à fraudes fiscais permitiria uma melhor identificação de transações de grupos terroristas, diminuindo a possibilidade de transferência de recursos por meio de paraísos fiscais.

Os acordos bilaterais (ou multilaterais) de cooperação tributária já vinham, aos poucos, impondo aos países a necessidade de transparência financeira global. Contudo, a promulgação do FATCA representou uma mudança radical, impondo a necessidade de rápida adaptação aos países e instituições financeiras que não quisessem ser prejudicados financeiramente pelas cláusulas na nova lei norte-americana.

---

[5] A expressão inglesa '*US Person*', em seu idioma original, traz consigo um significado mais profundo do que sua tradução direta para o português, 'pessoas norte-americanas'. Não apenas o conceito de 'pessoas' engloba pessoas físicas (cidadãos) e jurídicas (empresas), como a expressão em inglês traz consigo um aspecto da legislação tributária norte-americana, na qual é considerado 'contribuinte' todo cidadão norte-americano, mesmo que não viva nem produza riquezas em território norte-americano, independentemente de ser nato ou naturalizado. Por essa razão, a expressão '*US Person*' será utilizada ao longo do artigo em seu idioma original, ainda que a tradução literal pareça simples e direta.

Com a promulgação do FATCA foram impostas às instituições financeiras estrangeiras "obrigações pecuniárias e não-pecuniárias com exposição à riscos e custos jurídicos e operacionais", conforme Coelho (2015 (A), p.83). A seguir, sem ter o objetivo de transcrever literalmente os incisos do FATCA[6] norte-americano, serão apresentadas as principais conclusões práticas que podem ser extraídas desta lei:

i) o FATCA se aplica à toda e qualquer pessoa física ou jurídica classificada como *US Person*. No caso das pessoas físicas, a residência do cidadão, se dentro ou fora dos EUA é irrelevante, bastando ser norte-americano. No caso das pessoas jurídicas, há uma série de requisitos para classificá-las como 'empresa norte-americana' (*US Person*), dentre os quais segundo Brodzka (2013, p. 7-8), destacam-se: ter sede ou filial ou estar em bolsa de valores dos EUA; possuir sócios ou investidores norte-americanos com mais de 10% do capital social, ainda que a empresa esteja em território estrangeiro.

ii) Para toda transação financeira que envolva uma *US Person*, pessoa física ou jurídica, fica determinada a necessidade obrigatória de que a instituição financeira estrangeira (*FFIs*[7]) envolvida na transação preencha um formulário eletrônico com todas as informações referentes à transação (pessoa de origem e destino, numeração dos documentos de identificação das pessoas de origem e destino, número da conta bancária de origem e destino, razão e valor da

---

[6] Nota do Autor: para acesso ao completo Manual do FATCA norte-americano, publicado pela Receita Federal daquele país (*IRS* - Internal Revenue Service), no qual são apresentadas não apenas as suas determinações mas também a forma de reportá-las ao IRS, acessar: https://www.irs.gov/pub/irs-utl/froug.pdf.

[7] *FFIs* ou *Foreing Financial Institutions*. O conceito de instituição financeira estrangeira aqui tem significado amplo, incluindo Bancos, *Trustees*, *Offshores*, *Factorings*, ou qualquer outra modalidade de investimento ou administração de ativos com aportes ou retiradas parciais. Em especial, para o FATCA americano, o objeto de interesse estava focado nas *FFIs* associadas a *US Person*, seja na forma de cliente, seja na forma de investidor ou proprietário.

transação, dentre outros), e envie o formulário para o Departamento de Receita Federal dos EUA (*IRS, Internal Revenue Services*).

iii) Fica determinado que o não-envio do formulário eletrônico implicará em retenção de 30% do valor da transação, para efeito de tributação, bastando para isso que a fonte pagadora ou a recebedora seja uma *US Person*;

iv) Fica definido que, mesmo que o valor transacionado passe por instituições financeiras norte-americanas de forma transitória (seja para efeito de câmbio, *hedge*[8] ou qualquer outro mecanismo financeiro), ainda assim caberá a retenção de 30% do valor transacionado.

v) Fica definido que toda instituição financeira estrangeira se obrigará a enviar para a Receita Federal norte-americana as informações bancárias de *US Person* que, segundo Brodzka (2013, p.7-8), possuam na *FFI* a) um investimento superior a US 50 mil ou b) uma conta cuja movimentação ano ano calendário anterior seja superior a 10 (dez) dólares, sob pena de retenção de 30% de quaisquer transações dessa instituição bancária que passem por instituições financeiras norte-americanas.

vi) Fica definido que, se o *US Person* detentor da conta bancária em instituição financeira estrangeira se negar a fornecer as informações (sigilo bancário), a instituição chamará o correntista para encerrar sua conta e informará à Receita Federal norte-americana que aquela *US Person* não autorizou o envio de informações e, por essa razão, teve sua conta finalizada.

vii) Fica definido que os EUA se dispõe a fornecer informações equivalentes a todos os países que tenham o interesse e venham a assinar acordo bilateral com os norte-americanos, acordo esse que teria por objetivo internalizar o FATCA como norma nacional nos países signatários;

---

[8] A expressão *hedge* é rotineiramente utilizada no mercado financeiro, principalmente em transações comerciais de importações e exportações ou que envolvam troca de moedas. Fazer um *hedge* significa 'realizar transação utilizando proteção cambial' ou 'realizar transação compensatória que visa proteger (um operador financeiro) contra prejuízos na oscilação de preços'.

viii) Há diversos outros itens no FATCA[9]. Porém, para os fins propostos por esse artigo, nos manteremos restritos aos itens mencionados acima.

Estariam os EUA exagerando em sua atuação de xerifes do mundo? Segundo Michel & Rosenbloom (2011, p.709), a resposta é não. Os autores afirmam que por anos os EUA buscaram identificar os contribuintes americanos que evitam declarar seus rendimentos (ainda que parcialmente) ao órgão fiscalizador daquele país. Eram contratados informantes secretos, auditorias, cruzamento de dados com instituições estrangeiras e mesmo o uso de dados furtados. Após a implementação do FATCA, pela primeira vez na história, a Receita Federal norte-americana (IRS) conseguiu fazer acordos com os bancos suíços para cooperação no âmbito financeiro.

> "Nos últimos três anos, o governo dos EUA montou esforços agressivos contra os contribuintes americanos que têm fundos não declarados em contas estrangeiras, bem como os bancos, banqueiros, consultores financeiros e jurídicos, e até mesmo membros da família que podem ter ajudado os contribuintes ou facilitaram sua ocultação de ativos do coletor de impostos. Temos visto informantes secretos e denunciantes de dentro e fora dos Estados Unidos, dados bancários estrangeiros roubados, acusações criminais e auditorias fiscais civis, melhorias no intercâmbio de informações bilaterais e multilaterais, e dois formulários especiais do IRS implementados para incentivar os americanos a fazerem divulgações voluntárias de contas estrangeiras não relatadas. Pela primeira vez na história, a receita federal e a divisão tributária do departamento de Justiça dos EUA conseguiram superar o

---

[9] Nota do autor: para conhecer os detalhes do FATCA como implementado do Brasil, sugere-se fazer a leitura completa do Decreto nº 8.506, de 24 de Agosto de 2015. Para maior detalhamento do FATCA norte-americano, sugere-se i) acessar o Manual do FATCA norte-americano publicado pela *IRS*.

> sacrossanto sigilo bancário suíço, causando um forte golpe na noção de que a Suíça, ou qualquer outro país com regras rígidas de privacidade financeira, poderia oferecer um refúgio contra as leis fiscais dos EUA. Estes esforços têm sido mantidos, e os Estados Unidos tem recebido uma avalanche de bens não declarados por muitos outros países, mais notavelmente Alemanha, Grâ-Bretanha, Itália, Canadá, e Coréia do Sul." [10] (MICHEL & ROSENBLOOM, 2011, p. 709).

No mesmo sentido, Shepman (2013, p.1809-1810) afirma que a implementação do FATCA trouxe não apenas o benefício da recuperação de taxas tributárias não pagas, como gerou uma movimento voluntário por parte das instituições financeiras internacionais a favor do *compliance* e da transparência.

> "A (...) implementação do FATCA tem estimulado um turbilhão de mudanças comportamentais que aumentaram, e continuarão aumentando, a conformidade fiscal dos EUA. Devido à iminente

---

[10] Tradução livre realizada pelo autor: "*For the last three years, the U.S. government has mounted aggressive enforcement efforts against American taxpayers who have undeclared funds in foreign accounts, as well as the banks, bankers, financial and legal advisers, and even family members who may have assisted the taxpayers or facilitated their concealment of assets from the tax collector. We have seen secret informants and whistleblowers from in and outside the United States, stolen foreign bank data, criminal indictments and civil tax audits, enhancements in bilateral and multilateral information exchange, and two special IRS settlement initiatives to encourage Americans to make voluntary disclosures of unreported foreign accounts. For the first time in history, the IRS and the Tax Division of the U.S. Justice Department overcame sacrosanct Swiss bank secrecy, dealing a heavy blow to the notion that Switzerland, or any other country with strict financial privacy rules, could offer a haven from U.S. tax laws. These efforts are continuing, and the United States has been joined in ferreting out undeclared assets by many other countries, most notably Germany, Britain, Italy, Canada, and South Korea.*" (MICHEL & ROSENBLOOM, 2011, p.709).

> 'ameaça' do FATCA, e através dos vários programas de divulgação voluntária, milhares de dólares já estão voltando para o sistema tributário dos EUA com a promessa de anistia. Embora longe de ser uma solução revolucionária, os US $5 bilhões recuperados através da declaração voluntária são um passo positivo para eliminar o déficit fiscal. Além disso, como exemplificado pelas investigações sobre numerosos bancos suíços, a atitude mundial em relação à evasão fiscal parece estar mudando a favor do compliance e da transparência"[11] (SHEPSMAN, 2013, p.1809-1810).

Portanto, a promulgação do FATCA nos EUA colocou diversos países do mundo inteiro (aqueles que de alguma forma possuem relações comerciais ou financeiras com os EUA) na seguinte situação: a) ver sendo fornecida, obrigatória e unilateralmente, as informações solicitadas sob pena de ver as empresas nacionais sendo financeiramente penalizadas e prejudicadas comercialmente ou b) assinar acordos internacionais de cooperação bilateral com os EUA, contendo a previsão de troca recíproca de informações, ou seja, dado que na prática o fornecimento de tais informações inevitáveis, que seja feito de forma diplomática, bilateral e com negociação de prazos para ajuste das legislações nacionais internas com poder de inviabilizar essa troca de informações.

---

[11] Tradução livre realizada pelo autor:"*The (...) implementation of FATCA has spurred a whirlwind of behavioral changes that have increased, and will continue to increase, US tax compliance. With the threat of FATCA looming, and through the multiple voluntary disclosure programs, thousands are already flocking back to the US tax system with the promise of amnesty. Although far from revolutionary, the US$5 billion recovered through voluntary disclosure is a positive step towards eliminating the tax gap. Moreover, as exemplified by the investigations into numerous Swiss banks, the worldwide attitude towards tax evasion seems to be changing in favor of compliance and disclosure.*" (SHEPSMAN, 2013, p.1809-1810).

PEDRO BOLÍVAR DE SOUZA ANDRADE

DA POLÊMICA QUANTO À IMPLEMENTAÇÃO DO *FOREING ACCOUNT TAX COMPLIANCE ACT* (FATCA) NO BRASIL

A polêmica sobre a implementação (ou não) do FATCA no Brasil teve origem muito antes de ter sido promulgado o decreto-lei nº 8.506/2015, ato que legitimou e tornou obrigatório o seu uso em território nacional. Ainda na época que não era lei nacional, poderia uma lei norte-americana ser tão cogente sobre empresas situadas em outras nações? E quanto ao sigilo bancário, protegido pela grande maioria dos demais países? Para responder à essas e outras perguntas se faz necessário que alguns direitos sejam relativizados, promovendo um debate que busque o equilíbrio entre os direitos individuais (ao sigilo bancário) e os direitos coletivos (à uma justa arrecadação de tributos).

DA EXTRATERRITORIALIDADE (OU NÃO) DO FATCA

O plano de eficácia de uma lei estrangeira é prejudicado em território nacional até que essa lei seja recepcionada pelo ordenamento jurídico interno. No Brasil não é diferente.

Segundo Nogueira (2012, p.120-121), o princípio da territorialidade limita o alcance da norma ao território ao qual pertence aquela legislação. Contudo, o princípio da universalidade (ou da totalidade) dispõe que não importa ao fisco saber de onde ou como foram obtidos os rendimentos passíveis de tributação. Dessa forma, cada país possui legitimidade e soberania para criar suas próprias normas tributárias, dentre outras, com alcance que julgar apropriado o seu legislador. Contudo, essa norma só possui eficácia jurídica nos limites do território ao qual pertence aquela legislação.

> "O princípio da territorialidade (...) se traduz na ideia da delimitação da competência tributária de um Estado conforme o aspecto territorial do fato gerador e não propriamente o território da entidade tributante. Assim, fundado na soberania territorial, entende-se pelo citado princípio que a tributação incidirá sobre fatos ocorridos em território de um determinado país ainda que o beneficiário do rendimento seja não-residente (...)
>
> [Desta forma], o princípio da territorialidade em sentido positivo consiste na aplicabilidade de leis fiscais a todos os indivíduos estabelecidos em território de um determinado Estado, sendo nacionais ou estrangeiros (...). Por outro lado, o sentido negativo traduz a concepção de que as leis fiscais de um Estado não podem ser aplicadas ou produzirem efeitos em outro Estado, não sendo permitido o desencadeamento ou a produção de efeitos das normas estrangeiras. Assim, (...), o sentido formal do princípio da territorialidade significa que apenas no território da ordem jurídica em que se integra é que a execução coercitiva da legislação tributária é suscetível. (...).
>
> Por sua vez, o princípio da universalidade ou da totalidade dispõe que não importa ao fisco saber de onde ou como foram auferidos rendimentos passíveis de tributação. O citado princípio autoriza o alcance da norma tributária a fatos ocorridos fora do território do Estado que exerce sua competência tributária (...). Nesse sentido, qualquer país pode tributar fatos geradores praticados por não residentes fora dos limites do seu território, desde que haja conexão com seu ordenamento." (NOGUEIRA, 2012, p.120-121).

Assim, em teoria, nenhuma instituição financeira nacional seria obrigada a fornecer as informações de seus correntistas, *US Person* ou não, para a IRS norte-americana, a menos que o fizessem por livre e espontânea vontade, e com a devida autorização dos clientes.

Na prática, contudo, as FFIs (instituições financeiras estrangeiras aos norte-americanos) não cooperantes poderiam acabar excluídas do sistema financeiro internacional, conforme se extrai de Coelho (2015 (B), p.55-56)[12]. De fato, no mundo globalizado atual é impensável imaginar que transações comerciais entre empresas de grande porte (importação e exportação, operações de *hegde*, operações de câmbio, captação de dinheiro barato no exterior, pagamento de dividendos, dentre outros) não passem por alguma instituição norte-americana em algum momento, o que implicaria na retenção dos 30% do valor da transação caso a FFI em questão não tivesse aderido ao FATCA.

Adicionalmente, a dimensão dos escândalos de corrupção no Brasil e o clamor da população por uma rigorosa punição aos infratores aponta para um caminho de intensificação das práticas de *Compliance* que não dizem respeito apenas às leis, mas também às escolhas e aos comportamentos. Tais comportamentos podem ser moldados por meio de incentivos que, quando corretamente estabelecidos, levam à redução dos custos de transação e fazem com que a sociedade se adapte rapidamente às mudanças propostas. Por outro lado, os incentivos incorretos criam mais dificuldades do que facilidades e levam a sociedade a buscar alternativas para alcançar a redução dos custos de transação, conforme preconizado pelos estudiosos de *Law & Economics*. Em resumo: as instituições bancárias do Brasil (e de outros países) começaram a se adaptar às determinações do FATCA antes mesmo de ter sido promulgado o decreto-lei tornou obrigatório o seu cumprimento em território nacional.

Segundo Almeida & Charelli (2017, p.262-263), o FATCA foi rapidamente incorporado às legislações locais em função dos riscos econômicos com a taxação exacerbada às quais as instituições financeiras estrangeiras estariam expostas caso decidissem por cumprir a lei americana.

---

[12] A autora transcreve, em notas de rodapé, as palavras do professor de Economia da Bancária da Universidade de Saint-Gall, Beat Bernet: "*In theory, one can always refuse, but in practice, it would be impossible. Institutions that do not cooperate will be virtually excluded of the international financial system*". Acesso em 23/08/2019. Disponível em: https://www.lejournalinternational.fr/FATCA-Brings-an-End-to-Swiss-Banking-Secrecy_a994.html.

"A *Foreign Account Tax Compliance Act* (FATCA), lei federal dos EUA, passou a ser observada no Brasil após a promulgação do Decreto nº 8.506, em 24 de agosto de 2015, que veio consagrar o *Intergovernmental Agreement (IGA)*, acordo firmado entre os dois países em 2014, cujo objetivo é a Melhoria da Observância Tributária Internacional e a implementação da FATCA, o que se pode resumir pela expansão da troca de informações para combater à evasão fiscal. A observância da FATCA, em cada ordenamento alienígena, exigiu, dos EUA, a assinatura de IGAs com diversos Estados, que acederam, prioritariamente, por dois motivos em especial:

i. Imposição, às instituições financeiras estrangeiras que não se comprometerem a repassar informações sobre seus correntistas estadunidenses ao fisco dos EUA, da retenção de 30% sobre qualquer pagamento feito à conta de contribuinte americano nessas instituições, e a retenção do mesmo percentual sobre quaisquer pagamentos feitos às próprias instituições financeiras quando a fonte pagadora for norte-americana;

ii. Descoberta, em 2008, de grandes esquemas de evasão fiscal que motivaram a diversos foros internacionais de interesse econômico, como o G20 e a OCDE, a estimular o combate à evasão de divisas através do desenvolvimento de um sistema global de transparência mútua, por meio da troca automática de informações fiscais entre diferentes jurisdições;

A observância da lei norte-americana em ordenamento estrangeiro gera aos Estados signatários, Brasil inclusive, a necessidade de adaptação da legislação interna para adequada aplicação do novo acordo internacional, assim como não se ignora a imposição de encargos ao fisco e às instituições financeiras locais para a efetivação de remessas de informações aos EUA." (ALMEIDA & CHARELLI, 2017, p.262-263).

Importante reforçar, portanto, que a efetividade do FATCA norte-americano em território estrangeiro sequer necessitaria da recepção dessa lei no ordenamento jurídico nacional. Diante do risco de terem 30% de suas transações retidas pelo fisco norte-americano, as FFIs rapidamente se ajustaram à essa imposição norte-americana e reduziram seus riscos de custos de transação, antes de que ordenamentos jurídicos locais transformassem essa conduta em lei.

De fato, o debate jurídico-legislativo-constitucional sobre a extraterritorialidade do FATCA norte-americano deixou de ter significado prático, pois a questão da troca de informações exigidas pelo FATCA norte-americano se resolveu mundialmente, ignorando fronteiras, através dos conceitos de mercado globalizado e da necessidade de reduzir os custos de transação, tão bem explorados pelos doutrinadores de *Law & Economics*.

Assim, o debate sobre a questão da troca de informações exigidas pelo FATCA direcionou-se para um viés de reciprocidade entre nações soberanas, para um viés diplomático. Ou seja, o debate passou ser feito com o objetivo de que esse envio de informações deixasse de ser unilateral e passasse a ser recíproco. Nesse sentido, as nações fizeram acordos internacionais de cooperação com os EUA, prevendo a internalização do FATCA em território nacional mediante concordância mútua de trocas de informações de forma bilateral.

Dessa forma, as operações financeiras de cidadãos nacionais, equivalentes aos considerados *US Person* para os EUA, teriam suas informações enviadas para o país signatário do acordo bilateral, informações essas enviadas automaticamente (sem necessidade de mecanismos de solicitação) por meio das instituições financeiras norte-americanas e pela *IRS* (*Internal Revenue Service*, a Receita Federal estadunidense).

Os acordos bilaterais resolvem a questão diplomática (a questão fática já estava resolvida), mas ainda se faz necessária uma reflexão sobre a jogada seguinte no tabuleiro mundial de xadrez internacional: conforme Mukadi (2012, p.1227-1233), como resultado da promulgação da lei norte-americana e das suas possíveis consequências na economia mundial, a implementação do FATCA deve iniciar um processo de nascimento de uma nova ordem tributária internacional, definida de maneira coordenada entre as nações mundiais.

"Como mencionado acima, o FATCA é uma norma federal dos EUA destinada a se aplicar diretamente a ativos financeiros estrangeiros de pessoas americanas, incluindo corporações, (...). Existem três formas possíveis de implementar e impor o FATCA: [i] uma implementação unilateral forçada de um FATCA único, pelos EUA (seria como 'a ação de um xerife solitário tomando conta da cidade'); [ii] implementação unilateral e esforços para criar legislações equivalentes em vários países, tornando o FATCA multilateral ('efeitos dominó e bumerangue'); e [iii] uma implementação mútua e esforços para um FATCA multilateral (a 'nova ordem fiscal internacional'). (...).

A utilização da OCDE como ponto de partida para um organismo de coordenação fiscal internacional economizará tempo, uma vez que a OCDE tem um instrumento que pode ser aproveitado e modificado, incluindo os princípios do FATCA, e inclui muitos países com grandes centros financeiros com um extensa rede de tratados que também poderia ser aproveitado para harmonizar os princípios e mecanismos fiscais internacionais. Uma vez que o quadro original é funcional, nenhum outro país recebendo e, provavelmente, dependendo dos pagamentos de centros financeiros localizados nos países da OCDE será capaz de ficar fora do sistema, e um corpo pleno funcionamento da coordenação tributária internacional se tornará uma realidade.

Apesar de parecer uma realidade distante para muitos leitores, tudo depende do grupo de seis nações, da vontade política desses países e da seriedade dos Estados Unidos para impor o FATCA. (...) O FATCA desencadeará o fim da ordem tributária internacional como a conhecemos e, ao mesmo tempo, abrirá o caminho para uma nova, aquela que verá o nascimento de um organismo internacional de coordenação fiscal" [13] (Mukadi, 2012, p. 1230-1233).

---

[13] Tradução livre realizada pelo autor: "*As noted above, FATCA is a U.S. statutory provision intended to apply directly to foreign financial assets of U.S. persons, including*

Segundo o autor, as nações mundiais fariam uma jogada do tipo ganha-ganha: minimizariam os custos de transação tanto para as instituições financeiras quanto para o poder público (legislativo e executivo), obteriam as informações necessárias para realizar o combate à fraudes fiscais mais efetivo, e fortaleceriam os laços econômicos e diplomáticos entre as nações.

As afirmações de Mukadi conduzem ao entendimento de que esse 'acordo mundial' para combater fraudes fiscais maximizaria os benefícios globais, o que representaria um ponto de equilíbrio segundo a Teoria dos Jogos[14]. Adicionalmente, o Princípio de Pareto[15] demonstra que, uma vez que esse passo seja dado, terá sido alcançado o ponto de equilíbrio econômico, ou seja,

---

corporations, (...). There are three possible ways of implementing and enforcing FATCA: [i] a unilateral implementation and enforcement of a single FATCA by the U.S. (or as 'the action of a lone sheriff in town'); [ii] unilateral implementation and enforcement of multiple FATCA-like legislations by several countries ('the domino and boomerang effects'); and [iii] a mutual implementation and enforcement of a multilateral FATCA ('the new international tax order'). (...). Using the OECD as a starting point for such an international tax coordination body will save time, since the OECD has an instrument that could be leveraged and modified by including FATCA principles, and it includes many countries with major financial centers with an extensive treaty network that could also be leveraged to harmonize international tax principles and mechanisms. Once the original framework is functional, no other country receiving and probably depending on payments from financial centers located in OECD countries will be capable of staying out of the system, and a full functioning body of international tax coordination will become a reality. While this could seem far away to many readers, everything depends on the six-nation group of countries' political will and the seriousness of the United States to enforce FATCA. (...) FATCA will trigger the end of the international tax order as we have known it and at the same time open the way to the new one, the one that will see the birth of an international tax coordination body." (MUKADI, 2012, p.1230-1233).

[14] ver MELLO, 1997, p.105-106. Não é objetivo deste artigo aprofundar-se sobre a Teoria dos Jogos, razão pela qual recomenda-se ao leitor que queira conhecer mais sobre o tema mencionado a leitura do artigo supra referido.

[15] ver COOTER & ULER, 2010, p.14.

terá sido alcançada a situação econômica na qual não haverá caminho possível a ser dado sem que pelo menos uma das nações envolvidas seja prejudicada.

Assim, mesmo não sendo juridicamente obrigatório nos países estrangeiros (antes de sua recepção legislativa formal), o FATCA teve a capacidade de se tornar economicamente obrigatório desde a sua promulgação primeira, nos EUA, fazendo que os países integrados ao sistema econômico global se apressassem em tornar legal e recíproco algo que, na prática, já vinha ocorrendo ou que seria inevitável que ocorresse em curto espaço de tempo.

DO APARENTE CONFLITO ENTRE O DIREITO INDIVIDUAL AO SIGILO BANCÁRIO E O DIREITO COLETIVO À JUSTA ARRECADAÇÃO DE IMPOSTOS

O tópico a seguir tem por objetivo refletir sobre a legalidade e a constitucionalidade[16] de fornecer informações financeiras de quaisquer indivíduos ou empresas para quem quer que seja, versus o direito do Poder Público de tomar conhecimento dos fatos geradores da obrigação de pagar tributos, por parte dos indivíduos e das empresas. Parece translúcida a existência de um conflito fatal entre o direito ao sigilo bancário e o FATCA, ou seja, qualquer deles que prevaleça, enterra outro. Será? Será mesmo que não pode haver convivência harmônica entre ambos os direitos?

Conforme mencionado previamente, o FATCA norte-americano foi incorporado ao ordenamento jurídico brasileiro por meio do decreto-lei 8.506/15. Portanto, agora trata-se do FATCA brasileiro. Em seu conteúdo, a lei reafirma a determinação de que que seja realizada uma troca eletrônica e automática de informações sobre transações financeiras de indivíduos e

---

[16] Nota do autor: neste capítulo, para abordar os temas da legalidade e da constitucionalidade da lei em debate, a referência ao FATCA direciona-se para a versão brasileira da lei, ou seja, para o Decreto-lei 8.506 de 2015.

empresas que se enquadrem na descrição da cláusula do tratado internacional, sem necessidade de prévia autorização judicial ou de justificada motivação do fisco nacional, o que configura aparente afronta à CRFB[17].

A rigor, o sigilo bancário no Brasil não é um direito garantido pela Constituição de forma explícita. Mas é garantido por leis infraconstitucionais, dentre as quais se destaca a Lei Complementar 105 de 2001. Partindo dessa premissa, o debate sobre a inconstitucionalidade do FATCA frente ao direito ao sigilo bancário ficaria prejudicado. Em sentido contrário, fazendo uma interpretação ampla dos incisos X a XII do artigo 5°, da CRFB, parte da doutrina defende que a Constituição brasileira abarca a proteção ao sigilo bancário ao garantir os direitos de proteção à intimidade, à vida privada e ao sigilo de dados.

Assim, considerando que 'o direito ao sigilo bancário estaria sob ataque com a promulgação do FATCA', e considerando 'a necessidade de conceder a ele (o direito sob ataque) justas ferramentas de defesa', adotar-se-á, na sequência, o entendimento amplo de que o direito ao sigilo bancário está de fato garantido diretamente na Constituição brasileira. Trata-se de uma premissa sem a qual o debate proposto não poderia prosseguir. Ou seja, para o debate que se segue, o sigilo bancário é um direito constitucional.

Nesse sentido, para que Decreto-lei 8.506/2015 (FATCA brasileiro) não seja considerado inconstitucional devido à afronta ao direito ao sigilo bancário das pessoas físicas e jurídicas, seria necessário que houvesse na própria Carta Magna algum outro artigo cuja literalidade ou interpretação lógica levasse à constitucionalidade dessa relativização do direito ao sigilo bancário. E há! O artigo 145 da Constituição Federal determina que cabe ao fisco dos três entes federativos, nos termos da lei (ou seja, com base em normas infraconstitucionais que regem o tema) e respeitados os direitos individuais, a identificação de patrimônio, a fim de aferir a capacidade econômica dos contribuintes. Como a harmonia das normas constitucionais conceitua que não existe inconstitucionalidade entre artigos pertencentes à Constituição (a menos que um deles tenha sido oriundo ou alterado

---

[17] A sigla CRFB significa 'Constituição da República Federativa do Brasil', promulgada em 05 de outubro de 1988.

por emendas constitucionais), estamos diante de dois artigos igualmente constitucionais, e a solução para o aparente conflito entre eles se dará através da relativização desses direitos ou do uso do princípio da proporcionalidade.

A Lei Complementar 105/2001 (estabelece o sigilo bancário), determina que "Art. 6º, (...) quando houver processo administrativo instaurado ou procedimento fiscal em curso e tais exames sejam considerados indispensáveis pela autoridade administrativa competente", as autoridades e os agentes fiscais tributários "da União, dos Estados, do Distrito Federal e dos Municípios poderão examinar documentos, livros e registros de instituições financeiras, inclusive os referentes a contas de depósitos e aplicações financeiras", demonstrando que o direito ao sigilo bancário não é absoluto e que há situações na qual sua quebra não exige autorização por meio de decisão judicial.

Nessa mesma linha, após alteração realizada pelo Decreto 8.303 de 2014, o Decreto 3.724/2001 passou a prever a prescindibilidade de autorização judicial para que autoridades e agentes fiscais tributários possam ter acesso aos dados e informações financeiras de contribuintes, quando baseado em "intercâmbio de informações, com fundamento em tratados, acordos ou convênios internacionais, para fins de arrecadação e fiscalização de tributos".

> "Art. 3º (...) III - prática de qualquer operação com pessoa física ou jurídica residente ou domiciliada em país com tributação favorecida ou beneficiária de regime fiscal (...); XII - intercâmbio de informações, com fundamento em tratados, acordos ou convênios internacionais, para fins de arrecadação e fiscalização de tributos" (BRASIL, Decreto nº 3.724/2001).

O artigo sexto da Lei Complementar LC 105/2001 foi alvo de controles difusos de constitucionalidade e de Ações Diretas de Inconstitucionalidade (ADIn's)[18] por vários anos, desde a promulgação da lei complementar até recentemente. Contudo, independentemente da celeuma, o fato é a redação

---

[18] ADIn's nº 2390, 2386, 2397 e 285943.

atual do artigo sexto da LC 105/2001 jamais foi suspensa ou revogada, estando vigente na legislação nacional desde sua entrada em vigor. E ainda que sua efetividade tivesse sido suspensa ou revogada, à troca eletrônica e automática de informações fiscais está legitimada pelos acordos internacionais previstos no Art. 3º; XII do Decreto 3.724 de 2001 (com redação atualizada pelo Decreto 8.303 de 2014). Assim, conforme afirma Contorceanu (2015, p.13), a tentativa de evitar ter seus dados pessoais de transações financeiras expostos pelo FATCA com o objetivo de evitar o pagamento de impostos é, de fato, ilegal.

Nesse mesmo sentido, o Superior Tribunal Federal (STF) mudou seu entendimento histórico sobre o tema em fevereiro de 2016, ao realizar o julgamento conjunto do Recurso Extraordinário RE nº 601.314 e das ADIn's nº 2390, 2386, 2397 e 285943. Nessa oportunidade, o pleno do STF declarou por maioria de votos (9 a 2), e com efeito *erga omnes*, a constitucionalidade do artigo sexto da LC 105/2001, autorizando o fisco a requisitar informações diretamente às instituições bancárias sobre movimentação financeira de contribuintes, por meio apenas de processo administrativo.

Conforme explica Almeida & Charelli (2017, p.286-287),

> "A nova interpretação do STF condiz com as garantias já previstas no próprio ordenamento, uma vez que tanto a legislação brasileira, quanto os tratados para troca de informações fiscais assinados pelo País, contêm previsões acerca da confidencialidade das informações, que, interpretadas conjuntamente, levam à conclusão de que tais dados sobre o contribuinte só podem ser transmitidos a pessoas ou autoridades estrangeiras estritamente ligadas ao procedimento tributário. Nos casos de investigação ou avaliação de informação que não conste da base de dados da Receita Federal, é possível solicitá-la ao contribuinte ou exigi-la de uma instituição financeira mantida a obrigatoriedade do sigilo, sem, destarte, ferir o direito fundamental à privacidade. De fato, a obrigação de manter o sigilo dos dados bancários dos contribuintes deve ser observada pelo fisco, que, sob nenhuma hipótese, tem

autorização de tornar pública tais informações. A mudança de rumo na decisão do STF adota interpretação que viabiliza a efetiva aplicação da FATCA em território nacional, o que representa um importante passo na busca pela transparência e cooperação internacional, sem prescindir da busca pela maior concreção da capacidade contributiva, corolário da igualdade" (ALMEIDA & CHARELLI, 2017, p.286-287).

Diante do exposto, seja pelo posicionamento recente do STF no sentido da constitucionalidade do artigo 6º da LC 105/2001, seja pela redação do Art. 3º, XII do Decreto 3.724 de 2001 (com redação atualizada pelo Decreto 8.303 de 2014), fica caracterizada a real possibilidade de convivência harmônica entre o direito ao sigilo bancário e a troca automática de informações estabelecida pelo FATCA brasileiro.

A IMPORTÂNCIA DO FOREIGN ACCOUNT TAX COMPLIANCE ACT (FATCA) AMERICANO PARA A OPERAÇÃO LAVA-JATO BRASILEIRA

Superado o questionamento quanto à legitimidade do FATCA no Brasil, (por se tratar de lei já internalizada nacionalmente e que não afronta a CRFB[19]), é possível abordar o tema da importância do FATCA para a operação Lava-Jato.

---

[19] Nota do autor: A afirmação de que "o FATCA não afronta a CRFB" é uma premissa. Isso porque somente o STF pode fazer essa afirmação de maneira definitiva. Assim, a menos que o STF venha a se manifestar em sentido contrário, e diante dos argumentos apresentados anteriormente no sentido da possibilidade de convívio harmônico entre o FATCA e a CRFB, essa premissa será considerada como tendo sido corroborada, para todos os efeitos que se seguem.

A Lava-Jato consiste, formalmente, em um conjunto de operações da Polícia Federal e na força-tarefa do Ministério Público, e tem atuado fortemente no combate à corrupção e à lavagem de dinheiro. Até o início do ano de 2018 já foram recuperados quase R$ 12 bilhões (BBC, 2018) aos cofres públicos (dado que os desvios são originários de patrimônio de uma empresa estatal), bem como já foram presos dezenas de empresários e políticos.

Conforme já mencionado, a promulgação da Lei Anticorrupção (Lei 12.846/2013) e da Lei das Organizações Criminosas (Lei 12.850/2013), dentre outras, e também, a recepção do FATCA americano no ordenamento jurídico brasileiro por meio do Decreto nº 8.506/2015, foram fundamentais para o sucesso da Operação Lava-Jato.

A Lei Anticorrupção trouxe a responsabilização administrativa e civil das pessoas jurídicas por atos de corrupção contra a administração pública, nacional ou estrangeira, assim como definiu as bases de validade de um acordo de leniência. Já a Lei das Organizações Criminosas tornou mais rigoroso o antigo conceito de formação de quadrilha, assim como dispôs sobre a investigação criminal e os meios de obtenção da prova, dentre outros. Acrescente-se a elas a Lei de Lavagem de Dinheiro (Lei 9.613/1998), que dispõe sobre os crimes de ocultação de bens, direitos e valores.

Os infratores investigados pela Lava-Jato pelos crimes de corrupção costumam infringir em duas ou três das leis mencionadas em conjunto, e é justamente por causa desse acúmulo de penas que tem sido possível, em boa parte dos casos, estabelecer o regime fechado como aquele de cumprimento inicial da pena. Mas e o FATCA? O FATCA brasileiro (Decreto-lei nº 8.506/2015) foi o instrumento que permitiu à Polícia Federal e ao Ministério Público investigarem a fundo o caminho pelo qual passou o dinheiro desviado pelos acusados de corrupção.

Ao longo das investigações da Lava-Jato, foram trocadas informações com EUA, Portugal, Suíça e Uruguai, dentre outros, as quais foram fundamentais para provar a real existência de dinheiro em contas não declaradas dos investigados.

Ainda que eventualmente fosse possível investigar as contas brasileiras dos infratores por meio de autorização judicial, o processo se tornaria mais lento. Além disso, nada garante que a Instituição Financeira Estrangeira ao Brasil acataria uma ordem judicial brasileira (a menos que houvesse prévio acordo de colaboração entre os países envolvidos). Na prática, o FATCA permitiu a disponibilização dessas informações (nacionais e internacionais) à distância de um simples telefonema.

Numeração de contas, montantes depositados ou retirados, transferências de quem para quem, nomes dos envolvidos, depoimentos e outros formaram o conjunto de informações que permitiu ao Ministério Público formular denúncias contra os infratores não apenas baseadas em acordos de delação premiada ou acordos de leniência, mas também com provas documentais robustas. Importante relembrar que a lei determina que não pode haver condenação penal baseada apenas em provas orais (ou seja, em depoimentos).

Antes mesmo da implementação do FATCA, os países já vinham fazendo acordos bilaterais de cooperação para viabilizar a troca de informações financeiras. Mas o processo funcionava via solicitação formal e aprovações lentas. Agora, com o FATCA, a troca de informações é automática, rápida e completa.

Sem o FATCA, a menos que houvesse um acordo bilateral prévio entre os países envolvidos, o Ministério Público brasileiro não teria tido acesso às contas internacionais, *offshores* e *trustees* do ex-presidente da Câmara de Deputados. Possivelmente a condenação do ex-deputado não teria sido possível. Possivelmente ele seria inocentado por falta de provas. Essa é a importância do FATCA para a Lava-Jato!

Sem o FATCA, a Lava-Jato faria sim algumas prisões - talvez de personalidades importantes dentre o empresariado e políticos brasileiros - mas certamente não teria chegado tão longe. E a operação ainda nem acabou!

CONSIDERAÇÕES FINAIS

Este artigo tinha como objetivo principal refletir sobre a importância do *Foreign Account Tax Compliance Act* (FATCA) para a Operação Lava-Jato. Para tanto, se fez necessária a apresentação e o debate de dois objetivos secundários, a análise da extraterritorialidade da lei norte-americana em outros países, e o confronto entre o 'direito individual ao sigilo bancário' e o 'direito coletivo à justa arrecadação de tributos'. Para alcançar tais objetivos, foi planejada a realização de em estudo norteado pelo método indutivo aplicado ao caso da implementação do FATCA no Brasil e realizado por meio de análise documental com fontes de dados primárias e secundárias.

Ao longo do percurso, foi demonstrado que i) o FATCA norte-americano foi incorporado às práticas das instituições financeiras brasileiras, por opção destas, antes mesmo de essa lei ter sido formalmente incorporada ao ordenamento jurídico nacional, fato já ocorrido em 2015 através do Decreto-lei nº 8.506; que ii) é possível uma convivência constitucionalmente harmônica entre o 'direito dos indivíduos ao sigilo bancário' e o 'direito do Poder Público em obter a correta informação para cobrar os tributos que lhe são devidos', incluindo decisão já proferida pelo STF nesse sentido; que iii) a troca automática de informações tributárias permite atingir maior número de contribuintes sem atribuir benefícios ou privilégios a qualquer um deles.

O FATCA se mostrou com enorme eficiência não apenas na detecção das infrações, mas na prevenção à elas. O empenho em garantir a efetividade da lei tributária afeta a atitude dos contribuintes, os quais tendem a reduzir seu grau de exposição ao risco por saberem dos esforços do Estado em combater eventuais fraudes. Adicionalmente, acredita-se que ao perceber que todos a sua volta também serão tributados sob as mesmas regras, há uma natural tendência de aumento do grau de sensação de justiça na tributação realizada.

Conforme apresentado, por meio de alguns dos conceitos de *Law & Economics*, o envio unilateral das informações determinados pelo FATCA americano ocorreria por um caminho ou por outro (formal ou informalmente). Melhor para o Brasil que essa troca de informações ocorra de maneira formal e bilateral (acordos internacionais), para que todos os países signatários possam se beneficiar do combate à evasão fiscal, gerando o aumento da arrecadação fiscal nacional, a redução dos níveis de corrupção (e portanto redução dos custos de transação) e a condenação dos criminosos de terno que insistem em não cumprir as leis e as regras fiscais.

REFERÊNCIAS

ALMEIDA, Carlos O. F.; CHARELLI, Erich Belfort. **Transparência no combate à evasão fiscal: repercussões da FATCA no Brasil**. Revista de Direito internacional, Econômico e Tributário - RDIET. Brasília: Jan-Jun, 2017, v. 12, nº1, p. 261 - 297.

BBC Brasil. **Lava Jato: MPF recupera R$ 11,9 bi com acordos, mas devolver todo dinheiro às vítimas pode levar décadas.** Disponível em: https://www.bbc.com/portuguese/brasil-43432053. Acesso em: 10/09/2019.

BRODZKA, Alicja; **FATCA from the European Union Perspective.** Journal of Governance and Regulation. Volume 2, Issue 3. University of Economics of Wroclaw. Komandorska (Wroclaw/Poland): 2013. p. 07-13.

COELHO, Carolina R. J.; **Sigilo bancário e governança global: a incorporação do FATCA (Foreign Account Tax Compliance Act) no ordenamento jurídico brasileiro diante do impacto regulatório internacional.** Revista da Receita Federal: estudos tributários e aduaneiros. Brasília, 2015 (A). p 83–122.

COELHO, Carolina R. J.; **Qual é o preço do direito ao sigilo bancário? A incorporação jurídica da legislação norte-americana foreign account tax compliance act ao ordenamento brasileiro sob a perspectiva da análise econômica do direito**. *In:* Revista de Direito da ADVOCEF. Porto Alegre: 2015 (B), v.1, n.20, p.51-71.

COOTER, Robert; ULEN, Thomas. **Direito & Economia**. Porto Alegre: 2010. Bookman, 5a ed.

COTORCEANU, Peter A.; **Hiding in plain sight: how non-US persons can legally avoid reporting under both FATCA and GATCA.** Oxford University Press. Trusts & Trustees. Oxford (UK): October, 2015.

IRS, Department of the Treasury. ***Foreign Account Tax Compliance Act (FATCA) USER GUIDE.*** *Document No. D 13134 (Rev. 08/2013) Catalog Number 65179U. FATCA Online Registration User Guide. Internal Revenue Service.* Acesso em: 10/09/2019. Disponível em: https://www.irs.gov/pub/irs-utl/froug.pdf.

MELLO, Flávia C.; **Teoria dos Jogos e Relações Internacionais: um Balanço dos Debates**. Rio de Janeiro: 1997. BIB, n.44, p.105-119.

MICHEL, Scott D. & ROSENBLOOM, David. **FATCA and Foreign Bank Accounts: Has the US Overreached?** Caplin & Drysdale Attorneys Publications. Washington-DC, USA: 2011, p. 709-713. Acesso em: 10/09/2019. Disponível em: http://www.capdale.com/files/4178_FATCA%20Article.pdf.

MUKADI, Jeff N.; **FATCA and the Shaping of a New International Tax Order.** Tax Notes International, n.66. Peterborough (Ontário/Cánada): June, 2012; p.1227-1233. Acesso em: 10/09/2019. Disponível em: https://taxprof.typepad.com/files/66ti1227.pdf.

NOGUEIRA. Thiago Silva. **O FATCA e os aspectos sobre extraterritorialidade da lei fiscal norte-americana**. p.119-130. *In*: Revista Jurídica Estácio/UniSEB / Centro Universitário Estácio/UniSEB. Ano 4. n. 4. Ribeirão Preto, SP: UNICOC, 2014.

SHEPSMAN, Marc D. **Buying FATCA Compliance: Overcoming Holdout Incentives to Prevent International Tax Arbitrage**. Fordham International Law Journal, Volume 36, Issue 5, Article 13. Berkeley, USA: 2013, p. 1766-1815. Acesso em: 10/09/2019. Disponível em: https://ir.lawnet.fordham.edu/cgi/viewcontent.cgi?referer=https://www.google.com/&httpsredir=1&article=2668&context=ilj.

ANÁLISE INCIPIENTE DOS MEIOS DE APLICAÇÃO DO COMPLIANCE EM ORGANIZAÇÃO EMPRESARIAL QUE (NÃO) POSSUI O PLANEJAMENTO ESTRATÉGICO DEFINIDO

Julio Mariano Fernandes Praseres[1]

O Brasil passou a impulsionar práticas que desenvolvam as políticas internas no ambiente empresarial. Empresas e indústrias começaram a se preocupar com a liberdade existente na atuação dos seus colaboradores, por mais que a cultura empresarial existente predomine diante de ações individuais é necessário se ater a determinados cuidados que inibam ações negativas.

---

[1] Mestrando em *Master of Science in Legal Studies* pela Ambra College.

As diversas formas de lideranças dentro das organizações empresariais determinam os tipos de resultados que são possíveis em certos eventos inesperados praticados por colaboradores. Deste modo, urge o mecanismo do *Compliance* no ambiente empresarial, estabelecendo critérios e ações inibidoras de condutas incompatíveis com os interesses empresariais.

Veja-se que a organização por meio de sua Visão, Missão e Valores implanta no seu plano de existência determinado objetivo[2]. Quando a Visão da empresa é de se expandir numa determinada região, as ações estabelecidas para alcançar o objetivo passam a envolver todos os colaboradores, que através da Missão e dos Valores definidos é que determinarão as práticas de condutas.

Embora a Visão seja diferente para cada segmento empresarial, as ações dos colaboradores correspondem, geralmente, aos interesses pessoais, eivando a prática de ações que possibilitaria a organização de alcançar.

Assim, pretende-se demonstrar neste artigo que a prática de um *compliance* possibilitará estabelecer ações que devam ser praticadas pelo seus colaboradores, inclusive a criação de parâmetros que esclareçam regulamentações e legislações necessárias para o funcionamento empresarial.

Logo, em um primeiro momento, será discorrido sobre os aspectos conceituais de *compliance*, demonstrando de modo sintético a sua evolução no Brasil, por conseguinte, a empresa que adota um planejamento estratégico, com breve apresentação da essencialidade de se ter uma estratégia prefixada, e por fim, a análise incipiente do *compliance*, distinguindo inicialmente a responsabilidade social com entidade filantrópica, sendo adequado demonstrar que a empresa que possui responsabilidade social realiza a capacitação de seus colaboradores, diversamente da filantropia, e as variações que ocorrem com a aplicação do *compliance* em uma organização empresarial.

---

[2] Existência no sentido de ser um período criado para obtenção de um resultado.

ASPECTOS INICIAIS SOBRE O *COMPLIANCE*

No Brasil a lei n.º 9.613/98, foi a primeira que criminalizou a lavagem de dinheiro[3]. Nesse mesmo ano, foi criado o Conselho de Controle de Atividades Financeiras - COAF, para atuar no combate à lavagem de dinheiro. A legislação brasileira classifica o crime de lavagem de dinheiro, como um crime derivado, pois é necessário que a conduta do agente seja considerada ilegal para classificação do crime. Contudo, há diversos mecanismos de controle que foram estabelecidos pela lei.

O Brasil passou a implantar ações que pudessem combater e prevenir o crime de lavagem de dinheiro. Nesse sentido, criou-se a lei nº 12.846/2013, editada visando o combate à atos ilícitos contra a administração pública brasileira e estrangeira.

Para Antonik (2016, p.50), após a promulgação da lei nº 12.846/2013 (lei anticorrupção), também conhecida como lei do *Compliance*, tem-se que o "instrumento normativo dispõe sobre a responsabilização administrativa e civil de pessoas jurídicas, de qualquer natureza ou formato societário, pela prática de atos contra a administração pública nacional ou estrangeira."

A organização está submetida ao cumprimento de toda a legislação vigente no Brasil e a tomar as medidas cabíveis para evitar afronta à legislação. Deste modo, o combate à corrupção deve estar de acordo com as normas internacionais anticorrupção.

"A lei anticorrupção responsabiliza pessoas jurídicas, inclusive seus sucessores, dirigentes e administradores nos âmbitos administrativo e civil, por atos praticados em benefício próprio." (Antonik, 2016, p.51)

Já em 2015, surge o decreto 8.420/2015, cujo o mesmo realiza a definição de um programa de integridade, para que a empresa insira um mecanismo e

---

[3] Alterada posteriormente pela lei n.º 12.683/12

procedimentos internos contra irregularidades. No art. 41 do referido decreto, tem-se a conceituação do programa de integridade, veja-se,

> Art. 41. Para fins do disposto neste Decreto, programa de integridade consiste, no âmbito de uma pessoa jurídica, no conjunto de mecanismos e procedimentos internos de integridade, auditoria e incentivo à denúncia de irregularidades e na aplicação efetiva de códigos de ética e de conduta, políticas e diretrizes com objetivo de detectar e sanar desvios, fraudes, irregularidades e atos ilícitos praticados contra a administração pública, nacional ou estrangeira.
>
> Parágrafo Único. O programa de integridade deve ser estruturado, aplicado e atualizado de acordo com as características e riscos atuais das atividades de cada pessoa jurídica, a qual por sua vez deve garantir o constante aprimoramento e adaptação do referido programa, visando garantir sua efetividade.

Atenta-se a necessidade de um programa de integridade numa empresa que atua diretamente com empresas privadas e públicas, envolvendo cifras significativas no mercado, isto é, que movimenta uma quantia alta de dinheiro.

Em atenção ao *compliance*, no ano de 2016 foi criada a ISO 37.001, a qual buscou garantir uma gestão eficaz, com medidas para evitar possíveis subornos, estabelecendo um padrão e uma linha de atuação que favorecia as empresas a desenvolverem seus sistemas de *compliance* e assim evitar a corrupção.

Um dos métodos que garante a transparência na gestão é atuar com *compliance* na organização, que segundo De Carli (2006, p.53) é uma conformidade.

Para Antonik (2016, p.50), "*compliance* é um conjunto normativo que assegura o cumprimento de regras de determinado setor. O significado tem como objetivo identificar possibilidades de infrações, falta de cumprimento de uma norma legal ou atividades que se configuram como atos de corrupção."

Diante disto, "a implementação do *compliance* pelas empresas é fundamental no combate à corrupção, cuja atividade assume cinco aspectos fundamentais, segundo o *Global Integrity Summit* (Cúpula Global da Integridade), da Griffith University (Deloitte *apud* Antonik, 2016, p.47).

Segundo Antonik (2016), o Brasil passou por um amadurecimento institucional significativo nos últimos anos. Estamos melhorando. As punições imediatas passaram a atingir o patrimônio e a vida de empresas e de executivos e, principalmente, a imagem das companhias. Ou seja, usar a corrupção como parte do negócio passou a custar caro.

Deste modo, o compliance passou a ter mais destaque em virtude do alto índice de corrupção e lavagem de dinheiro que assolou o Brasil nesses últimos anos, assim, o compliance proporciona um processo de melhoria na gestão, com ênfase na transparência.

ADOÇÃO DE UM PLANEJAMENTO ESTRATÉGICO

O planejamento estratégico é adotado para determinar quais os tipos de ações deverão ser realizadas para que seja possível alcançar determinado objetivo, assim, pode-se dizer que "a estratégia da empresa consiste do conjunto de mudanças competitivas e abordagens comerciais que os gerentes executam para atingir o melhor desempenho da empresa." (Thompson, 2003, p.1)

Na visão do autor, o empreendedor ao incutir a ideia da formação empresarial, já inicia o seu projeto estratégico antes da abertura e o aplica ao constituir a empresa. Contudo, planos que se encontram no ambiente mental do empreendedor passam a se tornar distorcidos, pois as adaptações que poderão ser realizadas não coincidem no plano que até então era inicial, inibindo o correto andamento empresarial.

Nesse ínterim, Thompson (2003, p.1) demonstra que "sem a estratégia, [...] não tem um rumo previamente considerado para seguir, não tem um mapa e não tem um programa de ação unificado para produzir os resultados almejados.

Assim, o empreendedor que traça um plano de negócio, descreve todas as etapas e situações problemas que poderão ocorrer, e em especial, as formas de prevenção e precaução.

Parafraseando Thompson (2003), o planejamento é um jogo gerencial, e para dirigir uma empresa com sucesso envolve todas as funções e departamentos principais - compras, produção, financeiro, comercialização, recursos humanos e pesquisa & desenvolvimento (P&G). Cada um tem seu papel na estratégia. O desafio de implementação da estratégia é moldar todas as decisões e ações da empresa em um padrão coeso. Com isto, a elaboração e implementação da estratégia são funções básicas. Poucas funções afetam o desempenho da empresa mais fundamentalmente que o esmero com que sua equipe plota o rumo de longo prazo da empresa, desenvolve mudanças e abordagens comerciais estratégicas eficazes competitivamente e executa a estratégia escolhida de maneira que os resultados almejados sejam alcançados. Em verdade, uma boa estratégia e uma boa execução da estratégia são os sinais mais confiáveis de um bom planejamento. Logo, os responsáveis em empregar o planejamento não são merecedores de uma estrela de ouro pelo projeto de uma estratégia arrojada, se falham na sua implementação - uma implantação mal sucedida abre a porta para que o desempenho da empresa fique aquém de seu potencial total.

Assim, por mais que um planejamento estratégico esteja focado, transcrito e atribuído/delegado as funções, ainda poderá ser mal sucedido se houver erro em sua implementação. O plano estratégico formado pelo empreendedor que não o transcreve e nem realizou o devido mapeamento, porém transfere as atribuições e segue conforme os seus pensamentos interregnos, para o autor, a tendência de ser mal sucedido é maior do que o plano que foi minuciosamente transcrito e especificado com as ações de determinados períodos de tempo.

Julio Mariano Fernandes Praseres

ANÁLISE INCIPIENTE DO *COMPLIANCE* E DOS MEIOS DE APLICAÇÃO

O *COMPLIANCE* E A RESPONSABILIDADE SOCIAL NA ORGANIZAÇÃO EMPRESARIAL

O *Compliance* busca fazer com que os colaboradores atuem de modo transparente em suas ações, assim, "definir com precisão o comportamento de uma empresa socialmente responsável não é tarefa fácil." (Antonik, 2016, p.74)

Segundo Antonik (2016, p.74), é bastante comum confundir responsabilidade social com filantropia, pois casos corriqueiros no ramo empresarial corroboram esta afirmação.

No ambiente empresarial se tem a distinção de filantropia e responsabilidade social, no primeiro, uma empresa que envia "mantimentos para ajudar uma escola primária localizada perto da fábrica, por exemplo, é filantropia", o segundo, "alfabetizar os empregados da companhia ou capacitá-los para que sejam melhores profissionais e cidadãos é uma forma de demonstrar responsabilidade social." (Antonik, 2015, p.74)

Ademais, para o autor, os gestores geralmente possuem dúvidas em respeito ao *compliance* e a responsabilidade social, e um dos problemas mais recorrentes é a linguagem complexa utilizada pelos agentes praticantes do *Compliance*, por mais que se esteja no uso da língua pátria nem sempre se tem colaboradores que possuem instrução adequada ou que demonstrem interesse em decifrar situações que se sintam desconfortáveis.

Contudo, "a responsabilidade social deve ser espontânea, pois se uma lei a torna obrigatória, a empresa que não a cumpre incorreria numa questão e *compliance*." (Antonik, 2016, p.74)

Como pretende-se expor um modo de operação de um *Compliance*, logo, deve-se entender que esse modelo irá buscar criar regras e impor condutas que inibam a prática de condutas e crimes por colaboradores. Porém, não depende apenas do estabelecimento, das formas de ações, mas sim de uma alteração na estrutura cultural da organização.

Veja-se que em muitas empresas não há um planejamento estratégico, como também não existe um plano de viabilidade econômica do negócio, sendo o negócio gerido pelas orientações dadas por seus principais criadores, criando a formação da cultura organizacional

Assim, a cultura organizacional é, "em termos mais formais, compreensão social geral compartilhada, resultando em pressupostos e visões de mundo comumente aceitos entre os membros da organização." (Roberto e Colin, 2003, p.400)

De igual modo, segundo orienta Fisman (2013, p. 176) a cultura organizacional pode ser definida como "parte da coordenação e parte da consciência, que asseguram que façamos o certo, organizacionalmente falando – a ferramenta que direciona as pessoas a obedecer a um conjunto de normas e comportamentos que beneficiam o grupo no geral."

É de salutar que mudar o comportamento de alguém exige muita dedicação e paciência, de tal maneira, alterar a cultura de uma organização se torna quase impossível em virtude da permanência da empresa no mercado, este que está cada vez mais competitivo.

> Cultura organizacional trata-se de padrões de comportamento e pressupostos coletivos; não existe individualmente, mas como conjunto de pessoas que têm uma maneira de pensar, sentir e perceber o ambiente que compartilham. A cultura organizacional diz respeito

> à maneira como os grupos interagem uns com os outros, com os clientes internos e externos e com as demais partes que constituem o ambiente da organização, inclusive no campo da ética comportamental. A cultura organizacional inclui a absorção e a prática coletiva de formas de relacionamento, crenças, modos de gestão, a influência do tipo de estrutura organizacional e da distribuição de autoridade e liderança, além de valores, da liturgia e das histórias de vida empresarial. (Antonik, 2016, p.144)

Assim, entende-se que há grande dificuldade por parte de administradores poderem alterar formas de ações praticadas por colaboradores, pois eles já se encontram com a prática de ações viciadas pelo comportamento cultural estabelecido pelo criador da organização. Entretanto, segundo Antonik e Müller (2012), a cultura organizacional pode ser manipulada e alterada dependendo da liderança e de seus membros".

Dessa forma, como seria possível definir um *compliance* em uma organização que se encontra sem qualquer tipo de plano existencial e contendo uma estrutura cultural forte? É de difícil resposta, pois a postura do proprietário deverá se adequar às exigências do mercado, e este está impondo a cada dia a criação de novos meios que regule a participação dos colaboradores nos negócios.

Conforme Antonik (2016, p.148),

> A cultura sistemática de valores gera uma cultura arraigada e plena. Ao longo do tempo, ela se consolida e dificilmente será alterada. Exemplos disso são certos grupos pertencentes ao campo da cultura social ou religiosa, como judeus, ciganos e bascos. Eles conseguem manter suas identidades por séculos e seus valores mostram a adaptação ao ambiente da cultura dominante. A repetição e a preservação da cultura como tradição é a causa de tamanho arraigamento cultural.

Logo, "uma organização que não cumpre regras e age em desacordo com a ética faz acordos duvidosos, não respeita os empregados e também cria a sua cultura, no entanto, sob um viés errado", (Antonik, 2016, p.148)

Assim, para Thompson (2003, p. 14),

> A resposta da gerência para "quem nós somos, o que fazemos e para onde estamos direcionados" estabelece um curso para a organização e ajuda a delinear uma forte identidade organizacional. O que uma empresa procura fazer e tornar-se é comumente chamado de missão da empresa. Uma declaração de missão define o negócio da empresa sucintamente, fornecendo uma visão clara do que ela está tentando fazer para seus clientes.

Veja, o empreendedor não deve desembolsar uma quantia significativa para que o negócio dure apenas alguns meses, e sim que dure o tempo suficiente para ter o retorno do capital investido e o lucro considerado satisfatório.

Tem-se várias situações que possam ser consideradas para o estabelecimento do prazo de existência, mas o que se pretende expor é que para que seja possível o retorno do capital investido, sem a prática de condutas consideradas ilegais, é realmente longo.

Observe que se trata de uma opinião do autor em relação ao método adotado pelo empreendedor, pois nada classifica que um negócio não possa funcionar caso o empreendedor não adote nenhum critério dito acima, mas para que ocorra a possibilidade da implantação de um *compliance* é imprescindível que se tenha na organização a Visão, Missão e Valores, pois assim será possível identificar onde a empresa está e para onde está indo, qual sua forma de agir no mercado e quais princípios são relevantes para a prática dos seus colaboradores.

Depara-se com uma restrição do mercado, dito isto, indaga-se se será o *compliance* disponível apenas para empresas que possuam sua estrutura organizacional montada? Ou poderá a empresa que sequer tenha uma pretensão futura implantar o *Compliance*?

Por sorte, estamos em uma época em que o "depende" se torna cada vez mais pulsante, pois em um olhar sistemático sobre a geração Alpha, que aqui o autor determina como sendo a geração Classe A, exige o conhecimento expressivo sobre várias vertentes de conhecimento, assim, impossível a aplicação de um *compliance* numa empresa que somente o seu criador sabe para onde quer ir. Porém, ao visualizar o mercado brasileiro, verifica-se que os negócios funcionam independente dos colaboradores conhecerem o pensamento do seu criador, deste modo seria possível a implantação do *compliance* nesse tipo empresarial, pois iria compartilhar com os colaboradores a ideia empresarial que até então se desconhecia.

O interessante dessa situação é que o *compliance* não possui uma restrição para aplicação, embora, no entendimento do autor, se tornará mais eficaz o resultado quando a empresa deter de estrutura e todos os colaboradores compartilharem as ideias implantadas pelo fundador da empresa.

Dessa forma, não se tem uma ideia de quão rápido seria esse resultado com a implantação do *Compliance*, mas sim que tudo dependerá de como a empresa está estruturada, logo, não é entender que com o estabelecimento de um *compliance* ocorrerá uma revolução no modo em que os colaboradores exercem suas ações e práticas comerciais.

VICISSITUDE EM UMA APLICAÇÃO DE *COMPLIANCE* NO AMBIENTE EMPRESARIAL

O *Compliance* é considerado um fator determinante na alteração da cultura organizacional, pois com o estabelecimento de regras concomitantemente com ajustes de condutas em determinadas ações, a cultura organizacional que até então se tem estabelecida passa por um processo de transição, alterando gradativamente o comportamento individual dos colaboradores.

Entretanto, é natural haver receio na mudança, pois,

> O medo da mudança é decorrente da postura de se lidar com a incerteza sobre o futuro. Empresas que trabalham com tecnologia têm mais facilidade de se adaptar às transformações dos ambientes e, por consequência, às culturas. A mudança é inerente à sua atividade. Do outro extremo, no campo religioso, as mudanças ocorrem de forma tênue e ao longo do tempo. (Antonik, 2016, p.150)

Assim, observa-se que a mudança por ser gradativa, ainda é de apontar medo por parte dos seus executores, pois se há um plano estratégico do empreendimento, o objetivo a ser atingido estará de fácil identificação, conquanto que a empresa que não possui o seu plano estratégico descrito, terá maior dificuldade em atingir o objetivo, Entretanto, independente se a empresa possui um plano estratégico, para que se tenha permanência no mercado, sempre necessitará de ter sua estrutura organizacional, estando no plano ou no pensamento do empreendedor.

Atenta-se que o *compliance* tem como objeto o resguardo da marca, da imagem, do comprometimento pelos colaboradores para obtenção de resultados pretendidos pela organização. O resultado bom ou ruim sempre haverá numa organização, apesar de que não é do feitio humano decidir inserir um capital significativo para não obter um resultado ou ao menos o seu retorno.

Neste ínterim, cabe destacar que o *compliance* deve "adotar políticas, procedimentos e controles internos, compatíveis com seu porte e volume de operações". (Cardoso, 2015, p.90)

Com a possibilidade da implantação do *compliance*, a equipe determinada deverá estar preparada para desenvolver uma nova visão empresarial, com conceito mais elevado para a organização. Essa visão deverá ultrapassar a declaração de missão padrão, uma vez que o *compliance* é uma alteração prática dos comportamentos individuais dos colaboradores. A vontade é algo que possui extrema dificuldade de teste de antemão, pois como se pode testar a adaptação do comportamento de um colaborador com a mudança de sua cultura no ambiente empresarial.

Para Gaban e Domingues (2016, p.111),

> Os programas de *compliance* ou programas de integridade são uma política empresarial pela qual se adotam mecanismos internos de controle e prevenção à ocorrência de crimes, por meio de incentivos ao cumprimento de deveres. Esta política se encontra melhor desenvolvida no que diz respeito à legislação de defesa da concorrência.

Ademais, Silveira e Fernandes (2019, p. 457), diz que tais programas também auxiliam a empresa a identificar se de fato as estratégias comerciais adotadas podem vir a apresentar eficiências produtivas que poderiam compensar os riscos de fechamento de mercado.

Polaino-Orts e Linares (2016, p.186-187),

> Tales programas penales de cumplimiento operan como mecanismos internos ejecutados por la persona jurídica para detectar y prevenir comportamientos delictivos en su mismo seno. En otras palabras, se intenta brindar incentivos a las organizaciones que se estructuran de tal manera que mediante los modelos de prevención penal actúan como autopolícia de su propia conducta.

Como se observa, a implantação do *compliance* irá proporcionar adotar mecanismos de controle e prevenção à ocorrência de crimes. Atenta-se que é necessário conhecer quais os níveis de riscos que poderão influenciar no bom desenvolvimento empresarial, e de que modo é possível compreender.

> A sua implantação é indicada principalmente quando a empresa detém posição dominante ou quando as próprias condições de mercado se mostram favoráveis à verticalização e ou à discriminação entre concorrentes. Tais circunstâncias nem sempre são claras e dependem, dentre outros fatores, das barreiras à entrada existentes no mercado e do nível de rivalidade que nele se verifica (Silveira e Fernandes, 2019, p.457).

Chega-se no momento em que o *Compliance* pode realmente fazer a diferença numa organização, mas quando se há uma cultura organizacional forte o resultado poderá ser demorado. Assim, a prevenção deverá partir da criação de um manual de *compliance*, onde a primeira etapa será a definição dos departamentos e responsáveis pelas ações de trabalho pela empresa, por conseguinte a criação do organograma que demonstre a correta hierarquia entre os colaboradores.

O departamento de *Compliance* possui a atribuição de ser a base para esclarecimentos de todos os controles e regulamentos internos da empresa, inclusive o acompanhamento sobre as operações que são desenvolvidas na empresa com as normas internacionais e legislação em vigor.

De acordo com Polaino-Orts e Linares (2016, p.195),

> [...] permite que un órgano ya encargado de controlar internamente a la persona jurídica asuma las competencias del oficial de cumplimiento o *compliance* officer.
>
> Además, como ha indicado la doctrina, parece que la opción más adecuada es que dicho órgano esté integrado por un número plural de personas, descartándose la idea de un órgano supervisor unipersonal. La integración por varias personas faculta la consensuada, tal como lo exige un órgano con las tareas como las que se atribuyen legalmente al oficial de cumplimiento. Se suma a esto el hecho de que si dicho órgano se integra por varias personas, es posible que se reúnan conocimientos

> de diversos campos científicos, barajándose la eventualidad de externalizar algunos de sus membros.

Deste modo, o departamento e o responsável pela conformidade (*compliance officer*) disporá de levantamento de dados com maior facilidade, obtendo as ocorrências ou os indícios que afrontam as legislações e normas, porém, com o compartilhamento das informações, aumentando a responsabilidade coletiva.

Outrossim, com o implemento do *compliance*, cria a necessidade de se ter um código de ética e de um programa de integridade, logo, sempre visando alcançar as metas estabelecidas na empresa. Portanto, é significativo a boa conduta profissional e pessoal dos colaboradores, pois com essa ação a imagem da empresa permanecerá como referência no mercado.

Destaca-se que,

> As empresas éticas não compactuam com práticas predatórias, condenam a corrupção e demonstram significativa preocupação com o social. Deste modo, acabam por "contaminar" seus empregados, que, por sua vez, passam a agir no mesmo sentido. Este tipo de comportamento influencia o relacionamento entre os colaboradores e cria um "espírito de corpo" em favor de procedimentos éticos. (Antonik, 2016, p.148)

A proposta da criação de um código de ética deve partir sobre a influência dos comportamentos e políticas empregada pela empresa de que os colaboradores deverão seguir.

Para Antonik (2016, p.161)

> Um código de ética revela muito determinada instituição e como ela se comporta, ao menos em tese, em relação à área profissional em que atua. É claro que nem todos os profissionais abrangidos pelo código

> têm maturidade suficiente para praticá-lo, ao rigor da letra. Apesar disso, é fundamental que os limites do exercício profissional estejam claramente definidos.

O departamento de *Compliance* irá tonificar o valor do código de ética, como também, caso haja questionamento quanto ao conteúdo.

> Nesse sentido, o guia de *compliance* também estabelece alguns indicativos de que a prática econômica pode ser economicamente justificável. Isso se dá quanto mais necessário e proporcional for o aspecto restritivo (exclusividade, fidelização, venda casada etc.) e quanto maiores forem os possíveis benefícios para os consumidores finais, especialmente em termos de menores preços, melhores produtos e maior inovação. (Silveira e Fernandes, 2019, p.457)

Destarte, o *compliance* e o *compliance officer* dará efetividade à comunicação, inclusive no tocante a possíveis desvios de normas e condutas por seus colaboradores, assim, percebe-se que a prática do *compliance* possibilita que os colaboradores estabeleçam relações mais claras e demarquem parâmetros na atuação sobre o viés legal.

CONSIDERAÇÕES FINAIS

O *Compliance* urge para inibir práticas de condutas diversas do plano empresarial, evitando que haja desvirtuamento e cometimento de crimes por parte dos colaboradores, assim, o ideal é que a empresa que possua o seu plano estratégico e de viabilidade implemente o *Compliance*, pois irá auxiliar os colaboradores a tomarem as decisões corretas que auxiliem o plano empresarial.

Assim, a empresa que elaborou o seu planejamento estratégico, determinou quais as ações que devem ocorrer em frações de tempo, estabelecendo a estratégia adequada para que se consiga se manter no mercado, diversamente da empresa que não elaborou o plano, pois a estratégia firmada se encontra, somente no subconsciente do empreendedor, que por diversas vezes, na visão do autor, não transmite de forma adequada para os demais colaboradores.

Observou-se que, o *compliance* poderá ser implantado na organização empresarial, mesmo que (não) possui o planejamento estratégico, pois não há menção da necessidade ou restrição imposto pela lei.

Verificou-se que a forma de gestão ocorre com base na estrutura cultural que predomina no ambiente, geralmente a cultura estabelecida é a que foi imposta pelo fundador da organização, visando sempre estabelecer o comportamento na forma de seu entendimento, como ideal.

A empresa que pretende implantar o *compliance* irá estabelecer o responsável pela conformidade (*compliance officer*), este que irá tratar da alteração na estrutura cultural da organização empresarial, que de início poderá ter recusa por parte dos colaboradores.

Portanto, a implantação do *compliance* apresenta mudança na conduta dos colaboradores, especialmente na cultura que foi estabelecida na estrutura organizacional, já que os comportamentos deverão ser direcionados para o cumprimento de legislações e normas internas.

Conclui-se que, o *compliance* vem se tornando mais efetivo nas empresas, independente do seu porte, porém, a empresa que não elabora um plano estratégico possui forte tendência de se declinar no mercado, até ser extinta, uma vez que o plano traça uma rota que deve ser cumprida para atingir determinado objetivo, conquanto que a empresa que possui estabelecido o planejamento estratégico terá a facilidade de implementar o *compliance*, como também outros programas em momento oportuno, sendo resguardado pelo equilíbrio criado para o cumprimento das metas e resultados.

REFERÊNCIAS

ANTONIK, L. R. (2016). *Compliance, ética, responsabilidade social e empresarial: uma visão prática.* Rio de Janeiro, RJ: Books.

ANTONIK, L. R., & MÜLLER, A. (2012). *O príncipe revisitado - Maquiavel e o mundo empresarial.* São Paulo, SP: Editora Almedina.

CARDOSO, D. M. (2015). *Criminal Compliance na perspectiva da lei de lavagem de dinheiro.* São Paulo: LiberArs.

DE CARLI, C. V. (2006). *Lavagem de dinheiro: ideologia da criminalização e análise do discurso.* Dissertação (Mestrado). Defendida na Faculdade de Direito da Pontifícia Universidade Católica do Rio Grande do Sul.

FISMAN, R. (2013). *A organização: entenda os bastidores das empresas.* Tim Sullivan; tradução Leonardo Abramowicz. Rio de Janeiro, RJ: Elsevier.

GABAN, E. M., & DOMINGUES, J. O. (2016). *Breves considerações sobre o papel do advogado nos programas de compliance. In*: Tendências em governança corporativa e *compliance* (1ª ed.), São Paulo, SP: Editora LiberArs.

POLAINO-ORTS, M., & LINARES, M. B. (2016). *Gobernanza corporativa y criminal compliance en la legislación española tras la reforma de 2015. In*:Tendências em governança corporativa e *compliance* (1ª ed.), São Paulo, SP: Editora LiberArs.

PRINGLE, H., & GORDON, W. (2011). *Em sintonia com a marca* (11º ed.). São Paulo, SP: Editora Cultrix.

SILVEIRA, P. B., & FERNANDES, V. O. (2019). *Compliance concorrencial. In*: Manual de *Compliance* / coordenação André Castro Carvalho, Tiago Cripa Alvim, Rodrigo de Pinho Bertoccelli, Otavio Venturini. Rio de Janeiro, RJ: Forense.

A IMPLEMENTAÇÃO DO PROGRAMA DE *COMPLIANCE* NAS MICROS E PEQUENAS EMPRESAS

Nilvan Vieira da Silva

A relação entre pessoas jurídicas com o Poder Público no Brasil vem passando por grandes transformações, tendo em vista os escândalos de corrupção ocorridos recentemente e envolvendo agentes públicos e grandes empresas, ocasionando prisões e aplicações de multas vultosas nas instituições infratoras, tendo por consequência a mácula na imagem dessas empresas renomadas.

O Brasil, acompanhando as mesmas medidas norte americana de combate à corrupção, fez com que os órgãos de controle e fiscalização, juntamente com os órgãos de combate ao crime, intensificassem suas ações no sentido de desmantelar organizações criminosas na prática de crimes empresariais envolvendo a corrupção entre gestores públicos e gestores empresariais. A operação de maior sucesso foi a Operação Lava Jato, iniciada em 2009, com atuação direta da Polícia Federal, Ministério Público Federal, Justiça Federal e Receita Federal, uma vez que desbaratou um esquema de lavagem de dinheiro que movimentou bilhões de reais em propinas provenientes de corrupção envolvendo agentes públicos, agentes políticos, empresários e cambistas.

A partir da Lei nº 12.846/2013 denominada Lei Anticorrupção ou Lei da Empresa Limpa, e de seu Decreto regulamentador nº 8.420/2015 no ordenamento jurídico brasileiro surgiu um sistema denominado Programa de Integridade, também chamado de Programa de *Compliance* a ser aplicado nas empresas.

Em atendimento às exigências da novel lei, parte dos empresários brasileiros começaram a se preocupar e a criar no âmbito de suas empresas uma política e instrumentos destinados à prevenção, detecção e remediação de atos lesivos à administração pública, tais como suborno a agentes públicos nacionais e estrangeiros, fraude em processos licitatórios ou embaraço às atividades de investigação ou fiscalização de órgãos, entidades ou agentes públicos.

Juntamente com as boas práticas de governança corporativa, a ferramenta de *Compliance* e de Gerenciamento de Riscos faz com que a empresa seja melhor avalizada em sua relação com o Poder Público, assim como tenha seu nome valorizado no mercado em que atua, além de atuar na prevenção por meio do *Compliance* e Monitoramento dos Riscos. A governança corporativa engloba o gerenciamento de *compliance* e o gerenciamento de riscos, e para melhor exemplificar, discorreremos sobre a definição de *Compliance* e sua aplicação na empresa.

O Programa de Integridade foi instituído pela Lei nº 12.486/2013 em seu art. 41, e regulamentado pelo Decreto nº 8.420/2015, definindo-o como um Programa de Integridade que consiste, no âmbito de uma pessoa jurídica, no conjunto de mecanismos e procedimentos internos de integridade, auditoria e incentivo à denúncia de irregularidades e na aplicação efetiva de códigos de ética e de conduta, políticas e diretrizes com o objetivo de detectar e sanar desvios, fraudes, irregularidades e atos ilícitos praticados contra a administração pública, nacional ou estrangeira.

No Brasil além da Lei nº 12.846/2013 e do Decreto nº 8.420/2015, a ABNT (Associação Brasileira de Normas Técnicas) instituiu em 2009 a ISO 31000, referente a gestão de riscos, que é uma governança corporativa em que a empresa mensura os riscos de suas transações e cria modos de reduzi-los, utilizando-se do Programa de *Compliance* para fazer a avaliação das normas que a empresa deve seguir aprimorando as normas corporativas internas e a ética empresarial. Diante da complexidade competitiva no mercado exterior, a Organização das Nações Unidas (ONU) e outros organismos internacionais, como a Organização para a Cooperação e Desenvolvimento Econômico (OCDE), incentivam a implantação do Programa de Integridade no âmbito das empresas, com o objetivo de se combater a corrupção.

Por terem grande impacto na economia brasileira, as Micro e Pequenas empresas não foram esquecidas no Decreto nº 8.420/2015, que juntamente com a Portaria Conjunta nº 2279/2015 da CGU/SMPE, previram a simplificação nos procedimentos e redução dos parâmetros a serem observados, visando melhorar os seus atos operacionais e minimizar a contaminação com a corrupção em suas relações com a Administração Pública, tendo como grandes fomentadoras para que essa realidade aconteça a atuação da Controladoria Geral da União, a Secretaria Especial da Micro e Pequena Empresa, e o SEBRAE nacional.

O presente artigo tem o objetivo de mostrar a capacidade econômica e operacional que as Micro e Pequenas Empresas têm para implementar um Programa de *Compliance* de acordo com as normas vigentes sobre *Compliance*, mesmo diante da crise econômica que atravessa atualmente o país, e para isso foi adotada uma pesquisa quantitativa e bibliográfica no sentido de abordar de maneira sintética a corrupção e o programa de *Compliance*, e responder principalmente às seguintes perguntas: "As micro e pequenas empresas têm capacidade financeira e operacional para implementar o programa de *compliance*, e prevenir a corrupção? Qual o impacto das Micro e Pequenas Empresas na economia do país? Qual a expressão de relacionamento das Micro e Pequenas Empresas com a Administração Pública?

Essa pesquisa se justifica pelo fato da necessidade de se implementar uma cultura de integridade em todas as empresas nacionais existentes, por meio de um Programa de *Compliance* com vistas a prevenir, detectar e punir atos de corrupção existentes nas teias do relacionamento público-privado.

Nos três capítulos seguintes abordaremos no capítulo dois sobre a corrupção e a legislação de *compliance*, sintetizando o problema da corrupção na sociedade e as medidas governamentais de combate à corrupção; no capítulo três trataremos sobre a importância das Micro e Pequenas Empresas no Brasil e em alguns países, as políticas de incentivos destinadas às MPEs, o impacto dessas empresas no mercado brasileiro e a sua relação com a administração pública brasileira; e finalizando com o capítulo quatro em que menciona os óbices e benefícios da implementação nas Micro e Pequenas Empresas, o estudo do decreto nº 8.420/2015 no que se refere especificamente às MPEs, e por fim a estratégia de implementação do programa de *compliance* nas mencionadas empresas de pequeno porte.

A CORRUPÇÃO E A LEGISLAÇÃO DE *COMPLIANCE*

O PROBLEMA DA CORRUPÇÃO NA SOCIEDADE

Roberto Epifanio Tomaz afirma que, como um câncer a corrupção afeta, indistintamente, as esferas públicas e privadas, impondo alto custo seja aos atores privados que exercem a atividade econômica ou aos governos e, por conseguinte, a Sociedade em geral[1].

---

[1] Tomaz, Roberto Epifanio *Et al.* Descomplicando o *Compliance*/organização Roberto Epifanio Tomaz; colaboração Adriana Maria Gomes de Souza Splenger...[*et al.*]; prefácio Mauricio Angelo Cherobin. 1.ed.-Florianópolis [SC]: Tirant Lo Blanch, 2018. *passim*.

Parafraseando Tomaz, corrupção é a mola propulsora para que haja desvio de dinheiro público e aplicação diversa do qual estava destinado, causando prejuízo aos cofres públicos e às ações de políticas públicas sociais tão necessárias ao país, enriquecendo ilicitamente empresários e gestores públicos descompromissados com o bem comum, ocasionando um óbice para o pleno desenvolvimento nacional; a mácula na reputação das empresas infratoras e seus gestores junto à sociedade; e influências negativas nas relações internacionais..

A corrupção afeta a confiança das relações humanas e empresariais pois gera uma cultura própria, de cunho negativo e individualista, no seio da sociedade: a cultura de se tirar vantagem em tudo, satisfazendo algum interesse pessoal ou econômico, mesmo que para isso haja uma quebra de regra, de normas impostas para todos. Essa relação fica mais restrita entre o particular e o público, em que o particular na sua vivência terrena fica à mercê de normas impositivas de cunho público e obrigatório.

A relação entre o interesse pessoal e o interesse público (o antagonismo entre o interesse próprio, particular e o interesse voltado para o bem comum) é prontamente afetada quando se impera o ato de corrupção, pois como essa visa coibir o desenvolvimento normal entre o público e o privado, há um prejuízo disposto nas relações de desenvolvimento natural da sociedade que requer cuidados pela Administração Pública.

Uma das molas estabilizadoras das relações de uma sociedade com o segmento de mercado é a segurança jurídica, e esta é abalada quando a corrupção impera em determinada sociedade, causando prejuízo econômico. As relações entre as empresas, e entre as empresas e o Estado, exigem uma coerência e estabilidade nas suas relações jurídicas, e quando essa percepção de que as inconsistências e alterações legislativas contêm em seu bojo interesses escusos que exprimem sutilmente corrupção, as empresas que seriam grandes investidoras no país, deixam de investir, causando prejuízos para o desenvolvimento nacional, como descrito na obra de Dallagnol (pos.657/1220)[2]:

---

[2] Dallagnol, Deltan. A luta contra a corrupção [recurso eletrônico] /Deltan Dallagnol; Rio de Janeiro: Primeira Pessoa, 2017 (Pos.657 de 1220).

> "Além disso, a corrupção é um fator que aumenta a imprevisibilidade e o risco nos negócios, afastando investimentos. Em 2015, em meio à crise econômica e à Lava Jato, o Brasil perdeu o selo de bom pagador e o grau de investimentos das três principais agências de classificação de risco: Moody`s, Standard & Poor`s e Fitch."

Como a relação da corrupção está mais presente nas ações entre o particular e o público (por meio de seus agentes e instituições) e que os montantes em dinheiro envolvidos costumam ser vultosos, a efetivação do ato de corrupção afeta, direta ou indiretamente, a execução de políticas públicas nas mais diversas frentes de atuação junto à sociedade, mais precisamente no qual se destinava aquele recurso, ou seja, os recursos destinados em benefícios para a sociedade deixarão de ser repassados.

Como se pode perceber, a corrupção gera descrédito entre as relações internacionais, havendo prejuízo para o país e para a sociedade, que deixa de se beneficiar das ações que poderiam ser revertidas para o bem comum, e muitas vezes deixam de ter investimentos externos devido a má fama de país corrupto.

Essa abordagem não só é afeta ao agente público, mas também ao cidadão comum que por vezes quer tirar vantagem em pequenas coisas, causando uma cultura do "jeitinho", que se espalha para todas as ações que esse indivíduo faça em sua vida, seja ele empresário ou não, pois o exemplo pode ser espelhado e acompanhado por gerações. O desenvolvimento de uma cultura nefasta de corrupção, que aos olhos de pessoas mal informadas soam como normais e próprias das relações público - privado, é reforçada com a impunidade decorrente da dificuldade do Estado em identificar os infratores, analisar as circunstâncias em que ocorreu o fato delituoso, o ***quantum*** envolvido, e por fim punir todos os infratores corruptos, tanto o corrupto quanto o corruptor.

Dependendo da situação econômica em que se encontre o país, essa cultura pode se alastrar ou ser minimizada pela educação. Vislumbrando que um país esteja em situação econômica em crise, fica mais difícil de se combater a corrupção por meio apenas de educação, pois o desespero decorrente da situação econômica em que o infrator esteja, a cultura da corrupção predomina diante da necessidade econômica, sendo necessária uma ação corretiva, qual seja, a imposição legal de que o ato de corrupção será devidamente punido por meio da criação no ordenamento jurídico de normas anticorrupção. Diferentemente, se a economia de determinado país vai bem, é forte, a ação educativa e preventiva tem um efeito mais positivo na obtenção de mudanças na cultura da corrupção.

O Brasil vem ocupando a 105ª colocação no ranking de corrupção conforme o portal da Transparência Internacional[3]. Trata-se da terceira queda anual seguida no ranking, passando de 43 para 35 pontos desde o ano de 2012, ano em que ocupava a 96ª posição, ficando próximo de países com uma economia bem mais tímida como Armênia, El Salvador, Peru e Timor Leste.

Os países com melhor pontuação, ou seja, os menos corruptos e mais bem colocados no ranking, se aproximam do que Douglass North conceituou como Ordens de Acesso Aberto. Economista defensor da teoria de que o desenvolvimento é um processo de transformação da Ordem Social, e mais especificamente de uma transformação de uma Ordem Social de Acesso Limitado (OAL) característico de países em desenvolvimento, para uma Ordem de Acesso Aberto (OAA) referente a países desenvolvidos[4].

A Instituição Transparência Internacional, dentre os inúmeros documentos que costuma publicar, apresentou os casos recentes de corrupção no mundo, e verificamos que na sua maior parte, trata-se de governos autoritários e grandes empresas envolvidas em transações ilegais e ocultas de grandes somas em dinheiro e tendo como facilitadores agentes públicos corruptos, além da existência de um Estado em que é facilitada a atividade ilegal por falta de maior controle do Governo em decorrência da legislação local, são eles:

---

[3] Disponível em: <https://ipc2018.transparenciainternacional.org.br/#novas-medidas>. Acesso em: 19 ago. 2019.

[4] North, Douglass C.; Wallis, John Joseph; Weingast, Barry R. Violence and Social Orders – A Conceptual Framework for Interpreting Recorded Human History.2009. Cambridge University Press. p.110-133

Os maiores casos de corrupção do mundo

- A fortuna do ex-presidente ucraniano Viktor Yanukovych (2010/2014)
- Petrobrás (2014)
- FIFA (2015)
- Os desvios do ex-presidente panamenho Ricardo Martinelli (2009)
- O inatingível senador dominicano Felix Bautista (2010)
- O sistema político libanês
- Fundação chechena Akmad Kadyrov (2007/...)
- A superfaturação do ex-presidente tunisiano Zine-Alabidine Bem Ali (1989/2011)
- O Estado de Delaware nos Estado Unidos (Flexibilidade existente na legislação societária).

Fonte: Lista "Desmascare os corruptos", sobre os maiores casos de corrupção do mundo, segundo a Transparency Internacional

Como podemos observar a corrupção está inserida em quase todos os países do mundo, seja rico ou pobre, autocrático ou democrático, porém em maior ou menor escala que dependerá de sua situação econômica, tendo um custo econômico no mundo equivalente a U$ 2,6 trilhões de dólares, correspondente a 5% do PIB[5] mundial, que poderia ter sido destinado às políticas públicas de combate à pobreza.

O TCU informou que o Brasil perdeu com a corrupção desde a década de 1970 cerca de 330 bilhões de reais apenas em obras de infraestrutura, e, conforme estimativa da ONU, cerca de 200 bilhões de reais por ano são perdidos com a corrupção propriamente dita no mundo.

---

[5] Dallagnol, Deltan. A luta contra a corrupção [recurso eletrônico] /Deltan Dallagnol; Rio de Janeiro: Primeira Pessoa, 2017 (Pos.577 de 1220).

MEDIDAS PARA COMBATER A CORRUPÇÃO E *COMPLIANCE*

Medidas para combater a corrupção deveriam partir de reformas institucionais no sistema político e econômico, tais como redução da burocracia pública, a diminuição da atuação do Estado na sociedade, e a Transparência de seus atos que envolvam recursos públicos.

Conforme "Tomaz (2018, p. 22-23)"[6], hodiernamente o Poder Público iniciou uma série de atos legais e políticos para o combate à corrupção, a começar nos EUA nos anos de 1960, após escândalos na indústria de energia elétrica em que resultaram condenações de pessoas físicas e jurídicas por violação antitruste, incentivando a elaboração de códigos de conduta de cumprimento antitruste, ocasionando o surgimento do Programa de *Compliance*, como medida integrante da governança corporativa juntamente com o gerenciamento de riscos, sendo um programa a ser adotado por empresas e o setor público.

Sintetizamos uma linha do tempo da legislação americana e brasileira de combate a corrupção, a fim de termos uma noção das ações no decorrer dos anos após a iniciativa americana:

1 - Em 1977 - Surge no ordenamento jurídico americano a elaboração da *Foreign Corrupt Pratices Act – FCPA*, conhecida como Lei Anticorrupção Transnacional norte-americana, esta lei influenciou os demais países integrantes da OCDE a implantarem em seu ordenamento medidas de combate à corrupção;

2 - Em 1997 - A Organização de Cooperação e Desenvolvimento Econômico (OCDE) orienta a seus membros a combaterem o suborno internacional, influenciada pela FCPA;

---

[6] Tomaz, Roberto Epifanio *Et al.* Descomplicando o Compliance/organização Roberto Epifanio Tomaz; colaboração Adriana Maria Gomes de Souza Splenger...[*et al.*]; prefácio Mauricio Angelo Cherobin. 1.ed.-Florianópolis [SC]: Tirant Lo Blanch, 2018.

3 - Em 2000 – A ONU elabora a Resolução 54/205 sobre prevenção de práticas corruptas e transferências ilegais de fundo;

4 - Em 2002 – Surge no ordenamento jurídico americano a Lei Sarbanes -Oxley com o objetivo de assegurar a confiança do investidor no mercado de capitais;

5 - Em 2003- A ONU aprova campanha mundial de combate a corrupção mundial;

6 - Em 2008 - O programa de *Compliance* foi realmente expandido com a edição do *Dodd-Frank Wall Street Reform and Consumer Protection* Act, criado no governo de Barack Obama, estabelecendo a criminalização de empresas infratoras e impondo uma reforma da legislação financeira;

7 - Em 2010 – Surge no Reino Unido a Lei Bribery Act, rígida norma que estabelece implicações nas esferas criminal e administrativa contra pessoas jurídicas e físicas em caso de corrupção;

8 - Em 2013 – Surge no ordenamento jurídico brasileiro a Lei nº 12.486/2013, conhecida como Lei Anticorrupção ou Lei da Empresa Limpa, que instituiu a responsabilidade objetiva administrativa e civil das pessoas jurídicas pela prática de atos lesivos que sejam cometidos em seu interesse ou benefício contra a Administração Pública, assim como atribui especial relevância às medidas anticorrupção adotadas por uma empresa, que podem ser reconhecidas como fator atenuante em um eventual processo administrativo;

9 - Em 2015 – A Lei anticorrupção é regulamentada por meio do Decreto nº 8.420/2015, impondo os procedimentos de aplicação de multas, e seus valores, além de criar requisitos a serem observadas pelas empresas na implementação do Programa de Integridade;

10 - Em 2016- É sancionada a Lei nº 12.303/2016, denominada Lei das Estatais, que trata de normas de licitação para as Empresas Públicas e Empresas de Economia Mista, e impõe a implementação do Programa de Integridade nessas Estatais; e

11 - Em 2016 – Surge como norma de padronização a ISO 37001, que estabelece um Padrão Internacional para Sistemas de Gerenciamento Anti Suborno.

O arcabouço de leis que combatem a corrupção em todas as suas formas de atuações visa impedir que haja crimes econômicos contra a Administração Pública, tanto provocado pela empresa, como pelo próprio proprietário, sócios e colaboradores, imputando sanções rígidas de cunho objetivo civil e administrativo.

Em relação às Micro e Pequenas Empresas também houve preocupação em auxiliar essas empresas no enfrentamento à corrupção em suas operações ao redor do mundo. Para tanto, o Banco Mundial elaborou um Manual para Pequenas Empresas[7], o qual se refere a desafios legais, competitivos, econômicos e éticos impostos pela corrupção.

O referido manual trata sobre as vantagens da chamada "ação coletiva" (*collective action*), na qual as empresas são incentivadas a serem mais ativas e envolvidas no processo contra a corrupção. Ofertados incentivos, e listadas ideias a respeito da participação de pequenas e médias empresas na prevenção e no combate à corrupção, o documento descreve:

• As MPEs são afetadas de forma desproporcional pela corrupção e muitas vezes não possuem recursos financeiros e humanos para implementar sistemas que previnam sua ocorrência;

• Excetuando-se os fatores normais de risco de negócio, a corrupção é o principal motivo de falências de pequenos e médias empresas – especialmente em mercados em desenvolvimento e emergentes;

• A Ação coletiva pode ser um meio para impulsionar a ação e a oposição à corrupção de pequenas e médias empresas;

• Associações profissionais e de negócios são frequentemente um meio de suporte prévio para pequenas e médias empresas e podem apoiá-las na preparação

---

[7] Disponível em:<https://www.cgu.gov.br/Publicacoes/etica-e-integridade/arquivos/manualrespsocialempresas_baixa.pdf>P.29. Acesso em: 20 ago. 2019.

de melhores sistemas anticorrupção, além de lhes oferecer uma plataforma para que se empenhem na prevenção e no combate coletivo contra a corrupção.

Na obra "*Compliance - incentivos à adoção de medidas anticorrupção*", Carla Veríssimo afirma que nos Estados Unidos, o United States Departament of Justice (Doj) e a Securities and Exchange Commission (SEC) consideram como marcas de programa de *compliance* efetivo, os seguintes elementos: compromisso da alta direção e uma política anticorrupção claramente articulada; código de conduta e políticas e procedimentos de *compliance*; controle, autonomia e recursos do programa de *compliance*; avaliação de riscos; treinamento e comunicação contínuos; incentivos e medidas disciplinares; diligências sobre terceiros; comunicação interna confidencial e investigação interna; melhoria contínua; testes e revisão periódicos; fusões e aquisições: devida diligência pré- e pós-aquisições e integração.

Afirma ainda, que naquele país norte americano a efetividade dos programas de *compliance* é analisada por dois pontos de vistas, o primeiro, à luz dos *Principles of Federal Prosecution of Business Organizations,* que guia as decisões dos procuradores americanos sobre a propositura ou não de uma ação penal contra uma empresa; e o segundo, no momento em que o Judiciário americano passa a seguir após a apresentação da ação penal, o *Guidelines Manual da United States Sentencing Commission/Chapter 8 - Sentencing of Organizations,* para avaliar a culpabilidade da pessoa jurídica e calcular a multa[8].

A IMPLEMENTAÇÃO DO *COMPLIANCE* NO BRASIL

A Lei nº 12.486/2013 surgiu no ordenamento jurídico brasileiro instituindo principalmente a responsabilização objetiva administrativa e civil de pessoas

[8] P.315

físicas e jurídicas pela prática de atos contra a Administração Pública nacional e estrangeira, além de condicionar no âmbito das empresas privadas, de maneira sugestiva, em seu Art. 7º, inciso VIII, a existência de mecanismos e procedimentos internos de integridade, com a finalidade profícua de prevenir, detectar e solucionar condutas corruptas nas empresas, e remetendo ao decreto regulamentador, os dezesseis incisos que são levados em conta no momento da aplicação da sanção, visando amenizar a punição, e indicando as seguintes ações que devem ser adotadas pela empresa:

1- Adoção de Procedimentos de Integridade;

2- Criação de uma Auditoria interna;

3- Incentivo à Denúncia; e

4- Elaboração de Códigos de Ética e de Conduta.

A Lei nº 12.483/13 possui característica punitiva de âmbito civil e administrativo com foco na descrição de condutas consideradas nocivas por parte das empresas contra a Administração Pública. Já no tocante a suas relações de negócio, remete a sua amplitude de atuação ao Decreto regulamentar.

A Lei que expressou nitidamente no seu bojo a imposição do Programa de Integridade/*Compliance* nas Empresas Públicas e de Empresas de Sociedades de Economia Mista foi a Lei nº 13.303/2016, denominada Lei das Estatais, sendo inédito no ordenamento jurídico brasileiro a implementação do Programa de Integridade/*Compliance* por meio de Lei Ordinária, baseando-se no Decreto nº 8.420/2015.

Verifica-se dessa forma que o Programa de Integridade se baseia, de acordo com o Dec. nº 8.420/2015, em cinco pilares que devem ser adotados pelas empresas nacionais que queiram se relacionar com o Poder Público, que são:

1- Compromisso e apoio da alta direção: Apoio permanente e o compromisso da alta direção com a criação de uma cultura de ética e integridade na empresa, sendo a base de um programa de integridade efetivo.

2- **Instância responsável pelo Programa de Integridade**: Disposição de recursos financeiros, materiais e humanos suficientes, além de autonomia para exercer suas atividades.

3- Análise de perfil e riscos: Deve ser desenvolvido levando-se em conta o porte da empresa e as suas especificidades com base em informações como setores do mercado em que atua no Brasil e no exterior; estrutura organizacional; quantitativo de funcionários e demais colaboradores; nível de interação com a administração; e participações societárias que envolvem a pessoa jurídica na condição de controladora, controlada, coligada ou consorciada. O processo de mapeamento de riscos ocorre de maneira periódica, a fim de identificar eventuais novos riscos, assim como decorrentes da alteração nas leis vigentes ou de edição de novas regulamentações, ou de mudanças internas na própria empresa, como ingresso em novos mercados, área de negócios ou abertura de filiais etc.

4- Estruturação das regras e instrumentos: O código de ética ou conduta é uma importante ferramenta de comunicação da empresa com seus funcionários e com a sociedade, por meio da qual ela pode explicitar seus valores e os comportamentos esperados ou proibidos;

5- Estratégia de monitoramento contínuo: A empresa deve elaborar um plano de monitoramento para verificar a efetiva implementação do programa de integridade e possibilitar a identificação de pontos falhos que possam ensejar correções e aprimoramentos.

A grande envergadura de negociações entre o grande número de empresas em todas cidades do Brasil com os entes federativos União, Estado, Município e seus órgãos da administração direta e indireta, ocasionou um aumento considerado de contratos em execução e a serem executados com a Administração Pública. A atuação da empresa e de seus colaboradores junto aos seus clientes, principalmente com o Poder Público, faz com que a atuação dos proprietários, sócios e seus colaboradores estejam bem sintonizados com os procedimentos internos e externos, valores, missão e visão da empresa.

A certeza de prevenir e afastar qualquer vulnerabilidade da empresa, e em consequência, afastar a responsabilidade civil e administrativa da empresa impõe a necessidade de se analisar e descrever todos os riscos possíveis inerentes às operações da empresa, bastando para tanto seguir o esquema de mapeamento de perfil e de riscos, indicados na cartilha de implantação do Programa de Integridade da CGU[9], com o desmembramento das ações que devem ser adotadas, do seguinte modo:

1- **Quanto ao perfil da empresa, deve-se levar em conta**:

- setores do mercado em que atua no Brasil e no exterior;

- estrutura organizacional;

- quantitativo de funcionários e demais colaboradores;

- nível de interação com a administração pública;

- participação societárias que envolvam a pessoa jurídica na condição de controladora, controlada, coligada ou consorciada.

2 - Quanto ao mapeamento de riscos:

- Identificação de situações de riscos;

- Criação de políticas para mitigar os riscos;

- Análise periódica de riscos e atualização das políticas;

- Participação em licitações;

- Obtenção de licenças, autorizações e permissões;

- Contato com agente público ao submeter-se a fiscalização;

---

[9] BRASIL. Controladoria-Geral da União. Programa de integridade: diretrizes para empresas privadas. Brasília, 2015, p. 6. Disponível em: <http://www.cgu.gov.gov.br/Publicacoes/etica-e-integridade/arquivos/programa-de-integridade-diretrizes-para-empresas-privadas.pdf> Acesso em: 15 ago. 2019.

- Contratação de agentes públicos;

- Contratação de ex-agentes públicos;

- Oferecimento de hospitalidades, brindes e presentes a agentes públicos;

- Estabelecimento de metas inatingíveis e outras formas de pressão;

- Oferecimento de patrocínios e doações;

- Contratação de terceiros;

- Fusões, aquisições e reestruturações societárias.

Essas são algumas medidas a serem tomadas pela empresa a fim de evitar ocorrências de fraudes e corrupção por parte de colaboradores, tanto nas operações corriqueiras, como nas ações desenvolvidas nas licitações e elaborações de contratos, no intuito de prevenir, detectar e remediar a ocorrência de ações que sejam interpretadas como infracionais, e diante dessas ações se faz necessário implementar no âmbito interno da empresa, na sede e nas filiais, padrões de ética e de conduta para todos os colaboradores, conforme definido pela Lei nº 12.846/2013, quais sejam:

1- explicitar os princípios e os valores adotados pela empresa relacionados a questões de ética e integridade;

2- mencionar as políticas da empresa para prevenir fraudes e ilícitos, em especial as que regulam o relacionamento da empresa com o público;

3- estabelecer vedações expressas quanto a atos de prometer, oferecer ou dar, direta ou indiretamente, vantagem indevida a agente público; quanto à prática de fraudes em licitações e contratos com o governo; quanto ao oferecimento de vantagem indevida a licitante concorrente; quanto ao embaraço à ação de autoridades fiscalizatórias;

4- esclarecer sobre a existência de canais de denúncias e de orientações sobre questões de integridade;

5- estabelecer a proibição de retaliação a denunciantes e os mecanismos para protegê-los;

6- conter previsão de medidas disciplinares para casos de transgressão às normas e às políticas da empresa.

A empresa deverá providenciar regras, políticas e procedimentos para mitigar os riscos, a fim de prevenir, detectar as ocorrências de irregularidades, devendo indicar os objetivos, procedimentos, público-alvo, periodicidade, unidades responsáveis e formas de monitoramento.

Para uma boa prática de gerenciamento de riscos inerentes à atividade da empresa, o indicado é a ferramenta de mapeamento dos eventos na esfera interna, analisando os eventos inerentes a macroeconomia, ambiental, social, tecnológico e o legal; e na esfera externa, analisando os eventos financeiros, ambiental, social, tecnológico, e de conformidade.

Due diligence é técnica de auditoria que consiste na realização de uma avaliação detalhada das informações da entidade e com quem ela contrata e se relaciona. A aplicação da técnica acima mencionada, a manutenção de uma boa gestão de risco com a adoção de medidas de coordenação das atividades de gestão de risco, a avaliação das informações fornecidas pelas áreas estratégicas de negócios, a elaboração e a divulgação de metodologia e consolidação de resultados, a elaboração de medidas e recomendações e a adoção de medidas necessárias para a comunicação - de maneira que as informações sobre os valores da empresa e as políticas de integridade adotadas estejam acessíveis a todos os interessados e devem ser amplamente divulgados - são medidas necessárias para se manter a empresa blindada internamente de ações que denigrem a sua imagem.

Outra medida importante é o estabelecimento dos canais de denúncia, com a devida proteção ao denunciante, assim como a previsão de medidas disciplinares, identificando as condutas que devem ser punidas disciplinarmente no âmbito interno da empresa. A detecção de ilícitos geralmente é advinda de Denúncias; Resultados do monitoramento do Programa; Investigações internas; e Constatações em auditorias, e essas denúncias podem favorecer a empresa, em vista de possível cooperação efetiva com a Administração Pública, comunicando a autoridade competente sobre o ilícito, o fornecimento de informações e o esclarecimento de dúvidas podendo beneficiar a empresa em eventual processo administrativo de responsabilização.

Para a manutenção e o monitoramento contínuo do programa de integridade, a empresa deve adotar relatórios regulares sobre rotinas do Programa de Integridade ou sobre investigações relacionadas; tendências verificadas nas reclamações dos clientes da empresa; informações obtidas do canal de denúncias; e relatórios de agências governamentais reguladoras ou fiscalizadoras.

Assim, controlar as ações e se prevenir de atos que possam ser praticados por um de seus colaboradores é adotar as boas práticas de governança corporativa, dando maior ênfase na implantação do Programa de Integridade ou *Compliance,* e realizar o mapeamento de todos os riscos possíveis em sua atividade, implementando o programa em níveis, a fim de serem condizentes com as possibilidades financeiras, dessa forma sugere-se seguir a seguinte ordem de implantação abaixo descrita[10]:

1º nível – criar o comitê de ética e eleger o *Compliance officer;*

2º nível – elaborar código de ética e conduta;

3º nível – elaborar canais de ouvidoria/denúncia/ética;

4º nível – criação de sistema de auditoria e melhoria nos sistemas internos da entidade.

Como podemos observar os parâmetros de integridade supramencionados são inerentes a todos os tipos de empresas, sejam elas de grande ou pequeno porte, pois a Lei da Empresa Limpa não faz distinção quanto a seu destinatário, e como o núcleo do presente artigo é a viabilidade da implantação do *Compliance* nas Micro e Pequenas Empresas, analisaremos o assunto nos capítulos seguintes.

---

[10] Foiatto, Ana Regina. Como e Onde Aplicar o Compliance. P.53. *In*: Tomaz, Roberto Epifanio (org.).. [*Et. al.*]. Descomplicando o Compliance.

A IMPORTÂNCIA DAS MICRO E PEQUENAS EMPRESAS NO BRASIL E EM OUTROS PAÍSES

AS MICRO E PEQUENAS EMPRESAS E O IMPACTO NO MERCADO BRASILEIRO

A Constituição Federal de 1988 estabeleceu em seus artigos 170, inc. IX, e 179, tratamento diferenciado a ser dispensado às Micro e Pequenas Empresas, com o fim de que essas alcancem o desenvolvimento e sustentação:

> "Art. 170 - A ordem econômica, fundada na valorização do trabalho humano e na livre iniciativa, tem por fim assegurar a todos existência digna, conforme os ditames da justiça social, observados os seguintes princípios:
>
> (...)
>
> IX- tratamento diferenciado para as pequenas empresas de pequeno porte constituídas sob as leis brasileiras e que tenham sua sede e administração no País."
>
> (...)
>
> "Art. 179 - A União, os Estados, o Distrito Federal e os Municípios dispensarão às microempresas e às empresas de pequeno porte, assim definidas em lei, tratamento jurídico diferenciado, visando a incentivá-las pela simplificação de suas obrigações administrativas, tributárias, previdenciárias e creditícias, ou pela eliminação ou redução destas por meio de lei."

A Constituição Federal também mencionou a necessidade de que a tributação fosse diferenciada para as MPE`s, remetendo ao artigo 146 a determinação constitucional:

> "Art. 146 - Cabe a lei Complementar:
>
> (...) III - estabelecer normas gerais em matéria de *legis* tributária, especialmente sobre:
>
> (...) d) definição de tratamento diferenciado para as microempresas e para as empresas de pequeno porte, inclusive regimes especiais ou simplificados no caso de imposto previsto no art. 155, II, das contribuições previstas no art. 195, I e §§12 e 13, e da contribuição a que se refere o art. 239."

Diante da norma mandatória prevista na Constituição Federal, surgiu no ordenamento jurídico a Lei Complementar nº 123/2006 que expandiu a implementação e formulação de políticas públicas voltadas para o segmento dos pequenos negócios, instituindo o Estatuto Nacional da Micro e da Empresa de Pequeno Porte, também conhecida como Lei Geral das Micro e Pequenas Empresas ou Lei do Supersimples, sendo um marco regulatório para o segmento, definindo inicialmente Microempresas como aquela com faturamento bruto anual de R$ 240.000,00 e as Pequenas Empresas com faturamento bruto entre R$ 240.000,00 e de R$ 2.400.000,00, atualmente esses valores são de R$ 360.000,00 para Microempresas, e de R$ 360.000,00 até R$ 4.800.000,00 para Pequena Empresa.

Outras normas, como a Lei Complementar 128/2008 que cria a figura do microempreendedor individual (MEI), a Lei Complementar 139/2011 que altera o limite de faturamento do MEI para até R$ 60.000,00, a Lei Complementar 147/2014 que altera a LC 123 e traz benefícios para o MEI, o Decreto 6884/2009 que cria o Comitê para Gestão da Rede nacional para Simplificação do Registro e Legalização de Empresas e Negócios, e a Lei Complementar 155/2016 que altera a LC 123 para reorganizar e simplificar a metodologia de apuração do imposto devido por optantes do Simples, surgiram após a Lei Geral das MPE`s, no mesmo objetivo de fomentar a sustentabilidade e o crescimento, visando o crescimento econômico do país e amenizando a carência social, com estímulos de novos empregos e maior produtividade, sendo que a Lei Geral das MPE`s trata especificamente dos seguintes tópicos:

1- Padronização de conceitos de micro e pequena empresa no Brasil;

2- Acesso à Tecnologia;

3- Aumento de acesso ao crédito;

4- Exportações;

5- Formalização de Empresas;

6- Acesso à Justiça para as MPE`s;

7- Acesso a novos mercados;

8- Outros problemas enfrentados.

Em levantamento desenvolvido junto a empreendedores de MPE`s[11] foram levantadas as seguintes preocupações:

1- Crédito (23%);

2- Tributos (13%);

3- Investimentos (12%);

4- Financiamentos (12%);

5- Informação (10%);

6- Burocracia (10%);

7- Governo (9%);

8- Licitações (6%).

---

[11] Fonte: SEBRAE/UF. Disponível em: <http://www.sebrae.com.br/Sebrae/Portal%20Sebrae/Anexos/sobrevivencia-das-empresas-no-brasil-relatorio-2016.pdf>. Acesso em: 16 ago. 2019.

As Micro e Pequenas Empresas possuem um potencial econômico essencial para o desenvolvimento do país, além de maior empregador, conforme pesquisa do Sebrae em que nos informa que em 2011, incluindo empreendedores individuais que corresponde a 22,3% de trabalhadores informais, segundo Pesquisa Nacional por Amostra de Domicílio - PNAD (IBGE, 2018), esse segmento representava 97,8% do número de empresas formalmente registradas, respondendo a 54,2% do total de empregos formais no Brasil, que somado aos micro empreendedores individuais (MEI) chega-se a um total aproximado de 70% dos trabalhadores que trabalham em pequenos negócios.

Diante da dificuldade de obtenção de dados recentes sobre os mencionados registros, cabe-nos mencionar os dados provenientes do empresômetro (Empresômetro, 2018), em que indica que no mês de janeiro de 2019, o total de empresas formalmente registradas no Brasil atingiu a marca de 17.174.425.

O Serviço Brasileiro de Apoio às Micro e Pequenas Empresas (SEBRAE) estima que as MPEs contribuíram com 39,7% da renda do trabalho de um ano (2012), e que contribuíram com 27% na formação do produto interno bruto (PIB) brasileiro e com 31,5% da massa salarial do país entre os anos de 2009 a 2011[12].

Como podemos observar as Micro e Pequenas empresas tem sua fatura no desenvolvimento econômico brasileiro, mesmo com todas as dificuldades para a sustentabilidade e crescimento no faturamento, sendo que há uma necessidade primordial de maior atuação do Estado para proteção e incentivos para novos negócios.

O maior impacto de benefício financeiro para as MPE`s no Brasil com a promulgação da Lei nº 9.317/96 foi a implementação de um sistema tributário denominado Sistema SIMPLES de tributação. Esse modelo de opção tributária é o mais adotado pelas empresas brasileiras, em torno de 5,6 milhões de

---

[12] Fonte: SEBRAE 2014c. Disponível em: <http://www.sebrae.com.br/Sebrae/Portal%20Sebrae/Estudos%20e%20Pesquisas/Participacao%20das%20micro%20e%20pequenas%20empresas.pdf>. Acesso em 16 ago. 2019.

empresas no ano de 2010, englobando oito tributos (IRPJ, PIS, COFINS, CSLL, INSS patronal, IPI das indústrias, ISS de prestadores de serviço e ICMS).

O SIMPLES traz como benefícios:

- Tributação com alíquotas mais favorecidas e progressivas. As alíquotas do tributo variam de 4% a 11,61% da receita para comércios; de 4,5% a 12,11% para aqueles que atuam na área industrial; de 6% a 17,42% para as empresas de serviço;

- Recolhimento unificado e centralizado de impostos e contribuições federais, com a utilização de um único DARF, podendo, inclusive, incluir impostos estaduais e municipais, quando existirem convênios firmados com essa finalidade;

- Cálculo simplificado do valor a ser recolhido, apurado com base na aplicação de alíquotas unificadas e progressivas, fixadas em lei, incidentes sobre uma única base, a receita bruta mensal;

- Dispensa da obrigatoriedade de escrituração comercial para fins fiscais, desde que mantenha em boa ordem e guarda, enquanto não decorrido o prazo decadencial e não prescritas eventuais ações, os Livros Caixa e Registro de Inventário, e todos os documentos que serviram de base para a escrituração;

- Dispensa da pessoa jurídica do pagamento das contribuições instituídas pela União, destinadas ao Senac, Sesi, Senai, Sesc, Sebrae, e seus congêneres, bem assim as relativas ao salário-educação e à Contribuição Sindical Patronal (IN SRF nº355, de 2003, art. 5º, §7º);

- Dispensa a pessoa jurídica da sujeição à retenção na fonte de tributos e contribuições, por parte dos órgãos da administração federal direta, das autarquias, e das fundações federais (Lei nº 9430, de 1996, art. 60; e IN SRF nº 306, de 2003, art. 25, XI);

- Isenção dos rendimentos distribuídos aos sócios e ao titular, na fonte e na declaração de ajuste do beneficiário, exceto os que corresponderem ao pró-labore, aluguéis e serviços prestados, limitado ao saldo do livro-caixa, desde que não ultrapasse a Receita Bruta.

No entanto o SIMPLES não é indicado para empresas em fase de instalação ou que tenham lucro muito baixo, embora tenham outras vantagens, sendo mais indicado para empresas que tenham receita anual até R$ 3,6 mi nos 12 meses anteriores à declaração.

A LIGAÇÃO DAS MICRO E PEQUENAS EMPRESAS COM A ADMINISTRAÇÃO PÚBLICA BRASILEIRA

O presente capítulo tem por objetivo mostrar a relação das Micro e Pequenas Empresas com a Administração Pública, por meio de seus colaboradores e dos agentes públicos, é a situação mais crítica de vulnerabilidade para a prática de corrupção, pois os dois lados precisam agir com ética e correção, enquanto um tem o dever de cumprir a obrigação legal, o outro, tem a obrigação de exigir, visto que na esfera pública não há espaço para negociatas, daí a necessidade de se prevenir com a implantação de um programa de integridade.

Toda empresa tem relação com o Poder Público, independente de se ter com um ente público uma contratação decorrente de processo licitatório, como as ações rotineiras inerentes às atividades do ramo de seu negócio junto a Administração, tais como solicitações de Licenças, Autorizações, Alvarás, Fiscalizações, Importações, Exportações e outras.

Conforme já descrito acima, políticas públicas de incentivo às MPE`s foram implementadas pela Constituição Federal e pela Lei Complementar nº 123/2006 (Lei Geral da Micro e Pequenas empresas) e ambas trouxeram benefícios no procedimento licitatório para as MEP`s participantes de certame licitatório.

Nessa relação principal e essencial para a sobrevivência dos pequenos negócios, a prioridade nas compras públicas se tornou uma das principais políticas de incentivo e de apoio às MPE`s, sendo imposta pela LC 123/16 e previsto nos artigos 42 a 49, mas não constando no bojo da Lei nº8.666/93.

Além do incentivo, as compras públicas fomentam o desenvolvimento econômico e social, pois além de fomentar produtividade e ativação de produção e circulação de mercadorias, faz com que a rede de ligações de atividades profissionais se interligue gerando riqueza e empregos.

Desde 2006, com a Lei Complementar nº 123/06 a participação das MPE`s nas Licitações saltou de 14% para 28% em volume vendido para a Administração Pública federal, estadual e municipal, passando de R$ 2 bilhões para R$ 15 bilhões[13].

Essa relação tênue entre as Micro e Pequenas empresas com Administração Pública é o momento mais sensível para que haja a prática da corrupção entre o privado e o público, e, infelizmente, é uma realidade que pode ser observada quando a infração é detectada pelo Poder Público. Em respeito ao princípio da transparência, a infração deve ser punida e exposta à sociedade, por meio da Lei anticorrupção, que estabelece formas de divulgação à sociedade das empresas punidas, criando o Cadastro de Empresas Inidôneas e Suspensas (CEIS), o Cadastro Nacional de Empresas Punidas (CNEP), Cadastro de Entidades Privadas Sem Fins Lucrativos (CEPIM), além de divulgar os Acordos de Leniência. Desde quando foram criados tais cadastros, os números de empresas punidas vem aumentando, inclusive as MPE`s, conforme os quantitativos abaixo[14]:

- CEIS: 12.303 empresas;
- CNEP: 137 empresas;
- CEPIM: 5.579 empresas;
- Acordos de Leniência: 9.

---

[13] Sebrae(2014c). Disponível em:<http://www.sebrae.com.br/sites/PortalSebrae/bis/contratacao-publica-de-micro-e-pequenas-empresas,94dcd2dd301b7410VgnVCM2000003c74010aRCRD>. Acesso em: 17 ago. 2019.

[14] Portal da Transparência CGU-2019. Disponível em:<http://www.portaltransparencia.gov.br/sancoes>.Acesso em: 17 ago.2019.

Das empresas punidas, 94 foram multadas; destas, 42 multas foram direcionadas a Empresas de Médio e Grande Portes e 52 multas foram direcionadas a Micro e Pequenas Empresas. Ou seja, mais de 55% do total das multas aplicadas pela CGU foram destinadas às Micro e Pequenas Empresas, o que reforça o entendimento de que há a necessidade de se implementar no âmbito desse segmento o Programa de *Compliance*, no sentido de prevenir a corrupção nessas empresas de essencial importância para o desenvolvimento econômico e social do país.

OS INCENTIVOS ÀS MICRO E PEQUENAS EMPRESAS NO BRASIL E EM OUTROS PAÍSES

Analisar a Micro e Pequenas Empresas força mencionar o empreendedorismo, e conforme CERINO (2009, p.10) citamos trechos sobre empreendedorismo e empresário:

> "Foi Joseph A. Schumpter (1982) quem associou o empreendedorismo à inovação: "a essência do empreendedorismo está na percepção e no aproveitamento das novas oportunidades dos negócios [...]' sempre tem a ver com criar uma nova forma de uso dos recursos nacionais, em que sejam deslocados de seu emprego tradicional e sujeitos a combinações" (Shumpeter, *apud* Fillion, 1999, p. 12).
>
> Jeanne Holden (2007) disse que mesmo alguns economistas e empresários discordem em alguns aspectos em relação às definições, a maioria concorda que o empreendedorismo é fundamental para estimular o crescimento econômico e causam o aumento das oportunidades de emprego em todas as sociedades. Acrescenta-se ainda, que as micro e pequenas empresas bem sucedidas são as principais geradoras de emprego e renda nos países desenvolvidos, como também, o vetor de redução de pobreza e de inclusão social.

> Alguns economistas dizem que empresário é aquele que está disposto a assumir o risco de um novo empreendimento se houver uma oportunidade significativa para o lucro. Outros enfatizam o papel do empresário como um inovador que comercializa inovação. Outros descrevem que os empresários desenvolvem novos produtos ou processos de acordo com as exigências do mercado e que não são atualmente oferecidos (oportunidades)".

Observa-se na leitura acima, que a empresa e o empresário são os principais autores de alavancagem do desenvolvimento econômico nacional, que por meio de seu empreendedorismo coloca no mercado inovações desenvolvidas por ele mesmo ou pela indústria nacional, tendo como fim o consumidor final, público ou privado, fazendo a economia girar e promovendo riquezas, além de ofertar empregos de acordo com a sua capacidade de crescimento.

As micros e pequenas empresas, que são segundo o Banco Mundial (Relatório de Desenvolvimento Mundial 2005, do Banco Mundial) a maioria das empresas em todo o mundo, são fundamentais para que o empreendedor desenvolva todo o seu potencial inovador e fomentador de circulação de riquezas, acompanhando os estímulos e incentivos fiscais provenientes de políticas públicas desenvolvidas pelo Poder Público, acabando por tornar-se uma meta essencial para o desenvolvimento nacional de diversos países no mundo.

Só após a segunda guerra mundial o comércio e as pequenas empresas alcançaram um rápido desenvolvimento decorrente da expansão econômica que se seguiu logo após a guerra, atingindo o seu período de incertezas no atual momento, em que crises mundiais abalam a economia e o comércio em todo mundo. Nos anos 80 a Comunidade Europeia adotou uma série de iniciativas para o desenvolvimento de pequenas e médias empresas no contexto do "Mercado Único", conforme a Resolução do Conselho de 3/11/1986 (White Paper on Comunity Policies, criação de "task-forces" para as Pequenas e Médias Empresas (PME's) em 1986 e adoção de um programa de ação para as pequenas e médias empresas), com vistas a estabelecer um ambiente favorável às empresas da comunidade, promovendo igualdade de oportunidade para as PME's, e estabelecendo uma base legal e financeira para que a comunidade promova negócios pequenos e de tamanho médio.

Segundo o Banco Mundial (World Bank, 2017), constatou-se que 77 países, dentre 180 estudados, adotam políticas de apoio às micro e pequenas empresas (MPEs) por intermédio de compras governamentais. Demonstrando a diversidade de políticas para MPEs nos processos de compras do governo, a análise do Banco Mundial relata dezessete possíveis políticas direcionadas para as MPEs, abrangendo desde treinamentos e concessões de crédito até tratamentos preferenciais nas concorrências públicas.

Na Europa contém aproximadamente 23 milhões de pequenas e médias empresas. Os países que compõem a comunidade europeia estabeleceram uma união em favor da média e da pequena empresa, e a cada ano vem se desenvolvendo políticas de incentivos e de apoio a essas empresas[15], com o objetivo de acelerar o crescimento econômico da Comunidade Europeia, conforme descrito no site da comunidade europeia, e que passamos a mencionar as ações desenvolvidas no decorrer do tempo:

- Facilidades de informações sobre as políticas desenvolvidas;
- Adoção do princípio de que o tratamento deve ser diferenciado para as pequenas empresas;
- Estabelecimento de um calendário de eventos para promoção das pequenas empresas;
- Criação de uma ouvidoria com um representante de uma pequena empresa, para manter o diálogo em toda a Europa, e que tenha referência a pequena empresa;
- Elaboraram uma carta de intenções no sentido de melhorarem o ambiente empresarial, tornando mais fácil à criação e o crescimento das pequenas empresas;

---

15 Ver ec.europa.eu/enterprise/entrepreneurship 2009. Disponível em:<https://ec.europa.eu/enterprise/entrepreneurship%202009>. Acesso em 20 ago. 2019.

• Revisaram a legislação em todos os níveis visando tornar o ambiente mais produtivo e melhor para fazer negócios;

• Simplificaram e melhoraram o quadro jurídico para às MPE`s na União Europeia, analisando e revendo propostas legislativas referentes a regulamentação e desburocratização;

• Lançaram um programa de redução de encargos administrativos;

• Criaram um painel denominado Painel de Consulta de Empresas Europeias (EBTP), para que a Comissão Europeia faça suas propostas legislativas referentes às empresas;

• Estabeleceu uma política de desenvolvimento para a Comunidade Europeia, denominada "Estratégia de Lisboa para Crescimento e o Emprego";

• Instituíram prêmios a fim de reconhecer iniciativas de sucesso voltadas para a promoção empresarial e o espírito empreendedor;

• Deram maior ênfase para a inovação tecnológica, por entenderem de relevância para o crescimento econômico;

• Criaram um Programa de Financiamento para ajuda a empresa e a indústria voltadas para as pequenas e médias empresas, para ajudarem a inovar e participar mais do crescimento econômico europeu, sendo dividido em três programas específicos: Programa para o espírito empresarial e a inovação, Programa de apoio à política de Tecnologias de informação e comunicação, e por fim o Programa de energia inteligente.

Além dessas ações, a União Europeia também se preocupou com o fomento das compras públicas por parte das pequenas e médias empresas, adotando políticas voltadas a incentivar as compras por meio de legislações específicas da União Europeia, criando o denominado "Livro Verde de Compras Públicas"[16],

---

[16] O Livro Verde das Compras Públicas na União Europeia:"The Single Market review Series - Subseries III - Dismantling Barriers: Public Procurement", 1996. Disponível em: <http://europa.eu.int/comm/internal_market/publicprocurement/docs/report-dismantling-of-barriers_en.pdf>. Acesso em: 15 ago. 2019.

onde contém documentos destinados a estimular debates e a promover a ampliação da participação deste segmento nas contratações. Os resultados foram impactantes: a soma dos contratos e compras representam em torno de 14% do PIB europeu.[17]

Nos Estados Unidos da América – EUA também são adotados programas de desenvolvimento às pequenas empresas, sendo semelhantes aos da União Europeia, sendo a Small Business Administration (SBA) a agência federal, órgão com as mesmas características do SEBRAE no Brasil, que assessora e assiste pequenas empresas a protegerem seus interesses, e ajuda a preservar a livre concorrência, a manter e fortalecer a economia do país em geral, e a fomentar a recuperação econômica de comunidades após serem atingidas por calamidades.

O porte das empresas é determinado pelo Office of Size Standards do SBA, que se baseiam no sistema de classificação industrial da América do Norte *(North American Industrial Classification System - NAICS)*, e as atividades fins são a essência desta classificação.

Há nos EUA vários programas de investimentos, como o Programa de companhias de investimento em pequenas empresas (SBIC) que é o principal meio de que a SBA dispõe para conceder capital de risco às pequenas empresas em processo de crescimento. No mesmo rol, há o Programas de assistência técnica e extensão para o desenvolvimento empresarial, o Programa de assessores às pequenas empresas dos EUA (SCORE), o Programa WBCs (Centro de Empresas de Mulheres), o Escritório do Ouvidor Nacional, criado pela Lei da imparcialidade na aplicação de regulamentos sobre pequenas empresas.

Em relação a compras do governo americano das pequenas empresas, as políticas públicas são definidas segundo o critério de faturamento anual e número de empregados, e ainda em função do ramo em que atua, sendo que os incentivos que mais se destacam são a assistência às PME`s nas contratações

---

[17] Políticas Públicas – As Micro e Pequenas Empresas e as Compras Governamentais, estudo elaborado pelo SEBRAE-SP, 2005.

diretas; assistência na subcontratação; assistência na comercialização de bens do governo; e o programa de certificação de competência.

No Brasil, assim como na Europa e EUA também há programas de incentivos para as Micro e Pequenas Empresas, pois não diferente de outros países, existem os empreendedores por oportunidade, que aproveitam um determinado nicho de mercado, arriscando num negócio, e que há possibilidade de êxito; e outros por necessidade, que devido a difícil situação financeira em que se encontra, vê a abertura de um negócio como um último recurso de ocupação e geração de renda. Daí a simbiose dessa abertura de negócio com a política pública de incentivo aos pequenos negócios, surgindo daí as micro e pequenas empresas.

Segundo o Relatório Executivo da GEM 2005[18], o Brasil esteve entre as nações que mais criaram negócios em 2005, registrando uma taxa de empreendedores iniciais de 11,3%, sendo que a nível mundial as taxas maiores, àquela época, estão na Venezuela (25,0%), Tailândia (20,7%) e a Nova Zelândia (17,6%), e as mais baixas estão na Hungria (1,9%), Japão (2,2%) e a Bélgica (3,9%). A pesquisa mostra que os países de maior renda *per capita* tem a taxa menor, enquanto os países que possuem renda *per capita* média possuem taxa maior, sendo que esses novos negócios não trazem inovação ao mercado, sendo produtos ou serviços que já existem, e que de ano em ano há uma variação da taxa, tendo em vista a mortalidade desses pequenos negócios.

Em todas as instituições financeiras oficiais brasileiras existem normas específicas referentes ao acesso a créditos destinados às Micro e Pequenas Empresas, sendo que a maioria possui uma diretoria de micro e pequena empresa destinada a dar tratamento diferenciado e simplificado a essas empresas, porém na prática as mesmas exigências que são feitas a grandes e médias empresas são exigidas das MPE`s, sendo um grande problema para os empreendedores iniciais.[19]

---

[18] GEM- Global Entrepreneuship Monitor - 2005

[19] ZICA, Roberto M. F.; MARTINS, Henrique C.; CHAVES, Alessandro F. B. Dificuldades e perspectivas de acesso ao sistema financeiro nacional pelas micro e pequenas empresas.

Há no Brasil instituições orientadoras como o SEBRAE, o SENAC e SENAI, mas apenas um baixo percentual de empreendedores buscam esse apoio para a instalação de suas pequenas empresas. Conforme estudo da GEM 2005, as condições que afetam o empreendedorismo brasileiro são: falta de apoio financeiro; ausência de políticas governamentais; não existência de programas governamentais; excesso de burocracia para a abertura de empresas; educação e treinamento ineficientes; pesquisa, desenvolvimento e transferência de tecnologia ultrapassadas; ausência de políticas públicas para a abertura de mercado; dificuldades de conquistar novos clientes; muitas barreiras na abertura de empresas; dificuldades de acesso à infraestrutura física; baixa capacidade empreendedora; força de trabalho desqualificada, dentre outras.

Na Administração Pública Federal existe a Secretaria Especial das Micro e Pequenas Empresas, órgão vinculado ao Ministério da Indústria, Comércio Exterior e Serviços, que é incumbido de disseminar e executar a Política Nacional de Apoio e Desenvolvimento da Micro e Pequena Empresa por meio de um Planejamento Estratégico, e que tem como Pilares o seguinte:

- Desburocratização e Simplificação;
- Capacitação Empreendedora;
- Financiamento e Crédito;
- Tecnologia e Inovação;
- Acesso a Mercados.

No Brasil, no ano de 2015, havia 24.196 [20]grandes empresas, 43.362 médias empresas, 6.775.493 micro e pequenas empresas formais, sendo que estas empregam em torno de 82,8% da mão de obra brasileira, enquanto as médias e grandes empresas geram em torno de 17,2%.

---

[20] Ver: Anuário Sebrae 2017 revisado/ DIEESE (Anuário do Trabalho nos Pequenos Negócios - 2015)

Conforme mencionado, em praticamente todos os países do mundo há políticas de incentivo e apoio às Micro e Pequenas empresas, uma vez que essas empresas são fundamentais para o crescimento econômico e para a empregabilidade que traz consigo estabilidade social. Esse apoio varia de país para país de acordo com a vontade política e situação econômica, e pode ser descrito por várias ações, tais como: Cotas reservadas para as MPEs; Apoio financeiro; Desmembramento de contratos; Políticas de propósito geral; Preferência de preços; Critério de adjudicação; Contract treshold; Subcontratação; Pagamento rápido; E-procurement; Reserva de produtos; Treinamento e assistência técnica; Acesso a informação; Turnover; Simplificação de Processos; Consórcios de MPE`s; Acordo de compra. Verifica-se que as ações que mais são desenvolvidas no mundo são as políticas de Cota de reserva para as MPE`s (17%), seguida de Apoio financeiro (15%), e Desmembramentos de contratos (14%), conforme gráfico a seguir:

Quadro de Políticas Públicas para desenvolvimento das MPE`s

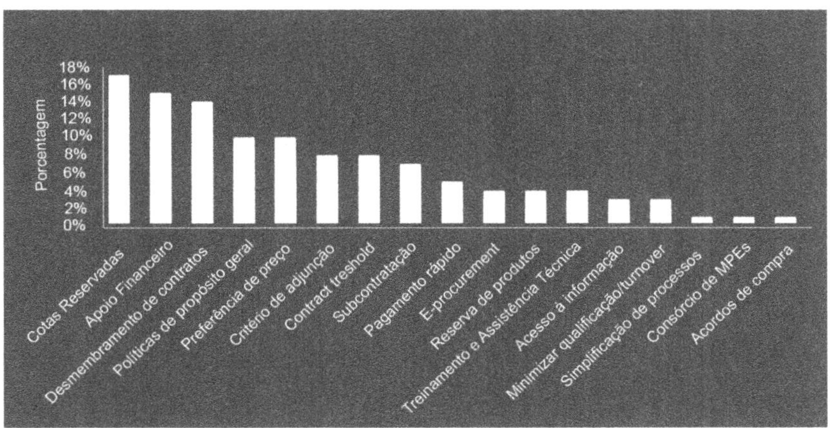

Fonte: World Bank (2017). Nota: 1 Uma política de contract threshold para pequenas empresas estabelece o valor abaixo do qual há exclusividade para contratação de MPEs em processos de compras públicas. No Brasil, por exemplo, segundo a Lei nº 123/2006, contratos públicos de até R$ 80 mil são destinados exclusivamente a micro e pequenas empresas.

A PROBLEMÁTICA DA IMPLEMENTAÇÃO DO *COMPLIANCE* NAS MICRO E PEQUENAS EMPRESAS NO BRASIL

O DECRETO Nº 8.450/2015 E AS MPE`S

A Lei nº 12.486/2013 trata especificamente da responsabilidade objetiva das empresas no âmbito administrativo e civil por atos ilícitos contra a Administração Pública, descrevendo as condutas proibidas e as sanções correspondentes, não tratando do Programa de Integridade, apenas menciona em seu artigo 7º, inciso VIII, que a condição de se ter um Programa de Integridade na Empresa, com mecanismos e procedimentos internos de integridade, auditoria e incentivo à denúncia de irregularidades e a aplicação efetiva de códigos de ética e de conduta, serão levados em consideração no momento da aplicação das sanções.

A tarefa de regulamentar a Lei nº 12.486/2013 coube ao Decreto nº 8.420/2015, que em seus capítulos discrimina os procedimentos a serem observados pelas empresas e levados em consideração no momento da avaliação para aplicação de sanções, versando sobre a responsabilidade administrativa; sanções administrativas e encaminhamentos judiciais; acordo de leniência; programa de integridade; e cadastro nacional de empresas inidôneas e suspensas, e do cadastro de empresas punidas.

O Capítulo IV do Decreto nº 8.420/2015 trata especificamente sobre o Programa de Integridade/*Compliance* a ser observado e seguido pelas empresas de modo geral, apontando os parâmetros de integridade que devem ser levados em consideração para o bom andamento da implementação e execução do programa nas empresas, abordando sobre:

- Conjunto de medidas e procedimentos internos de integridade;
- Auditoria e incentivo à denúncia de irregularidades;
- Aplicação efetiva de códigos de ética e de conduta;
- Políticas e diretrizes com o objetivo de detectar e sanar desvios e atos ilícitos praticados contra a Administração Pública Nacional e Internacional; e que
- **Deve ser estruturado, aplicado e atualizado de acordo com as características e riscos atuais de cada pessoa jurídica.**

Os parâmetros de integridade estabelecidos para todas as empresas estão definidos no Art. 42, incisos I a XVI, e na mesma norma é determinado no §3º do mencionado artigo, a redução das formalidades dos parâmetros para as Micro e Pequenas empresas, passando o quantitativo de parâmetros de 16 para apenas 09 a serem observados no momento em que o órgão administrativo fizer a sua avaliação para aplicação de sanção determinada e decorrente do cometimento de uma infração.

O parágrafo 4º do Art. 42 do Decreto 8.420/2015 imputa para a Controladoria Geral da União a incumbência de fiscalização e avaliação das MPE`s no momento em que houver necessidade de aplicação de alguma sanção, devendo expedir orientações, normas e procedimentos complementares referentes à avaliação dos programas de integridade. Fazendo uso de sua atribuição, foi exarada a Portaria Conjunta nº 2279, em 9 de setembro de 2015, expedida pela Controladoria Geral da União e pela Secretaria das Micro e Pequenas Empresas simplificando a aplicação dos parâmetros de integridade a serem observados pelas Micro e Pequenas Empresas, atendendo dessa forma a exigência do parágrafo 5º do mesmo decreto.

Diante da política de incentivo às Micro e Pequenas empresas, os parâmetros estabelecidos para as MPE`s se tornaram facilmente alcançáveis, tendo o nível de exigência diminuído, como podemos observar nos parâmetros que devem ser observados:

1- Comprometimento da direção da empresa;

2- Adoção e implementação de padrões de conduta, código de ética, políticas e procedimentos;

3- Treinamentos e divulgação do programa de integridade;

4- Registros contábeis confiáveis;

5- Controles internos que asseguram a elaboração e a confiabilidade de relatórios e demonstrações financeiras;

6- Procedimentos para prevenção de fraudes e irregularidades em licitações, na execução de contratos administrativos ou em qualquer interação com o setor público;

7- Medidas disciplinares;

8- Procedimentos que assegurem a pronta interrupção de irregularidades e correção de danos; e

9- Transparência na adoção a candidatos e a partidos políticos.

A preocupação da CGU e da SMPE é fazer com que todas as empresas adotem o programa de integridade independente do porte, da atuação e do volume de negócios, no sentido de que seja disseminado a cultura da honestidade, da retidão dos atos e respeito às normas, mesmo que essas empresas não tenham relação comercial com a Administração Pública, e as Micro e Pequenas empresas foram beneficiadas com a redução de exigências de parâmetros em caso de avaliação para imposição de sanções por parte do Poder Público.

A Portaria 2279 apresenta os parâmetros acima mencionados que devem ser observados pelas MPE`s e esta mesma Portaria apresenta exemplificações para cada ação, facilitando e muito o entendimento dos proprietários dos pequenos negócios, além de impor a necessidade das MPE`s elaborarem dois relatórios para que as medidas de integridade possam ser avaliadas, sendo o Relatório do perfil da empresa (áreas de atuação, responsáveis pela administração, quantidade de empregados e estrutura organizacional, e o nível de relacionamento com o setor público), e o Relatório de conformidade (funcionamento das medidas de integridade, e como contribuíram para a prevenção, detecção e remediação do ato lesivo objeto de apuração).

OS ÓBICES E BENEFÍCIOS NA IMPLEMENTAÇÃO DO *COMPLIANCE* NAS MPE`S

Conforme pesquisa desenvolvida pelo SEBRAE[21] a vida média das Micro e Pequenas empresas é fator preocupante, pois a taxa de mortalidade das Empresas no Brasil, num período bienal, gira em torno de 50% nas MPE`s, sendo os principais fatores para o fechamento dessas empresas, os seguintes:

- Falta de análise da situação antes da abertura: a condição anterior do empresário; a experiência anterior e a motivação para abrir o negócio;
- Planejamento ineficiente: tempo médio insuficiente para o planejamento antes de abrir o negócio; dificuldade de obtenção de recursos junto a Bancos;
- Falta de uma gestão do negócio: pouco investimento na capacitação; falta de aperfeiçoamento de seus produtos e serviços; não manter-se atualizado com o mercado;
- Inexistência de capacitação em gestão empresarial: não realização de curso para melhorar o conhecimento sobre como administrar um negócio.

A situação econômica instável do país também afeta profundamente o desempenho das empresas, principalmente as de pequeno porte, além de aberturas de novos negócios, sendo também um fator influenciador para a

---

[21] Sebrae 2016a. Disponível em: <http://www.sebrae.com.br/Sebrae/Portal%20Sebrae/Anexos/sobrevivencia-das-empresas-no-brasil-relatorio-2016.pdf>. Acesso em: 18 ago.2019.

sobrevivência da empresa que diante das dificuldades financeiras não encontram espaço para ter um custo com a implementação de um programa de *compliance* em seu estabelecimento comercial, além de não ter qualquer benefício para essa implementação, pois o único benefício estabelecido pela Lei da Empresa Limpa é a redução da multa a ser aplicada na empresa em caso de qualquer cometimento de infração prevista pela própria norma, ou seja, será levado em conta o referido programa de integridade apenas quando houver uma infração cometida.

Porém, há benefícios próprios para o proprietário da micro e pequena empresa com a implantação do *Compliance* no âmbito de seu negócio, independente de que essa implantação seja levada em consideração apenas no momento de uma avaliação pelo Poder Público no instante de uma aplicação de uma sanção, sendo um benefício próprio, e a leveza no ser em saber de que seus atos são honestos na sua relação com os clientes, com os fornecedores, com os seus empregados, e principalmente com o Estado, no cumprimento das leis, havendo um sentimento de patriotismo e retidão e satisfação própria, sendo os benefícios empresariais, os seguintes:

- Maior credibilidade e confiabilidade do mercado, dos clientes e investidores;
- Orientações das ações para objetivos definidos;
- Melhor aplicação de recursos financeiros;
- Isenção de um a quatro por cento dos tributos em caso de multa;
- Proteção contra a ocorrência de fraudes e irregularidades;
- Facilidade de obtenção de certificações nacionais e internacionais;
- Utilização de recursos de forma mais eficiente;
- Aumento de lucratividade de forma sustentável;
- Redução de obstáculos nos litígios onerosos, desgastantes e demorados;
- Uniformidade e coerência nas decisões;
- Facilitação de adaptação de colaboradores;
- Maiores chances de contratação;

- Mais conhecimento sobre o seu negócio e seu mercado;
- Maior tempo aos gestores para políticas estratégicas;
- Redução do nível de eliminação de conflitos internos;
- Maior nível de cooperação interna.

No Brasil mesmo diante dos esforços da Controladoria Geral da União com suas ações de combate a corrupção, com adoção de campanha de prevenção, por meio de confecção de cartilhas de implantação do Programa de Integridade nas empresas, inclusive nas MPE`s, no sentido de disseminar a cultura da integridade, e da atuação da Secretaria Especial da Micro e Pequena Empresa disseminando a Política Nacional de Apoio e Desenvolvimento da Micro e Pequena Empresa ainda são poucas as Micro e Pequenas Empresas que adotam o programa de forma espontânea e consciente, visto não ser de caráter obrigatório a sua implementação.

O SEBRAE é o único órgão orientador para as MPE`s no Brasil, mas não tem foco voltado para a implantação propriamente dita do Programa de Integridade nessas empresas de pequeno porte, não havendo na realidade nenhum órgão público voltado para esse fim, existindo apenas o devido incentivo e reconhecimento para empresas que adotem o mencionado programa, como por exemplo o Prêmio Pró-Ética estabelecido pelo Ministério da Transparência e pela CGU.

ESTRATÉGIAS PARA A IMPLEMENTAÇÃO DO *COMPLIANCE* NAS MPE`S

Não há ainda no Brasil um órgão ou uma política de execução de implementação de Programa de *Compliance* nas empresas, havendo apenas um esforço por parte do Ministério da Transparência e da Controladoria Geral da União para que as empresas tenham em sua operacionalidade a execução do Programa de Integridade, mostrando os benefícios que isso pode causar nas atividades empresariais junto à sociedade e com o Poder Público, faltando um sistema que faça com que haja uma grande campanha de divulgação em massa dos benefícios do *Compliance*, as causas e efeitos da corrupção, e a obrigatoriedade de implementação em caso de qualquer contratação com o Poder Público nas esferas federal, estadual e municipal, estabelecendo também política de maior acesso ao crédito de maneira responsável e eficiente com acompanhamento e resultados inerentes aos objetivos propostos.

Para a atingir os resultados estratégicos na implementação do *Compliance* o autor sugere três fases de implementação a serem executados pelo Poder Público Federal, Estadual e Municipal, sendo o seguinte:

Fase 1 – Atores: Administração Pública das três esferas governamentais por meio de seus órgãos de controle, e a Sociedade:

- Divulgação nacional em redes de comunicação de massa sobre a necessidade de se ter uma sociedade heterogênea e democrática, porém com integridade, mostrando as causas e efeitos que a Corrupção pode causar para a Sociedade;

- Divulgação das Políticas Públicas já existentes inerentes a incentivos às Micro e Pequenas Empresas;

- Implementação de incentivo fiscal para empresas que adotem o Programa de Integridade em seus estabelecimentos comerciais;

- Implementação de obrigatoriedade para que todas as empresas tenham o Programa de Integridade ao realizar contratações públicas de todas as esferas públicas;

- Incumbir o SEBRAE como órgão fomentador de implementação do Programa de *Compliance* nas Micro e Pequenas Empresas, executando a implantação gratuitamente para as Micro e Pequenas Empresas com dificuldade financeira;

- Facilitar as exigências burocráticas para as MPE`s na obtenção de crédito;

Fase 2 – Atores: Profissionais e Empresas de Consultoria de *Compliance*:

- Estabelecer custos acessíveis para implementação de *Compliance* na MPE, dependendo do porte e da complexidade de atuação;

- Divulgação de que os custos de implementação são acessíveis;

- Estabelecer ferramentas de implementação de *Compliance* de fácil acesso e entendimento para o proprietário do pequeno negócio;

- Estabelecer um mercado controlado de profissionais e de empresas certificadas e aptas para implementar o *Compliance* nas Empresas.

Fase 3 – Atores: Profissionais e Empresas de Consultoria de *Compliance* contratadas, e as MPE`s contratantes

- Implementação do *Compliance* nas MPE`s com o estabelecimento de atuação temporal na implantação, execução, controle e monitoramento;

- Certificação de que a MPE é uma empresa em conformidade com o Programa de Integridade estabelecido pelas normas vigentes.

As mencionadas ações estratégicas são apenas exemplificativas que poderiam, na visão desse autor, dar um norte para um melhor desempenho na implementação do programa de *Compliance* nas Micro e Pequenas Empresas que ainda resistem na sua execução, principalmente devido aos custos de implantação na empresa, associada à crise financeira que se encontra o nosso país nesse momento, porém com a devida razoabilidade e um bom planejamento estratégico, essas dificuldades podem se amoldar às exigências menos rígidas e mais maleáveis que a legislação remete às Micro e Pequenas Empresas do Brasil.

CONSIDERAÇÕES FINAIS

Foi analisado nos capítulos anteriores a corrupção, sendo esta apontada como a causa maior da iniciativa das políticas públicas de medidas anticorrupção no ordenamento jurídico, e sua implementação nas empresas, além da adoção nas empresas dos parâmetros de integridade delineados na Lei nº 12.486/2013 e discriminados em seu decreto regulamentador, e a importância das Micro e Pequenas empresas no desenvolvimento socioeconômico do país.

A implementação do *Compliance* visa não só estabelecer uma política de prevenção contra a corrupção, como também fomentar uma cultura de integridade em todos os segmentos da sociedade, com maior ênfase no segmento empresarial, visto o grande mal que causa a corrupção no seio da nação, ocasionando o desvio de recursos públicos que poderiam ser destinados ao Bem Comum, sendo essa manobra obscura por parte do corrupto e do corruptor punida por uma série de normas já vigentes no ordenamento jurídico brasileiro, mas com destaque para a Lei 12.846/2013 e sua norma reguladora o Decreto nº 8420/2015 que estabeleceu uma responsabilidade objetiva de caráter civil e administrativo para a empresa que não se coaduna com regras de ouro do dever ser.

As Micro e Pequenas Empresas têm um papel crucial para o desenvolvimento econômico em todos os países civilizados, motivo pelo qual são adotadas as políticas públicas de prioridade e incentivo e o Brasil não está fora desse grupo. Para tanto, as normas vêm se aperfeiçoando com o passar dos anos, e devem continuar a sê-lo, principalmente visando dar plena capacidade produtiva à esse segmento no desenvolvimento econômico nacional.

Os óbices ainda existem para que a grande totalidade do empresariado nacional tenha a própria vocação e iniciativa para se ter nos seus negócios uma política de prevenção contra a corrupção, seja ela por razões culturais, seja pelas dificuldades financeiras, mas há o contraponto que são os benefícios que são bem maiores, e que podem ajudar a manter o seu negócio de maneira sustentável e perene dentro da conformidade legal, de maneira que o lucro não seja o objetivo primordial, e sim a obtenção de riquezas, que se dissemina por gerações e que interfere no desenvolvimento econômico e social de um país.

A sociedade brasileira ganhará muito com a mudança de cultura do improviso e da camaradagem para a cultura da integridade, de maneira que a mentalidade da corrupção, da vontade de se levar vantagem em tudo, mesmo de maneira irregular, seja extirpada de nossa sociedade, e a vida se torne mais íntegra e o bem comum seja o principal objetivo da sociedade.

Diante da abordagem sintética apresentada nesse artigo, chegamos à conclusão sobre a importância do Programa de Integridade ou *Compliance* nas Micro e Pequenas Empresas, que mesmo diante dos óbices enfrentados pelo pequeno empresário ao se deparar com as dificuldades financeiras causadas pela crise econômica que sofre atualmente o país, são em peso o segmento de maior número de empresas existentes, constituindo o maior segmento de empregabilidade e com participação no PIB de maneira significativa, sendo plenamente viável a implementação do mencionado programa em seu pequeno negócio, em vista de um menor custo de implantação devido a menor complexidade e exigência de parâmetros de integridade, e tendo como ganho um melhor conhecimento operacional de sua empresa, assim como a possibilidade de diminuição de até 40% nas multas impostas pela administração pública, em caso de infrações contidas na Lei nº 12.486/2013.

REFERÊNCIAS

ANTONIK, Luiz Roberto. Compliance, Ética, Responsabilidade Social e Empresarial: uma visão prática. Rio de Janeiro: Alta Books, 2016.

A Responsabilidade Social das Empresas no Combate à Corrupção. Disponível em:<https://www.cgu.gov.br/Publicacoes/etica-e-integridade/arquivos/manualrespsocialempresas_baixa.pdf>Acesso em: 20 ago. 2019.

Cerino, Pedro de Jesus, Monografia de Mestrado em Economia da Faculdade de Ciências econômicas da UFRGS, sob o título "Micro e Pequenas Empresas e as compras governamentais: Uma abordagem sobre a aplicação do Capítulo V da Lei 123/06, no Brasil e em Roraima." Porto Alegre, 2009.

Dallagnol, Deltan. A luta contra a corrupção [recurso eletrônico] /Deltan Dallagnol; Rio de Janeiro: Primeira Pessoa, 2017.

Descomplicando o compliance / organização Roberto Epifaneo Tomaz; colaboração Adriana Maria Gomes de Souza Spengler...[*et al.*]; prefácio Mauricio Angelo Vherobin. 1.ed. -Florianópolis [SC]: Tirant Lo Blanch,2018.

North, Douglass C.; Wallis, John Joseph; Weingast, Barry R. Violence and Social Orders - A Conceptual Framework for Interpreting Recorded Human History.2009. Cambridge University Press. p.110-133

O Governo contratando com as Micro e Pequenas Empresas. Disponível em:<http://www.sebrae.com.br/sites/PortalSebrae/bis/contratacao-publica-de-micro-e-pequenas-empresas,94dcd2dd301b7410VgnVCM2000003c74010aRCRD>. Acesso em: 17 ago. 2019.

Porto, Vinicius; Marques, Jader (organizadores); Piera, Alejandro... [*Et al.*] O compliance como instrumento de prevenção e combate à corrupção. Porto Alegre: Livraria do Advogado, 2017.

Sobrevivência das Empresas no Brasil. Disponível em:<http://www.sebrae.com.br/Sebrae/Portal%20Sebrae/Anexos/sobrevivencia-das-empresas-no-brasil-relatorio-2016.pdf>Acesso em: 20 ago. 2019.

Veríssimo, Carla. *Compliance*: incentivo à adoção de medidas anticorrupção. São Paulo: Saraiva, 2017.

ZICA, Roberto M. F.; MARTINS, Henrique C.; CHAVES, Alessandro F. B. Dificuldades e perspectivas de acesso ao sistema financeiro nacional pelas micro e pequenas empresas. São Paulo: Egepe Mackenzie, 2008. Disponível em: <http://201.2.114.147/bds/bds.nsf/subarea2?OpenForm&AutoFramed&-jmm=GEST%C3%83O%20FINANCEIRA>. Acesso em: 20 ago. 2019.

COMPLIANCE E GOVERNANÇA CORPORATIVA NA EMPRESA FAMILIAR – ESTUDO DE CASO EM EMPRESA DO RAMO DE HORTICULTURA NO PARAGUAI

Karen Nayara de Souza Sturmer[1]

Segundo dados do IBGE e do Sebrae as empresas familiares totalizam 90% das empresas no Brasil, representam cerca de 65% do PIB - Produto Interno Bruto e empregam 75% da força de trabalho.

Quando falamos em empresas familiares não nos referimos apenas aos pequenos empreendimentos, mas também às grandes corporações que auferem milhões em faturamento e possuem imagem de conhecimento mundial, mas que possuem em seus quadros societários famílias controladoras.

---

[1] Karen Nayara de Souza Sturmer é advogada e aluna de mestrado em *Legal Studies* com ênfase em *Compliance & Risks* na AMBRA University, sediada em Orlando-USA.

Através de estudo de caso realizado em uma empresa familiar de pequeno porte do ramo de horticultura no Paraguai, poderemos identificar na prática as características comuns aos empreendimentos familiares, bem como delimitar a necessidade do programa de *compliance* aliado às boas práticas de governança corporativa.

Além disso, após análise do perfil da empresa, será possível ainda, estabelecer um plano inicial do programa de conformidade e práticas de governança que poderão atender das necessidades urgentes, bem como mapear e mitigar os riscos aos quais a empresa está exposta.

O trabalho se divide em três tópicos principais, o primeiro traz a conceituação de empresa familiar e um panorama superficial dessas empresas na América Latina, o segundo versa sobre os pilares do *compliance*, além da relação deste com a governança corporativa e sua aplicação em empresas familiares. O último tópico apresenta dados e observações sobre a empresa analisada enfatizando as deficiências que poderiam ser sanadas com a implementação adequada de um programa de *compliance* e boas práticas de governança corporativa.

A MINHA EMPRESA É FAMILIAR?

Doutrinariamente não há consenso sobre a definição conceitual de empresas familiares, entretanto, SILVA, 2010, p. 204 sintetiza as discussões, trazendo de maneira simplificada a aplicação do termo "empresa familiar" para os casos de "Empresa controlada por um dono ou família. Empresas geridas por profissionais externos e controladas por uma família também são familiares (John Davis). Os donos ou família exercem poder de controle". Desse modo, se há relações familiares que afetam a administração da empresa, esta é com certeza uma empresa familiar.

Neste trabalho, seguimos a definição adotada pelo IBGC, o qual determina que são empresas de controle familiar "organizações de controle definido ou difuso em que uma ou mais famílias detêm o poder de controle societário" (IBGC (B), 2009, p. 18).

Uma pesquisa realizada pelo SEBRAE em empresas enquadradas nos regimes EPP, ME e MEI com 6.617 empresas em todo o Brasil, apurou que há parentes como sócios ou empregados em 59%, 51% e 25% delas respectivamente (SEBRAE, 2017, p. 15).

Os dados para empresas de médio e grande porte não são precisos, porém o IBGC também traz relevantes apontamentos sobre empresas familiares existentes no Brasil, como elas se desenvolveram no processo sucessório, a participação dos fundadores bem como os problemas enfrentados, demonstrando como boas práticas de governança corporativa são eficazes para a perpetuação dessas empresas (IBGC (D), 2019, p. 7) .

As empresas familiares possuem características peculiares e comuns, como a agilidade na tomada de decisões, disposição dos familiares em investir capital próprio e prestar garantias pessoais para levantar recursos, além da força da imagem do fundador perante o mercado. Isto se dá em virtude do envolvimento emocional aliado ao fato de que a empresa representa a família ou é parte dela.

Essa visão sobre empresas familiares é majoritária:

> Aos poucos, fica claro que a empresa familiar em características que podem torná-la mais forte que as outras. O empenho de um executivo que não é apenas profissional, mas um futuro dono, que pretende que seus filhos um dia venham a herdar ações da empresa, pode ser muito maior do que numa empresa de controle pulverizado.
>
> (SILVA, 2010, p 206).

Outras características relativas à maneira como as empresas familiares são estabelecidas também merecem destaque:

> a) O controle acionário pertence a uma família e/ou a seus herdeiros;
>
> b) Os laços familiares determinam a sucessão no poder;
>
> c) Os parentes se encontram em posições estratégicas, como na diretoria ou no conselho de administração;
>
> d) As crenças e os valores da organização identificam-se com os da família;
>
> e) Os atos dos membros da família repercutem na empresa, não importando se nela atuam e;
>
> f) Ausência de liberdade total ou parcial de vender suas participações/ quotas acumuladas ou herdadas na empresa (CALEGRAI, 2016, p. 10).

Essas empresas lidam com questões que ultrapassam a esfera do negócio. A sobreposição entre os sistemas da organização, da família e da propriedade amplia as discussões sobre governança para além dos aspectos corporativos, avançando sobre o âmbito familiar (IBGC (D), 2019, p. 7).

Deste modo, problemas que, para empresas de outra gênese relacionam-se apenas à imagem comercial ou afetam o aspecto financeiro, para as empresas familiares também dizem respeito à sua honra, imagem pessoal ou até mesmo sobre a união da família em questão. Senão vejamos:

> Além das diversas vantagens para a imagem da organização, os benefícios se extrapolam quando se trata de empresa familiar, visto que, não raramente, a imagem dos membros da família empresária está fortemente associada à imagem da empresa da família, mesmo entre os familiares que não atuam na gestão dos negócios.
>
> (Adachi, *et al*, 2016, p.73).

Assim, todos os atos praticados dentro de uma empresa com estas características devem ser pensados, levando-se em consideração todos os aspectos já mencionados, é imprescindível que possuam um programa de *compliance*, aliado à boas práticas de governança corporativa.

Os riscos de não conformidade afetam duas vezes as empresas constituídas por famílias, pois além do impacto público de imagem e finanças, pelo qual outras empresas também passam, as empresas familiares padecem ainda nas relações familiares, sobretudo quando houve discordância quanto à decisão ou fato que levou à falha, incidente chamado problema de agência (ARMOUR, *et al.*, 2009, p. 3).

Por ocasião da implementação dos programas de conformidade e de governança, é imprescindível a análise das características que compõem as bases da empresa, do contrário, o trabalho será inócuo e incapaz de atender as necessidades da empresa e por conseguinte, da família.

EMPRESAS FAMILIARES NA AMÉRICA LATINA

As empresas familiares representam 85% das empresas privadas na América Latina, segundo a Consultora Exaudi[2], possuem uma média de 11 a 50 funcionários, com vendas anuais médias de 3 milhões de dólares.

> Si consideramos la lista de las diez mayores de América Economía, cuatro son empresas familiares, tres locales: la mexicana América Móvil y las brasileñas Odebrecht y JBS Friboi y una americana: Wal-Mart de México. En economías volátiles como las latinoamericanas, la propiedad familiar con un enfoque a largo plazo sobrevive mejor que una empresa *tradicional* pública que está a merced de los inversores que piden resultados a corto plazo.
>
> (Pérez, *et al*, 2015, p. 89).

---

[2] www.exaudionline.com

A cultura do *compliance* e da governança corporativa ainda é pouco difundida nos países latinos e, consequentemente nas empresas familiares. A PwC[3] apurou que 43% das empresas familiares no mundo não têm plano de sucessão e apenas 12% chegam à terceira geração (PWC, 2016, p. 5).

Em que pese a falta de popularidade da prevenção de riscos entre as empresas familiares, elas são maioria numérica em toda a América Latina. Porém, encontram seu maior obstáculo na transição entre uma geração e outra pela falta de planejamento sucessório.

OS PILARES DO *COMPLIANCE*

Os programas de *compliance* são uma eficaz alternativa quando se trata de mapear e mitigar riscos de todas as ordens, em empresas de vários segmentos e diferentes composições societárias, não sendo em empresas familiares.

Estes programas são uma espécie de fórmula que as empresas devem seguir para garantir o cumprimento de ações éticas e legais que rebotam a corrupção, mas obviamente, observando peculiaridades de identidade e cultura da empresa. Possuem extrema importância não só na prevenção de ações ilegais relacionadas à corrupção, mas também na imagem idônea da corporação, que demonstra publicamente sua disposição e boa vontade em cumprir a legislação e agir de acordo com preceitos éticos e morais.

A implementação de qualquer programa de conformidade deve estar estabelecida em bases sólidas, representadas hoje como os pilares do *compliance*, os quais delimitaremos a seguir:

a) <u>comprometimento profundo do conselho de administração ou outro órgão máximo de governança</u>, conforme item 5.1 da ISO 37001/2017,

---

[3] refere-se à PricewaterhouseCoopers.

que deverá adotar postura ética e submeter-se, juntamente com os demais colaboradores ao código de ética que deverá ser formulado, observadas as peculiaridades da empresa e do ramo de atuação.

b) Definição da identidade da organização: o início dos trabalhos se dá com a reflexão sobre a identidade da organização, que é a combinação entre seu propósito (razão de ser), sua missão, sua visão (aonde quer chegar), seus valores e princípios - o que é importante para ela e a forma como são tomadas as decisões.

c) Elaboração de código de conduta: as reflexões anteriores serão convertidas na elaboração do Código de Conduta que tem por finalidade principal promover princípios éticos e refletir a identidade e a cultura organizacional, fundamentado em responsabilidade, respeito, ética e considerações de ordem social e ambiental. A criação e o cumprimento de um código de conduta elevam o nível de confiança interno e externo na organização e, como resultado, o valor de dois de seus ativos mais importantes: sua reputação e imagem IBGC (A), 2015, p. 93.

O código de conduta deve prever especificamente a manutenção e análise crítica de uma política antissuborno, também obedecidos os requisitos previstos no item 5.2 da ISO 370001/2017, atribuindo a uma função de *compliance* antissuborno a responsabilidade, autoridade e condições, sobretudo financeiras, de tomar as medidas cabíveis de supervisão, aconselhamento e de reportar o desempenho do sistema de gestão antissuborno e à Alta Direção.

d) Análise e perfil de riscos: seguindo o cronograma de boas práticas, implementa-se um planejamento estratégico e gerenciamento de riscos de todas as ordens. A administração deve trabalhar para entender o perfil de riscos da organização, que deve estar alinhado com sua identidade, e determinar seu apetite a riscos - ou seja, o nível de risco que está disposta a aceitar (IBGC (C), 2017, p. 19).

No mesmo sentido, é necessário estabelecer métodos de realização de atos para cada setor, identificando, mais uma vez, a peculiaridade dos serviços, chamados de procedimentos, porém de modo que fique claro que, em determinado setor, ou para tal situação esta empresa trabalha desta maneira, pré-determinada.

e) Monitoramento contínuo - função de *compliance*: considerando o porte, maturidade, disponibilidade e recursos da empresa, recomenda-se a organizar uma função de *compliance,* ou seja, um profissional da área dedicada a assumir a coordenação do sistema de *compliance* (IBGC (C), 2017, p. 24), também chamado de *compliance officer.*

f) Comunicação e treinamento: a empresa deve investir em comunicação e treinamento para a todo momento reafirmar e educar toda a rede de colaboradores, demonstrando efetividade e firmeza nas políticas e procedimentos da corporação, além de disponibilizar os materiais com linguagem clara e acessível.

g) Canais de denúncia: um canal de denúncias de condutas que não se adequam aos padrões da organização é medida de rigor, juntamente com a responsabilização adequada de quem, porventura, venha a desvirtuar as boas práticas adotadas.

Este canal deve ser bem estruturado, voltado ao público interno e externo, garantir o anonimato do denunciante, para receber informações e dar a elas o devido tratamento, bem como a resposta, que pode ser através de investigações, medidas disciplinares ou remediação (IBGC (C), 2017, p. 36).

COMPLIANCE E GOVERNANÇA CORPORATIVA NAS EMPRESAS FAMILIARES

Para que o programa de *compliance* possa ser efetivado nas empresas familiares é necessário mais que estabelecer seus pilares. É necessário criar um ambiente interno equilibrado, no qual não haja desconfiança entre sócios e familiares, bem como no qual a empresa trabalhe de acordo com os preceitos familiares, sem deixar de ser lucrativa.

Para que uma empresa familiar se mantenha competitiva, ela deve se reinventar. Aquela que se reinventa de maneira apropriada talvez tenha chance de se consolidar por mais de uma geração. Para tanto, a empresa precisa criar e organizar suas estruturas de governança. Assim, a 'passagem' da segunda para a terceira geração fica mais fácil (IBGC (D), 2019, p. 20)[4].

Em razão de trazerem forte influência da imagem do fundador e terem nesta figura a centralização das decisões, é comum que as empresas familiares passem a adotar programas de *compliance* e governança corporativa a partir da segunda geração familiar no comando.

Essa tendência se dá em razão da abertura à tecnologia e novos horizontes comerciais, entendida como desnecessária pelo sócio fundador, que por vezes se sente capaz, e em algumas, é, de lidar com todos os riscos envolvidos no negócio.

A título exemplificativo, trazemos análise de dados de pesquisa realizada pelo IBGC - Instituto Brasileiro de Governança Corporativa, "Governança em Empresas Familiares: Evidências Brasileiras", no tocante à Existência de Conselho conforme a Atuação do Fundador, que neste ponto concluiu o seguinte:

> Quando analisada a geração da família da qual o diretor-presidente faz parte, percebe-se que há uma tendência de crescimento do percentual de empresas com conselho de administração, conforme as gerações vão avançando. Outro ponto de destaque é que, na segunda geração, há um percentual maior de conselhos consultivos, enquanto na terceira geração essa parcela diminui e aumenta o percentual de conselhos de administração estatutários (IBGC (D), 2019, p. 23).

---

[4] comentário realizado na pesquisa citada por Sara Hugues, Conselheira de Administração do The Family Business Network (FBN Brazil).

Extraímos dados percentuais da pesquisa mencionada, a fim de aclarar as informações trazidas, bem como evidenciar a progressão de implementação de medidas de *compliance* e governança corporativa na medida da evolução de gerações familiares nas empresas [5]:

Os problemas enfrentados pelas empresas familiares são quase os mesmos e intimamente relacionados às relações familiares. Parece-nos que as empresas tomam os mesmos caminhos naturalmente, bastando que haja relações familiares envolvidas.

> Conflitos familiares são apontados como o principal motivo para a saída de sócios das empresas pesquisadas. Enquanto a "profissionalização" da gestão e a expansão do negócio são os principais motivos para a entrada de novos sócios. A existência de um conselho de administração estatutário é mais frequente entre as empresas que estão na terceira geração e em que o fundador não está mais atuando. Na segunda geração há um percentual maior de conselhos consultivos, enquanto na terceira geração prevalecem os conselhos estatutários (IBGC (D), 2019, p. 9).

[5] Pesquisa e gráfico disponíveis em https://conhecimento.ibgc.org.br/Paginas/Publicacao.aspx?PubId=24047

Portanto, importantíssimo mitigar primeiramente os riscos internos, que dizem respeito à maneira como os familiares se relacionam e como se sucedem dentro da empresa.

A PESQUISA - PROBLEMAS EM RAZÃO DA AUSÊNCIA DE PREVENÇÃO DE RISCOS

A pesquisa foi realizada através de método qualitativo, mediante entrevista em única empresa, com o sócio administrador em agosto de 2018. A empresa objeto da pesquisa atua no ramo de horticultura no Paraguai.

O critério utilizado para a escolha da pesquisada foi empresa familiar que estivesse aberta a implementar ou em processo de implementação de programa de *compliance* e governança corporativa.

A busca pelas empresas nos mesmos moldes se deu de maneira informal, em razão da ausência de base de dados específicos no Paraguai. Foram encontradas apenas duas possíveis empresas nas regiões de Ciudad del Este, Hernandárias e Presidente Franco, sendo a entrevistada e uma outra, que já possui o programa de *compliance* e governança consolidados há 3 anos.

A empresa entrevistada possui 18 funcionários, atua com distribuição de insumos agrícolas, ou seja, não atende ao consumidor final. Possui um faturamento estimado de 3 milhões de dólares anualmente.

O objetivo da pesquisa é demonstrar que os programas *compliance* e governança corporativa podem ser implementados em qualquer empresa e, consequentemente, em empresas familiares. Isto porque os riscos gerados por relações familiares nas empresas são muito parecidos em todos os casos, bem como porque esses programas são indispensáveis à sobrevivência sadia das empresas.

FUNDAÇÃO DA EMPRESA FAMILIAR

Podemos fazer análise da situação das empresas familiares através do estágio em que se encontram. O primeiro estágio seria empreendedor, onde o fundador "preocupa-se com a criação de um novo negócio, a questão da propriedade não importa neste momento. Também a questão familiar não vem ao caso nesta etapa, ficando em segundo plano enquanto o empreendedor dedica todo o tempo disponível ao desenvolvimento do negócio" (SILVA, 2010, p.215).

O entrevistado conta como se deu a fundação da empresa:

> Meu pai veio para o Paraguai há mais ou menos 30 anos. Ele veio quando não tinha nada. Trabalhava com produtos agrícolas. Aos poucos o negócio foi crescendo, chegando ao ápice de ter mais de 200 funcionários, indústria operando 24h, silos, sementeiras e ganhou muito dinheiro. A minha empresa hoje seria um "braço" dessa que meu pai fundou. Ele se dedicava a produtos para grandes culturas, milho, soja. Já hoje nós trabalhamos com horticultura.

A respeito da história da empresa, enquanto comandada exclusivamente pelo pai, o entrevistado demonstra certa dor ao comentar o fim da empresa:

> **Pergunta: O que houve com a empresa do seu pai ou enquanto era dele, estava sob o comando dele?**
>
> Então, meu pai sempre foi visionário, mas acho que as coisas cresceram demais para o controle dele, sozinho. Ele é centralizador, tudo tinha que passar por ele. Além disso, ele tinha sociedade com o irmão dele e discordavam em muitas coisas. Daí tudo foi consequência, falta de planejamento, de controle, empréstimos, financiamentos. Virou uma bola de neve e aconteceu o pior.
>
> **Pergunta: Faliu?**

Resposta: Faliu...

Neste ponto é possível notar aparente envolvimento emocional, fator característico das empresas familiares.

O segundo estágio das empresas familiares seria o de "primeiras gerações e famílias menores":

> constituídas pelos filhos dos fundadores. Com relação ao negócio, existe a necessidade de consolidação – o rápido crescimento da etapa empreendedora precisa ser estruturado, sendo que lucratividade vem em primeiro lugar. A cultura é de caráter evolucionário – ela se ergue sobre os fundamentos lançados pelos fundadores, e não pela modificação radical do negócio. A propriedade se torna questão cada vez mais importante e, não raro, emocional, quando um pequeno número de membros da família, detentores de cota iguais no negócio, se pergunta o que aconteceria se um deles decidisse sair do negócio. A questão principal, contudo, é de caráter familiar: as gerações mais novas se sentem impelidas a escapar da submissão à geração fundadora animadas pelo desejo de conquistar uma nova percepção de valor pessoal (Silva, 2010, p. 215).

De acordo com o apresentado pelo entrevistado, a empresa provavelmente amolda-se às características da segunda geração, enquadrando-se em boa parte dos aspectos teóricos.

Pergunta: Quem participa do quadro societário de sua empresa?

Resposta: Hoje, eu, minha irmã e um terceiro sócio que entrou depois.

Pergunta: Qual a atual identidade da empresa?

Resposta: Hoje a (nome) é uma empresa que tem uma boa relação com os seus clientes, trabalha com produtos de considerável valor agregado e com marcas reconhecidas no mercado. No mercado, vem se posicionando como a única empresa/distribuidora 100% focada no desenvolvimento da Horticultura, o que agrega um valor institucional importante nos canais que atende. Mas nem só de pontos bons a nossa imagem é feita. Devido a problemas de linhas de crédito, a empresa acabou ficando sem estoque de alguns produtos importantes, o que derrubou um pouco a imagem de empresa sólida e consistente que tínhamos no mercado.

Pergunta: Qual a imagem que a administração/sócios gostaria que empresa tivesse? Na sua visão, o que impede?

Resposta: Queremos ser reconhecidos como a melhor e mais completa distribuidora de produtos para revendas agropecuárias do Paraguai. O que nos impede atualmente é que não temos fluxo financeiro suficiente, e nem parcerias pontuais para termos a linha completa de produtos.

Através do explanado pelo entrevistado, temos indícios do desejo de consolidar o negócio, aumentar a lucratividade e ao mesmo tempo impedir que o acontecido com a empresa anteriormente se repita sob seu comando.

PROBLEMAS APRESENTADOS

Empresas familiares enfrentam muitos problemas em decorrência das relações familiares. Os problemas mais comuns estão relacionados à falta de planejamento a médio e longo prazo, sobretudo após a morte de fundador.

Pergunta: qual a perspectiva de durabilidade da empresa na ausência (falta, falecimento, falência) dos familiares/fundadores?

Resposta: Hoje não acredito que a empresa esteja estruturada de uma forma para que siga operando por muito tempo caso isso aconteça.

Desse modo, é muito comum que os herdeiros não saibam o que ocorreria se os fundadores viessem a falecer, acabariam vendendo o negócio, ou pior, administrariam fadados ao fracasso.

Muito comum, também, no meio de empresas familiares que exista uma hierarquia profissional relativa, diante de relações familiares.

Pergunta:– como é a relação da família proprietária com a empresa? (há interferência nas decisões, o peso que elas têm);

Resposta: Sempre há uma tentativa de interferência nas decisões. Já tiveram mais importância no passado, hoje são ouvidas as dicas e conselhos, mas as decisões são tomadas sempre pela diretoria da empresa.

Pergunta: os demais familiares/sócios/influenciadores participam da administração da empresa ativamente? Como participam?

Resposta: Participam somente nas reuniões de conselho, por mais que sempre estão dando palpites.

O problema da hierarquia relativa se dá pela falta de um "Conselho de Família" ou ao menos um acordo de família, onde devem estar estabelecidos o método e os sujeitos responsáveis pela tomada das decisões.

Outro fato que leva as empresas familiares ao fim, é a existência de terceiros, sócios ou acionistas, não pertencentes ao grupo familiar, os quais vez ou outra se insurgem, pela forma como a empresa trabalha, pela destinação de valores, contratação de novos parentes, sonegação de informações, entre outras coisas:

Pergunta: como o seu sócio lida com estas questões relacionadas à família?

Resposta: No início, como tínhamos pouca intimidade, ele era um pouco mais tolerante, relevava muitas coisas. A medida que o tempo foi passando e, principalmente quando a situação financeira da empresa começou a ficar mais complicada, ele começou a cobrar de mim, e também do meu pai, que a empresa não devia trabalhar pela nossa família. Este foi um dos motivos que nos fez decidir implementar *compliance* e governança, para que ele também tenha segurança.

O modo como as famílias em geral tratam os demais sócios de suas empresas acaba por minar o sentimento de pertencimento e confiança nas relações de negócio. Por consequência, o sócio acaba por desistir do negócio quando nota que a empresa não evoluirá na medida de suas expectativas ou não valerá o investimento.

> Nota-se que a deficiência na comunicação ocorre tanto quanto às informações positivas como com dados negativos. Existem inúmeros exemplos de sócios que, após anos de convivência passiva em uma sociedade, somente são chamados para conversar quando a empresa encontra-se em situação falimentar.
>
> A comunicação, quando não funciona de forma adequada, é um dos principais motivos de desentendimentos e conflitos nas sociedades familiares. Desconhecer informações - mesmo que não sejam tão relevantes - da empresa da qual se é sócio costuma causar desconfianças e brigas que podem, facilmente, culminar no fim da sociedade, com intermináveis disputas judiciais (Adachi, *et al*, 2019, p. 70).

A entrevistada aparentemente necessita lidar com as questões de gerenciamento de informações e relações com o terceiro sócio não pertencente ao quadro familiar.

CONSEQUÊNCIAS DA FALTA DE PREVENÇÃO DE RISCOS NA ADMINISTRAÇÃO DA EMPRESA

A maneira como as empresas familiares tendem a gerir os negócios, impacta diretamente todos os setores da empresa. Tal fato se mostra por como as empresas tendem a manter relações e métodos de trabalho informais, ainda que possuam grande faturamento.

Pergunta: Qual o principal problema enfrentado pela empresa hoje?

Resposta: Atualmente a principal dor[6] da empresa é relacionada ao fluxo financeiro das operações. A empresa compra 80% dos produtos à vista e vende 90% parcelado. Por esse motivo a empresa é totalmente dependente das instituições financeiras para cessão de linhas de crédito. Os bens da empresa já estão todos atrelados às linhas efetivadas, e as linhas estão todas tomadas. Quando uma linha de crédito cai, o fôlego da empresa cai junto. Além disso, a empresa não tem de forma clara o seu *Core Business* (núcleo do negócio), o que acaba tirando um pouco o foco das melhores alternativas e direções a serem tomadas.

Pergunta: Quanto a sua empresa fatura anualmente?

Resposta: em média 3 milhões de dólares.

(...)

Pergunta: Existe uma metodologia de processos dentro da empresa?

Resposta: A empresa ainda não possui processos formalizados. Foi contratado um Consultor para desenvolver esse projeto, mas a consultoria acabou entendendo que antes de definir os processos, precisamos definir o *Core Business.*

Pergunta: Em caso de irregularidades dentro da empresa (desvio de valores, condutas inapropriadas etc.), um possível denunciante deve se reportar a quem?

Resposta: Atualmente existem dois caminhos. Se a irregularidade for na Administração, deve-se reportar diretamente ao presidente da empresa. Se a irregularidade for na área comercial, deve-se reportar ao gerente comercial. Está no plano estratégico da empresa a criação de um conselho consultivo para lidar com esses e outros temas.

---

[6] Nota-se a utilização de palavras que designam sentimentos quando se fala de problemas existentes na empresa. Nas empresas familiares mesmo os quesitos financeiros impactam nos sentimentos.

Pergunta: Quais as medidas tomadas pela empresa nestes casos (condutas irregulares)?

Resposta: Atualmente é feita uma reunião entre o Presidente e o gerente Comercial e a medida é tomada de acordo com o entendimento de ambos.

Pergunta: Os colaboradores sabem quais as punições serão tomadas em caso de descumprimento de regras?

Resposta: Não (constrangido).

A empresa apresenta dificuldade em consolidar sua imagem perante instituições bancárias e fornecedores, mesmo que trabalhe totalmente amarrada a eles. Ao mesmo tempo, não definiu sua identidade, de modo que não consegue focar em prioridades e na consolidação da imagem, evidentemente necessária.

A empresa não possui canais de denúncia para que os funcionários e terceiros denunciem eventuais irregularidades, não possui padronização de procedimentos e tampouco uma maneira eficaz de comunicar-se com os funcionários.

Os métodos de sanções apresentam falhas graves, a principal consistente no fato de que se a irregularidade for cometida pelo presidente ou pelo gerente comercial, ou por ambos em concurso, não existem providências a serem tomadas.

As decisões são totalmente centralizadas, não havendo sequer perspectiva de perenidade da empresa nestas condições.

CONSIDERAÇÕES FINAIS

Os programas de *compliance* não podem ser implementados nas empresas apenas por aparência. Em que pese haver sistemas pré estruturados de implementação, em forma de "pilares", faz-se necessário uma análise profunda das peculiaridades de cada empresa, consideradas a área de atuação, o mercado, o perfil dos funcionários e, acima de tudo, a sua origem e cultura.

Em empresas familiares a implementação deve ocorrer acompanhada, impreterivelmente, de um programa muito eficaz de governança corporativa. Pois, além dos problemas de desconformidade, estas empresas apresentam riscos estruturais de relações humanas os quais devem ser mitigados em primeira mão.

Acompanhando as tendências, a empresa iniciou a implementação de programa de *compliance* e governança corporativa na segunda geração no comando. O herdeiro recebeu a empresa familiar com inúmeros problemas estruturais, o reflexo de uma falência anterior, interferências feitas por outros membros da família em detrimento da empresa, e precisa equilibrar tudo isso além de tentar realizar profundas mudanças comportamentais, estruturais e de imagem.

A pesquisa demonstrou que os problemas existentes nesta empresa são quase os mesmos existentes em todas as empresas familiares, de modo que existem alternativas extremamente eficazes e capazes de levar ordem e lucratividade ao negócio.

O obstáculo quando se trata de *compliance* em empresas familiares é que elas sequer seguem as próprias regras, pois não possuem. Não existe um sistema de prevenção de riscos, nem punições previamente cominadas para irregularidades.

REFERÊNCIAS

ARMOUR, John; HANSMANN, Henry and KRAAKMAN, Reinier. **Agency Problems, Legal Strategies and Enforcement.** Social Science Research Network electronic library. 2009. 23p.;

CALEGARI, Juliana Alves. **Empresa familiar e sucessão: O significado da sucessão para empresa familiar. Monografia apresentada como exigência parcial do Curso de Especialização em Psicologia - Ênfase em Psicologia Organizacional.** 2016. 30p.;

Instituto Brasileiro de Governança Corporativa. **Código das melhores**

práticas de governança corporativa. 5.ed. / Instituto Brasileiro de Governança Corporativa. - São Paulo, SP: IBGC, 2015 (A). 108p.- disponível em https://conhecimento.ibgc.org.br/Lists/Publicacoes/Attachments/21138/Publicacao-IBGCCodigo-CodigodasMelhoresPraticasdeGC-5aEdicao.pdf

Instituto Brasileiro de Governança Corporativa. **Código das Melhores Práticas de Governança Corporativa.** 4.ed. / Instituto Brasileiro de Governança Corporativa. São Paulo, SP : IBGC, 2009 (B). 73 p.- disponível em https://conhecimento.ibgc.org.br/Paginas/Publicacao.aspx?PubId=21141

Instituto Brasileiro de Governança Corporativa. **Compliance à luz da governança corporativa** / Instituto Brasileiro de Governança Corporativa. São Paulo, SP : IBGC, 2017 (C). (Série: IBGC Orienta). 56 p. - disponível em https://conhecimento.ibgc.org.br/Lists/Publicacoes/Attachments/23486/Publicacao-IBGCOrienta-ComplianceSobaLuzDaGC-2017.pdf

Instituto Brasileiro de Governança Corporativa. **Governança em empresas familiares: evidências brasileiras** / Instituto Brasileiro de Governança Corporativa. São Paulo, SP : IBGC, 2019 (D). (Série IBGC Pesquisa). 60 p.

PricewaterhouseCoopers Brasil. **A conexão que faltava: A importância do planejamento estratégico para o sucesso da empresa familiar.** São Paulo, SP : PwC, 2016. 34p. disponível em: https://www.pwc.com.br/pt/setores-de-atividade/empresas-familiares/2017/tl_pgef_17.pdf;

Saad-Diniz, Eduardo; Adachi, Pedro Podboi; Domingues, Juliana Oliveira. **Tendências em governança corporativa e compliance.** 1ª ed. 2016;

SEBRAE. **Pesquisa Empresas familiares.** 2017. disponível em: https://m.sebrae.com.br/sites/PortalSebrae/estudos_pesquisas/outros-estudosdestaque18,c61af925817b3410VgnVCM2000003c74010aRCRD;

Serpa AC. **Compliance descomplicado: Um guia simples e direto sobre Programas de Compliance.** 1ª ed. 2016;

Silva, Edson Cordeiro. **Governança corporativa nas empresas: guia prático de orientação para acionistas, investidores, conselheiros de administração, executivos, gestores, analistas de mercado e pesquisadores** – 2 ed – São Paulo: Atlas, 2010.

RECALL E COMPLIANCE: PRÁTICAS DE MITIGAÇÃO DE *RECALL* NA INDÚSTRIA DE AUTOMÓVEIS NO BRASIL, ATRAVÉS DA IMPLEMENTAÇÃO DE PROGRAMAS DE *COMPLIANCE* APÓS A CONSTITUIÇÃO FEDERAL DE 1988

Eduardo Wilson Santos Pimentel Junior

O direito do consumidor teve seu ápice no Brasil com o advento da Constituição de 1988, onde foi definido a alocação de um Código de Defesa do Consumidor aos cento e vinte e cinco dias após a proclamação, porém passou a vigorar de forma efetiva em 11 de setembro de 1990.

Anteriormente, conforme Vargas (2017, p.8) o direito do consumidor não trazia um tratamento que levasse à proteção do indivíduo, de fato, e isso acontecia, talvez, por que as relações entre fornecedores e consumidores eram desfavoráveis, sempre em desfavor ao último. Logo, com o crescimento da economia, e em consequência, o crescimento do consumo, a posição da relação comercial desfavorável dos consumidores frente aos fornecedores se tornou cada vez mais notória, sendo necessário definir um critério de proteção ao elo mais fraco. Em face disso, um vasto número de países em crescimento desenvolveu seus critérios de regulamentação para a proteção dos consumidores.

Para que exista uma relação de consumo sadia, é de extrema necessidade que seja criado um vínculo jurídico entre o consumidor, o fornecedor, e um bem ou serviço. Segundo Vargas (*apud* Maria Donato, 2017 p.10), a relação consumerista é conceituada como: *"a relação que o direito do consumidor estabelece entre o consumidor e o fornecedor, conferindo ao primeiro um poder e ao segundo um vínculo correspondente, tendo como objetivo um produto ou um serviço"*.

Um dos procedimentos utilizados no Brasil, e previsto em lei (Lei 8078/90) a ser adotado pelos fornecedores, em favor dos consumidores é o *Recall*, cujo objetivo é o de chamar de volta os consumidores em razão de defeitos verificados em produtos ou serviços colocados no mercado, evitando desta forma, a ocorrência de acidentes de consumo (PROCON, 2019).

A ocorrência de *Recall*, em diferentes segmentos - como produtos para a saúde, alimentos e bebidas, veículos, higiene e beleza, produtos infantis, informática, eletrodomésticos e eletroeletrônicos -, se faz expressiva nos últimos anos, através de dados disponibilizados no decorrer do artigo, onde estas informações/dados que podem ser acessados anualmente através do Boletim de *Recall* do Ministério da Justiça e da Cidadania. Com a globalização e a propagação desses *Recalls* pela internet, os efeitos das ações de *Recall* são cada vez mais fortes, não apenas na indústria de automóveis, mas também para outros produtos e serviços. Serão também apresentadas algumas notícias da mídia, como fonte de informação sobre este tema e o impacto causado, apenas de forma ilustrativa no corpo deste artigo.

O impacto gerado pelos *Recalls* gera diversas reações nas empresas, onde estas situações se fazem determinantes na forma como seus consumidores e os demais *stakeholders* perceberão as organizações e seus produtos (Bortoli & Freundt, 2017 p.205). Importante frisar que grande parte dos *Recalls* ocorrem por falhas apresentadas pelos produtos colocados no mercado, o que também será demonstrado no corpo do texto.

Este artigo traz como objetivo central uma análise dos dados obtidos na Secretaria Nacional do Consumidor, referente ao crescimento de casos em que se realizaram o procedimento de *Recall* de automóveis no Território Nacional. Nos capítulos seguintes serão apontados os conceitos jurídicos de fornecedores e consumidores, com o objetivo de conhecer seus direitos e deveres a fim de melhor avaliar a relação contratual entre os agentes, em seguida o texto traz uma visão geral do *Recall*, seguida por informações de dados do *Recall* no Brasil, bem como o impacto que o *Recall* pode causar nas marcas e nas imagens das empresas e o capítulo tem sua finalização com uma análise mais detalhada de dados absolutos do *Recall* na indústria de automóveis. A partir do capítulo 04 do artigo, inicia-se uma vasta apresentação do *Compliance*, desde a definição e seus objetivos, indo para uma visão dos seus pilares, seguindo para o próximo tópico onde se apresenta um estudo de caso da empresa NISSAN do Brasil para expor como o *Compliance* foi utilizado para reduzir os percentuais de ocorrências em situações consideradas como riscos elevados para os consumidores de seus produtos. Por mim, algumas considerações finais com a finalidade de contextualizar o objeto deste artigo e a apresentação das referências bibliográficas para que se possa compartilhar as fontes de informações, caso exista interesse em busca de mais detalhes em algum item específico.

CONCEITO JURÍDICO DE CONSUMIDOR E FORNECEDOR

Visando compreender a relação existente entre fornecedores e consumidores, bem como a responsabilidade de cada agente nesta relação, ou seja, seus direitos e seus deveres, os conceitos jurídicos de cada um se faz presente neste capítulo a fim de que seja possível avaliar com cautela os critérios de uma possível relação contratual (compra e venda) entre os agentes, atendendo o que nos orienta as normas jurídicas.

CONCEITO JURÍDICO DE CONSUMIDOR

Segundo Vargas (2017, p.14-15), o CDC não traz um conceito único sobre o consumidor, versando através de conceitos mais literais, o que faz com que alguns obreiros interpretem o que se tem disponível de suas diversas formas, porém faz-se como entendimento geral que o foco central do CDC tem a finalidade de proteção do mais vulnerável na relação de consumo, o que não ocorre, entretanto, nas relações das pessoas jurídicas que possuem mais informações e meios de proteger seus próprios interesses.

O artigo 2° do CDC diz:

> "Art. 2° Consumidor é toda pessoa física ou jurídica que adquire ou utiliza produto ou serviço como destinatário final.
>
> Parágrafo único. Equipara-se a consumidor a coletividade de pessoas, ainda que indetermináveis, que haja intervindo nas relações de consumo".

Importante salientar que além do conceito acima exposto, o consumidor tem seus deveres a serem seguidos e cumpridos segundo PROCON, tais como:

1- Em certas questões, por mais que a culpa por algum problema seja do fabricante ou do revendedor, cabe ao consumidor observar algumas medidas, para evitar problemas futuros.

2- O primeiro passo é saber exatamente o que se deseja adquirir. Este procedimento básico lhe proporciona uma compra mais segura, eliminando, por exemplo, a possibilidade de arrependimento pela aquisição.

3- O consumidor só tem o direito de se arrepender da compra, no caso de aquisições feitas por telefone ou outros meios de longa-distância. Isso pode ocorrer sete dias após a pessoa pedir o produto ou então sete dias depois da entrega, já que ele não teve antes a oportunidade de analisar as características da mercadoria.

4- No momento da compra, deve ser observado se todos os componentes estão em ordem, se o manual de instruções está em português, se as características expressas na embalagem conferem com o item.

5- Após comprar um produto, a segunda orientação é a exigência da nota fiscal. As informações contidas na nota devem ser conferidas, se não houver data, entende-se que a mercadoria foi entregue no ato. No caso dos móveis, por exemplo, também deve existir a data prevista e quem fará a montagem.

6- Evitar montar o produto sozinho, se algo der errado, poderá acabar perdendo o direito à garantia.

CONCEITO JURÍDICO DE FORNECEDOR

O CDC através do artigo 13° vem prover o conceito de fornecedor conforme a seguir:

> "Art. 3° Fornecedor é toda pessoa física ou jurídica, pública ou privada, nacional ou estrangeira, bem como os entes despersonalizados, que desenvolvem atividade de produção, montagem, criação, construção, transformação, importação, exportação, distribuição ou comercialização de produtos ou prestação de serviços.
>
> *§1° Produto é qualquer bem, móvel ou imóvel, material ou imaterial.*
>
> *§2° Serviço é qualquer atividade fornecida no mercado de consumo, mediante remuneração, inclusive as de natureza bancária, financeira, de crédito e securitária, salvo as decorrentes das relações de caráter trabalhista".*

Seguindo entendimento de Vargas (2017, p.16), o legislador teve como ponto de partida o objetivo de conceituar de forma a abranger, de modo geral, todos os indivíduos que assegurem o fornecimento de produtos ou serviços no mercado de consumo, dentre elas as pessoas jurídicas de direito público.

Além do conceito de fornecedores, acima exposto, a responsabilidade dos mesmos em colocar produtos/serviços no mercado também deve ser parte deste entendimento, para que no decorrer do artigo fique mais evidente a razão da necessidade de sua participação efetiva no processo de *Recall.*

O Projeto de Lei 4637/12 aprovado pela Comissão de Defesa do Consumidor da Câmara dos Deputados regulamenta o atendimento à convocação para *Recall* de veículos. Segundo Maria Helena (*apud* Brasil, 2017 p.1) *"o Recall não deve afastar a responsabilidade do fornecedor pela colocação de produto defeituoso à disposição no mercado nem servir de instrumento para penalizar o consumidor de boa-fé, que não deu causa ao ocorrido".*

Diante disso houve a inclusão da obrigatoriedade de o fornecedor notificar pessoalmente e por escrito, o proprietário acerca do *Recall*, sendo assim, de acordo com Brasil (2017, p.1), essa comunicação pode ser realizada por telefone, e-mail e aplicativos de mensagens eletrônicas.

Sendo assim, os fornecedores possuem uma responsabilidade muito importante nas relações firmadas com os consumidores, e isso teve seu incremento mais efetivo com o advento da Constituição Federal de 1988.

RECALL EM UMA VISÃO GERAL

Com base no entendimento de Bortoli & Freundt (2017, p.206), *Recall* é considerado uma reação a uma situação de crise, onde uma crise envolve um evento ou uma série de eventos que prejudicam as atividades de uma empresa e lesam seus *stakeholders*. Uma crise traz implicações desfavoráveis às operações, às finanças e à reputação de uma empresa, que em casos extremos, a crise pode até ameaçar a sobrevivência e a imagem da empresa.

Ainda segundo Bortoli & Freundt (2017, p.208), o *Recall* afeta negativamente as vendas, o potencial de lucros, a avaliação das ações das empresas, provoca perdas, tanto do valor financeiro das empresas de capital aberto, como na intenção dos investidores de continuar a financiar empresas privadas. Ademais, impacta desfavoravelmente a reputação, a marca e a expectativa em relação à empresa que conduz o *Recall*, diminui a efetividade da propaganda, aumenta a sensibilidade ao preço, dificultando o aumento de preços para recuperar receitas, e deteriora o *brand equity* (valor da marca).

Segundo Keller (2001, p.3) a construção de uma marca forte com patrimônio significativo fornece diversos benefícios para uma empresa. *Brand equity* é um termo muito utilizado pelos profissionais de marketing, que tem como significado o valor adicional que se concede a um produto ou serviço.

Um advento de *Recall* pode mudar completamente a estratégia das empresas, desde o ponto de vista da retirada de um produto do mercado, devido ao impacto na marca e qualidade do mesmo, bem como a uma nova necessidade de reconstrução na imagem da mesma. Além disso, os custos envolvidos são elevados, pois imaginemos o choque para uma empresa que já investiu com um projeto de marketing para um determinado produto, o quanto irá precisar gastar mais com publicidade, ao acatar que aquele(s) produto(s) foi para o mercado apresentando falhas ou defeitos e que a mesma irá consertar o(s) produto(s) para o(s) deixá-lo(s) conforme.

Mais a seguir será apresentado com um pouco mais de ênfase o quanto o impacto na imagem e marcas podem afetar uma empresa devido ao *Recall*.

RECALL NO BRASIL

O *Recall* teve seu início no Brasil após a edição da Lei 8.078/90, com a finalidade de proteger o consumidor contra danos ou perdas em função de que o produto ou o serviço tenha manifestado problema após sua comercialização.

O conceito de *Recall* conforme descrito no site da Secretaria Nacional do Consumidor (2016, p.3), é um chamamento, ou seja, um procedimento estabelecido pelo Código de Defesa do Consumidor (CDC), onde um fornecedor, ao tomar conhecimento de um defeito em produto ou serviço colocado no mercado, deve promover a retirada dos mesmos ou a devida substituição (peças, componentes, etc.), conforme cada situação se apresenta, objetivando a proteção e eliminação de possíveis riscos para a sociedade.

O artigo 10° do CDC diz: *"O fornecedor não poderá colocar no mercado de consumo produto ou serviço que sabe ou deveria saber apresentar alto grau de nocividade ou periculosidade à saúde ou segurança"*. Desta forma, fica claro e pertinente que se faz necessário por parte dos fornecedores uma atuação com ênfase na mitigação deste tipo de ocorrência que traz impactos diversos na sociedade.

Nos últimos anos, este número tem aumentado de forma significativa (49% de aumento), vide Boletim de *Recall* referente aos anos de 2012 à 2016 (gráfico 01), o que pode ser interpretado de duas (02) formas, a saber:

a) Forma positiva => demonstra que existe um procedimento fiscalizador com certa eficiência, que zela pelo bem-estar e segurança dos consumidores;

b) Forma negativa => existe um problema aparentemente crescente na qualidade dos produtos e serviços colocados no mercado por parte dos fornecedores.

Em face do exposto, uma análise destes aumentos será apresentada nos seguintes tópicos com a finalidade de nortear as razões destes problemas que clamam por mudanças nos procedimentos adotados pela classe de fornecedores. Diante desta situação, alguns fornecedores têm adotado novos procedimentos, para o controle e mitigação deste cenário, porém ainda de forma impositiva, visto a alocação de novos custos, os quais não se faziam presentes em seus planos estratégicos anteriormente definidos.

EVOLUÇÃO DOS PROCEDIMENTOS DE *RECALL* NO BRASIL 2003 - 2016

Com base nos dados do gráfico 01 a seguir, pode-se avaliar o aumento do número de *Recall* em Território Nacional, através dos dados obtidos pela Secretaria Nacional do Consumidor (Boletim de *recall* 2016, p.3).

Gráfico 01: Evolução dos procedimentos de *Recall* no Brasil 2003 - 2016

Fonte: Boletim de *Recall* 2016 - Ministério da Justiça e Cidadania

Analisando mais a fundo o ano de 2016, cujo aumento foi demonstrado acima através do gráfico 01, se faz possível estratificar os dados referentes aos tipos de produtos/serviços de maior impacto neste índice. O gráfico 02 traz de forma numérica o total de *Recalls* no ano de 2016 por categorias.

Gráfico 02 - Total de *Recalls* no ano de 2016 x categorias.

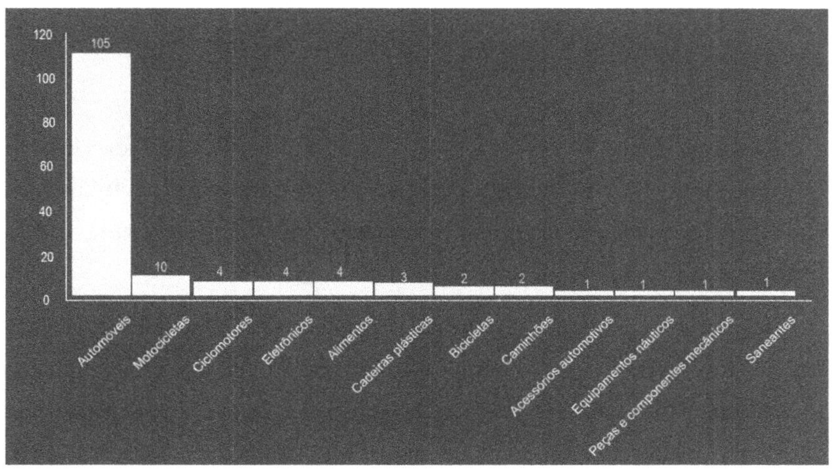

Fonte: Boletim de *Recall* 2016 – Ministério da Justiça e Cidadania

Segundo dados obtidos pela Secretaria Nacional do Consumidor (2016, p.5), os 138 *Recalls* realizados no ano de 2016, geraram em quantidade total de produtos afetados o número de 9.651.519 unidades. Em 2015, o total de produtos afetados por *Recalls* foi de 3.207.898 unidades, logo fica evidente um aumento expressivo em quantidade absoluta (numérica) de 300,87%.

Destas 9.651.519 unidades de produtos submetidos a *Recall* pode-se visualizar na Tabela 01 a seguir, os tipos de produtos versus quantidades afetadas (números absolutos).

Tabela 01 – Tipo de produtos submetidos a *Recall* versus unidades afetadas.

Tipo de Produtos	Unidades Afetadas
Eletrônicos	7.229.321
Automóveis	1.575.917
Alimentos	752.442
Motocicletas	77.025
Saneantes	6.072
Cadeiras Plásticas	3.081
Caminhões	3.043
Bibicletas	2.366
Peças e Componentes Mecânicos	1.098
Ciclomotores	642
Equipamentos Náuticos	506
Acessórios Automotivos	6
Total	9.651.519

Fonte: Boletim de *Recall* 2016 – Ministério da Justiça e Cidadania

Conforme afirma Vargas (2017, p.38) o instituto do *Recall* nos dias de hoje funciona como uma ferramenta eficiente que possibilita uma comunicação entre o fornecedor e consumidor, de maneira clara e transparente, com a finalidade de evitar os acidentes de consumo.

Além disso, os gráficos e tabelas, presentes no tópico, exemplificam e trazem informações que se bem analisadas, podem guiar para um trabalho mais orientado do ponto de vista de controles internos, ou seja, das empresas que de alguma forma estão sendo expostas, bem como de controles externos, como por exemplo, os consumidores que têm acesso disponível aos dados e podem escolher os futuros fornecedores sob uma ótica de confiança e qualidade, bem como os órgãos fiscalizadores que poderiam realizar um trabalho mais detalhado de auditorias entre os 10 (dez) fornecedores com mais casos recorrentes.

O impacto de *Recall* traz inúmeros problemas para ambos os agentes da relação comercial, ou seja, o fornecedor tem um impacto significativo na sua marca, e o consumidor, além do *stress* em resolver os problemas de substituição e/ou conserto, muitas vezes não encontra empresas dispostas a solucionar o contratempo sofrido.

A mídia é uma ferramenta de disseminação de notícias que favorece o impacto que os casos de *Recall* traz para a sociedade e para os produtores. Alguns casos de impacto de *Recall* no Brasil, foram notícia da mídia pelo forte risco envolvido para a sociedade, bem como, a não prática do *compliance*, em busca de mitigar os casos pelos fornecedores dos produtos e serviços. Estes fornecedores, por terem uma marca de elevada presença no mercado nacional, ficam sujeitos a repercussão pública após divulgação, conforme pode-se observar de forma ilustrativa nos exemplos abaixo:

Recall na indústria de alimentos

> ***"Parmalat e Líder anunciam Recall de 300 mil caixas de leite com formol***
>
> *Empresa vai devolver o dinheiro ou substituir o produto*
>
> *A fabricante dos leites Parmalat e Líder UHT integral está convocando recall de mais de 300 mil caixas do produto, de acordo com a Secretaria Nacional do Consumidor, vinculada ao Ministério da Justiça. Foi encontrado formol no leite. A empresa LBR, que produz as duas marcas, informou que iniciou campanha para quem comprou o produto, para que seja feita a substituição ou devolução do dinheiro. O leite foi fabricado entre 13 e 14 de fevereiro. De acordo com a empresa, a campanha de chamamento abrange 101.220 produtos Parmalat, com numeração de lote, não sequencial, de L11D00S1 a L11F23S1. Já a marca Líder tem 199.800 caixas para serem recolhidas, com numeração de A LOB 11, B LOB 9, C LOB 17, D LOB 04, A LOB 12, B LOB 19, C LOB 18 e D LOB 14".*

Recall na indústria de alimentos

"Anvisa proíbe venda de lote de extrato de tomate com pelo de roedor

Laudo indicou presença de pelo 'acima do valor permitido'.

Em 2013, também foi encontrado pelo de rato em lote de ketchup.

A Agência Nacional de Vigilância Sanitária (Anvisa) proibiu a distribuição e venda em todo o país de um lote de extrato de tomate da marca Heinz, porque foi encontrado pelo de roedor em amostras do produto. A medida prevê que a empresa também terá de recolher o extrato contaminado do estoque que estiver à venda no mercado.

De acordo com a Heinz, trata-se de um caso de julho de 2015 e que, na ocasião, todos os produtos foram recolhidos, "não havendo qualquer contraindicação ao consumo dos lotes presentes nos mercados hoje".

Recall na indústria de veículo

"Recall: Brasil teve 2,1 milhões de carros chamados em 2018; dados preocupam.

O número de Recalls de automóveis realizados no Brasil em 2018 cresceu em relação ao ano passado. Levantamento realizado pelo Procon-SP e pela Secretária da Justiça e da Defesa da Cidadania, a pedido de UOL Carros, aponta aumento de 9,8% no número de convocações em relação a 2017. Segundo os órgãos de defesa do consumidor, foram 2.168.123 veículos convocados para reparos entre janeiro e dezembro, contra 1.973.053 em 2017".

Diante do exposto, de forma ilustrativa, fica mais evidente observar que existem vários segmentos das indústrias sujeitos a *Recall*, por motivos diversos, e que um programa de integridade, bem implementado, poderia ser uma ferramenta para favorecer a gestão de riscos das empresas desde o início ao final da cadeia produtiva.

IMPACTO DO *RECALL* - IMAGEM E MARCAS

Este tipo de situação traz diversas consequências na imagem de uma empresa, estando a marca de seus produtos sujeitas a uma crise diante da possibilidade de perda de *share* num mercado cada vez mais globalizado, como tendência mundial.

Uma crise de marca decorrente de um problema de produto gerador de uma campanha de *Recall* pode afetar a marca, a empresa, os concorrentes e a categoria em que a marca está inserida segundo nos orienta Salvador & Ikeda & Crescitelli (2017, p.17 - 18).

Nos casos em que a empresa responsável pelo *Recall* tenha baixa reputação, a imagem da categoria tenderia a ser menos afetada pela crise; apareceria então uma oportunidade de crescimento para os concorrentes. Porém, um problema de grande extensão em um produto de uma empresa com alta reputação poderia anular a credibilidade dela e aumentar a percepção de risco em toda a categoria, conforme demonstrado na Figura 01, a seguir ilustrada (Salvador & Ikeda & Crescitelli 2017, p.18).

Figura 01 - Oportunidades e ameaças na crise

Reputação Coorporativa (Responsável pelo recall)			Imagem da categoria influenciada pela crise	
	Alta	Nem oportunidade, nem ameaça	Ameaça para os concorrentes	Ameaça para os concorrentes
		Imagem da categoria não influenciada pela crise		
	Baixa	Oportunidade para os concorrentes	Oportunidade para os concorrentes	Oportunidade para os concorrentes
		Baixa	Média	Alta
			Extensão da crise	

Fonte: Adaptada de Siomkos *et al.* (2010).

Em face do que se demonstra, se faz possível entender que os efeitos de uma crise de marca decorrente de problema em um produto poderiam afetar diretamente o produto em questão, poderiam reduzir a eficiência do investimento de *marketing* da marca, deixaria também a marca mais sensível a próximas crises, o que sugere a necessidade de um programa de integridade que proteja de forma mais eficiente os efeitos advindos de uma situação deste porte (Salvador & Ikeda & Crescitelli 2017, p.18-19).

RECALL NA INDÚSTRIA DE AUTOMÓVEIS - DADOS ABSOLUTOS

Diante do cenário exposto acima, e com todas as informações fortemente divulgadas na mídia, se faz possível saber que dentre os setores da indústria, o segmento automotivo é o líder em percentual de *Recalls* no Brasil, e desde os últimos anos este número tem sofrido um aumento significativo, o que demonstra que grande parte dos fornecedores estão preocupados em se fazer conforme com as normas do país.

Conforme pode-se visualizar nos gráficos 03, 04 e 05 abaixo, a quantidade de carros produzidos *versus* a quantidade de veículos envolvidos em *Recalls* entre os anos de 2013 a 2015, vem aumentando gradativamente, o que demonstra a necessidade de um programa ou procedimento que seja eficiente para mitigar tal situação. Este tipo de situação, impacta de forma muito direta na imagem das empresas no tocante às marcas de seus produtos referente ao item de qualidade dos mesmos.

Gráfico 03 - Veículos produzidos *versus* veículos envolvidos em *Recall* no ano de 2013.

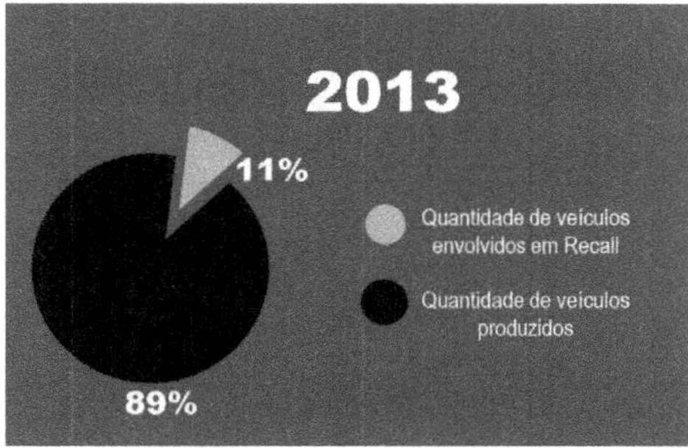

Fonte: Boletim de *Recall* veículos 2016 – Ministério da Justiça e Cidadania

Gráfico 04 - Veículos produzidos *versus* veículos envolvidos em *Recall* no ano de 2014.

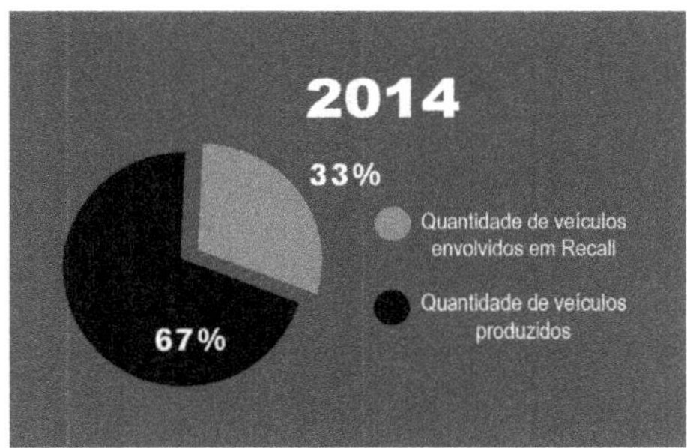

Fonte: Boletim de *Recall* veículos 2016 – Ministério da Justiça e Cidadania

Gráfico 05 - Veículos produzidos *versus* veículos envolvidos em *Recall* no ano de 2015.

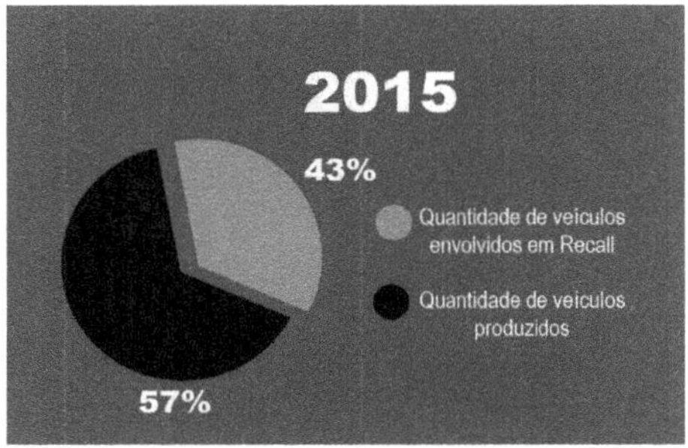

Fonte: Boletim de Recall veículos 2016 – Ministério da Justiça e Cidadania

Por outro lado, surge a pergunta do por que, tantos casos trazem a necessidade de um procedimento de *Recall* no setor automotivo, com presença de defeitos em diversos componentes presentes nos automóveis (gráfico 06), onde muitas destas, se não tratadas, podem gerar situações de riscos para os consumidores conforme se pode observar no gráfico 07 (a seguir).

Gráfico 06 - Principais componentes defeituosos nos automóveis (*Recall* - período de 2013 a 2016)

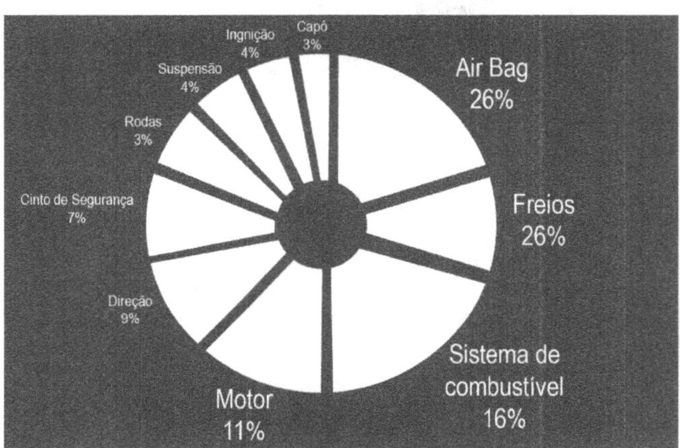

Fonte: Boletim de *Recall* veículos 2016 - Ministério da Justiça e Cidadania

Um ponto importante que demonstra a necessidade de mitigação deste tipo de problema pode ser visualizado no gráfico 07 que expõe os riscos associados aos *Recalls* ocorridos no período acima descrito, conforme a seguir:

Gráfico 07 - % Riscos associados aos *Recalls* ocorridos nos anos de 2013 a 2016.

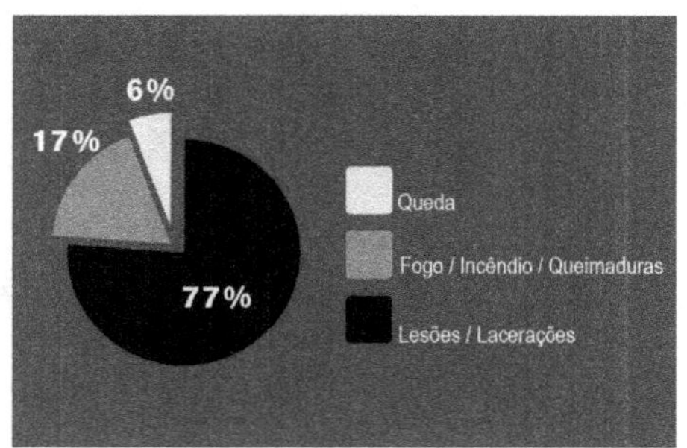

Fonte: Boletim de *Recall* veículos 2016 - Ministério da Justiça e Cidadania

Conforme o Boletim de *Recall* de veículo (2016), estes percentuais em números representam, em totalidade por risco, as seguintes quantidades:

Riscos	Quantidade
Lesões/Lacerações	259
Fogo	57
Queda	20

Em face destes defeitos e suas possíveis consequências, algumas empresas do segmento passaram a disseminar a prática e implementação do programa de *compliance* como ferramenta de controle e mitigação, em busca de procedimentos de controle organizados e auditados, os quais possam orientar uma possível redução nestes índices.

COMPLIANCE - DEFINIÇÕES E OBJETIVOS

Compliance tem como uma de suas finalidades principais a efetivação da missão, da visão e dos valores de uma empresa. Desta forma, não se deve confundir o *Compliance* como um simples cumprimento de regras (formais e informais), mas sim como algo de alcance muito mais amplo, conforme define Ribeiro & Diniz (2015, p.88) que o *Compliance* "*é um conjunto de regras, padrões, procedimentos éticos e legais, que, uma vez definido e implantado, será a linha mestra que orientará o comportamento da instituição no mercado em que atua, bem como a atitude dos seus funcionários*".

Os objetivos da implantação de um programa de *Compliance* são inúmeros; mas, entre os principais, destacam-se: cumprir com a legislação nacional e internacional, além das regulações do mercado e das normas internas da empresa; prevenir demandas judiciais; obter transparência na condução dos negócios, entre outros. Para a implementação de uma política de *Compliance*, a empresa deverá inicialmente elaborar um programa com base na sua realidade, cultura, atividade, campo de atuação e local de operação (RIBEIRO & DINIZ, 2015 p.89).

Com a implementação da política de *Compliance*, a empresa tende a orientar todas as suas ações para os objetivos definidos, passam a utilizar os recursos de forma mais eficiente, visto que as decisões passam a ser mais econômicas, e mais uniformes para casos similares. Segundo Ribeiro & Diniz (2015, p.90) uma vez implementada tal política e funcionando de forma efetiva, a empresa tende a obter mais confiança dos investidores e maior credibilidade no mercado.

PILARES DO *COMPLIANCE*

Segundo Simonsen (2016, p.63-65), a área de *compliance* tem como diretrizes norteadoras fomentar a cultura de ética corporativa, mapear os riscos e investigar as denúncias, reclamações, suspeitas de fraude entre outros. O tamanho da área, a sua importância na organização, o poder e as atribuições que possui, variam caso a caso, dependendo do setor, da maturidade estratégica da empresa e da própria cultura da alta direção.

O êxito da função de *compliance*, ainda na visão de Simonsen (2016, p.65), dentro de qualquer empresa se justifica, principalmente, nos seguintes pilares:

- Compromisso da alta direção;
- Estrutura da área;
- Documentos: código de conduta, políticas;
- Canal de denúncia;
- Procedimentos de prevenção e de apuração;
- Treinamento e comunicação

À vista do que foi acima explorado, em termos do que um programa de *compliance* deve apresentar, em busca de uma efetividade, fica mais evidente que sua implementação requer um esforço adicional por parte das empresas, além de custos, os quais são resgatados, com o sucesso no programa, pois, com a redução no índice de *Recall*, automaticamente menos custos são despendidos pelas empresas para resolver este tipo de advento. Porém, estes esforços adicionais nos possibilita imaginar a dificuldade ou impossibilidade de algumas empresas aderirem a este tipo de plataforma, e isto auxilia no entendimento de razões pelas quais o número absoluto de *Recall* continua crescente, onde os defeitos se fazem expostos e presentes.

Isto posto, num mercado que a cada dia está mais globalizado, todas as possibilidades de perdas, incentiva a prática de um programa de *compliance*, o qual deveria ser absorvido pelos fornecedores como um procedimento mandatório, em face dos riscos para os mesmos, bem como para a sociedade.

Num futuro próximo, talvez este tipo de programa seja tratado de forma mais contundente, onde o legislador possa sugerir sua implementação no âmbito legal, e o governo poderia incluir planos de cotas de bônus (incentivo) por redução em busca da proteção aos consumidores que são o elo mais fraco desta situação.

ESTUDO DE CASO - *COMPLIANCE* DA NISSAN DO BRASIL

Com o objetivo de ilustrar o efeito de um programa de *Compliance* com resultados iniciais exitosos na indústria de automóveis, um estudo de caso foi definido como uma opção que agregasse valor a este artigo, com ênfase nos itens mais relevantes dos pilares do *Compliance* acima mencionados.

Segundo Meyer & Franco & Lima (2012, p.1), o estudo de caso é um método de pesquisa que utiliza, geralmente, dados qualitativos, coletados a partir de eventos reais, com o objetivo de explicar, explorar ou descrever fenômenos atuais inseridos em seu próprio contexto.

A escolha do método de estudo de caso se fez pela possibilidade de se obter resultados exploratórios e explicativos, além de, conforme orienta Meyer & Franco & Lima (2012, p.2) ser possível, utilizar estudos de casos para, analisar ocorrências passadas em casos similares, realizar previsões.

Dentre as diversas empresas do setor de automóveis a NISSAN do Brasil implementou o programa de *Compliance* com envolvimento de todo o seu conselho administrativo, com foco inicial na redução através da gestão de riscos aos casos de *Recall* que apresentaram, nos últimos anos, riscos graves para os consumidores. O principal motivo pela escolha da NISSAN, se deu pelos números atingidos, nos quais a empresa saiu do *ranking* das 17 com maior número de casos de *Recall* no ano de 2016 (gráfico 8 abaixo).

COMPLIANCE DA NISSAN

Uma das empresas que divulgaram seu programa de *compliance* foi a Nissan do Brasil, cuja plataforma foi desenvolvida com foco elevado na gestão de riscos, e na criação de um comitê para trabalhar no desenvolvimento e tratamento de ações que possam ser tratadas de forma eficiente e eficaz.

Com um foco extensivo no gerenciamento de riscos, a Nissan criou este comitê abaixo demonstrado na figura 02, através dos três (03) passos de defesa que definem as principais ações e o papel e responsabilidade das pessoas e áreas para atuação.

Figura 02: Comitê Nissan

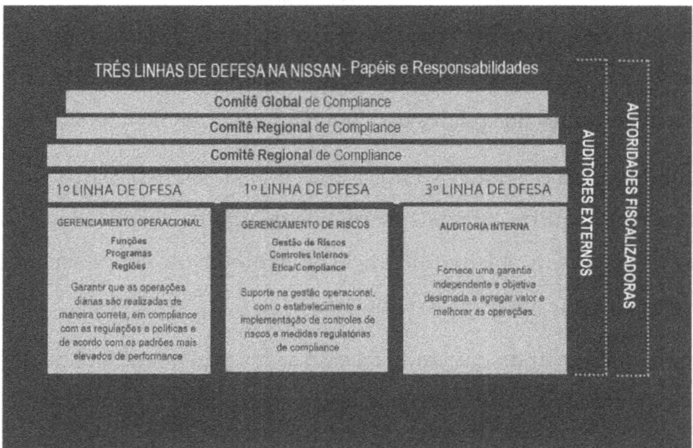

Fonte: Nissan https://www.nissan.com.br/experiencia-nissan/compliance-nissan.html

Este programa tem como finalidade atuar em diversas frentes, não apenas em casos de *Recall* dos veículos, bem como outras possibilidades, tais como:

- Falsificações ou fraudes;
- Assédio;
- Uso ou posse irregular de bens e produtos da empresa;
- Vazamento ou uso de informações sigilosas, ou que possam prejudicar a empresa;
- Ações contra o meio ambiente ou em desacordo com a legislação.

RECALL NISSAN

Como uma das ações definidas pela Nissan, existe um canal no site chamado " *Recall* Nissan", onde se faz possível consultar se existe algum advento de *Recall* para qualquer veículo produzido pelos mesmos, apenas digitando o chassi do veículo que se deseja informação (Ver figura 03 a seguir).

Figura 03: *Recall* Nissan

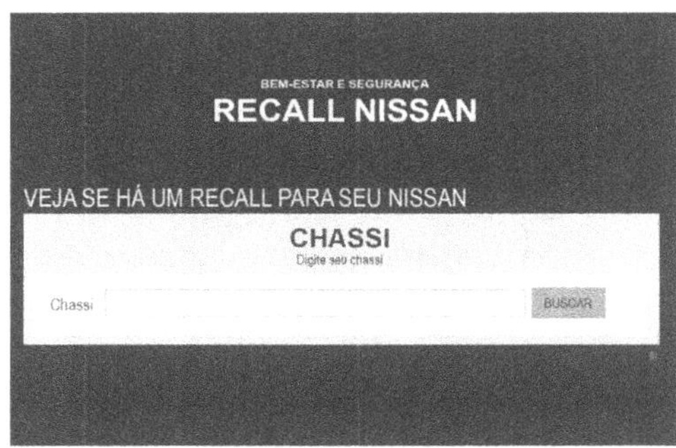

Fonte: Nissan = https://www.nissan.com.br/servicos/recall-nissan.html

Conforme afirma Simonsen (2016, p.62), o *compliance* envolve o cumprimento de leis, normas e regulamentos a que a empresa está sujeita. No passado costumava ser uma atividade mais presente em bancos e em companhias de setores fortemente regulados. Hoje, é uma preocupação presente nas empresas em todos os setores. A atividade de *compliance* não tem apenas o objetivo de ser uma espécie de demonstração externa de conformidade e boa conduta, mas sim uma estrutura existente na gestão dos riscos empresariais. O papel de destaque da função de *compliance* na atual governança das empresas públicas e privadas pode ser conferido pela própria lei nº 12.846/13, pelas recomendações da então CGU e pelas exigências da Lei das Estatais, lei nº 13.303/16, além de poder ser verificado em inúmeros seminários nos quais os executivos vêm trocando experiências e visões que têm como propósito aumentar a eficiência e a eficácia da área.

Gráfico 08 - Fornecedores investigados pelo DENATRAN *versus* situações de riscos à saúde e a segurança dos consumidores.

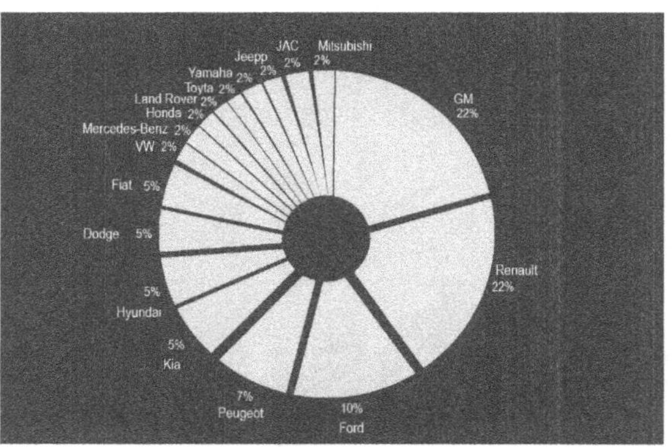

Fonte: Boletim de *Recall* veículos 2016 - Ministério da Justiça e Cidadania

Com base a tudo que foi exposto, e a proatividade da empresa Nissan, em investir neste tipo de programa, acredita-se que num futuro, não muito distante, os resultados se farão presentes e o mercado poderá observar estes resultados pela redução nos chamamentos por *Recall*, aumentando a confiabilidade da marca, bem como a satisfação dos clientes. O gráfico 08 abaixo, já mostra os efeitos da proatividade e qualidade do programa de integridade implementado pela Nissan *versus* os seus concorrentes no mesmo segmento.

Diante dos dados obtidos no Boletim de *Recall* 2016 (gráfico 08), a empresa Nissan não apareceu dentre as demais do mesmo setor, que foram levadas ao DENATRAN para investigação de situações que poderiam gerar riscos à saúde e segurança dos consumidores, o que pode ser de forma pontual um índice que favorece a eficiência do programa de *compliance* estabelecido pela mesma.

CONSIDERAÇÕES FINAIS

A Constituição Federal de 1988 trouxe em um de seus feitos, um tópico referente ao tema de proteção ao consumidor, mediante as relações deste com os fornecedores. O objetivo deste feito refere-se ao fato de o consumidor final sempre ser passível de prejuízos quando o fruto desta relação (produtos/serviços) apresentava situações de falhas/defeitos, pois o poder de decisão no passado se fazia presente nas mãos dos fornecedores. Diante de toda essa situação, iniciava-se um desgaste natural pela forma e procedimento adotado nestas relações pela falta de norma vigente.

Estes prejuízos podiam ser os mais diversos, ou seja, desde o desgaste emocional, até a não solução do problema referente ao caso em particular. Porém, com o surgimento do Código de Defesa do Consumidor (CDC), e os artigos que passaram a guiar a relação comercial entre estes agentes, muita coisa passou a ser feita de modo diferente, bem como o conceito de consumidor e fornecedor passou a ser amplamente divulgado com ênfase e objetivo de proteger a qualidade desta relação.

Como fruto desta mudança, o *Recall*, que é um procedimento estabelecido pelo CDC e adotado em diversos outros países, para que o fornecedor tire mercadorias do mercado que apresentem problemas, e desta forma, proteger riscos diversos à sociedade, tem demonstrado um certo aumento nos últimos anos, onde pode-se entender este crescimento de uma forma positiva, no tocante às ações de fiscalização e eficácia da norma estabelecida, e de forma negativa, quando se busca entender o motivo pelos quais os produtos/serviços têm demonstrado tamanha quantidade de problemas.

Muitos casos apontados na mídia demonstram situações e aplicação de *Recalls*, onde alguns especialistas classificam estes feitos como "básicos" e desta forma se faz evidente a falta de uma política clara de mitigação, o que traz efeitos sérios para as marcas, assim como para o resultado financeiro das mesmas. Hoje em dia a força da marca direciona muitos negócios numa sociedade tão globalizada, e o efeito de um advento de *Recall* pode, e muito, afetar as relações comerciais e a confiabilidade da marca neste mercado.

A indústria de veículos é uma das líderes de *Recall* no Brasil, e por esta razão, talvez, estes fornecedores buscam mitigar estes problemas através da implementação de programas de integridade (*compliance*) com um forte foco no gerenciamento de risco.

Um exemplo explorado neste artigo trouxe a Nissan do Brasil, como uma das empresas que possui um programa de *Compliance* implementado e em execução, com suas metas definidas, através de decisões tomadas pelo Comitê de *Compliance*, bem como, o forte apoio da alta direção que faz parte deste comitê, assumindo este programa como um dos carros chefes da política empresarial. Porém, alguns adventos ainda permanecem presentes, não apenas na empresa NISSAN, como nas demais no mesmo segmento de mercado, entretanto o que difere a NISSAN dos demais, referem-se a casos de riscos de categoria "alta" para os consumidores, onde os dados apresentados no artigo mostrou uma efetiva aplicação do programa de *compliance* nesta área de combate como primeiro ponto de ataque, com resultados positivos no ano de 2016, onde a NISSAN deixou de se fazer presente na lista dos 17 fornecedores com alto número de *Recalls*.

Um programa de *compliance* bem implementado traz para uma empresa, efeitos positivos, pois, além de ajudar no gerenciamento de riscos, ajuda a mesma a reduzir custos de realização de *Recalls*, além de preservar sua imagem no mercado competitivo, pois esta estará trabalhando de acordo com a legislação vigente, ou seja, menos suscetível a qualquer tipo de advento legal, pelo menos neste tópico.

Sendo assim, de forma conclusiva, um programa de *compliance* bem implementado, com seriedade, foco, estratégias, e o apoio da alta direção, traz inúmeras vantagens para as empresas, que estarão de forma generalista em paz com a sociedade, no tocante a qualidade de seus produtos/serviços, com a manutenção do impacto positivo de sua marca, com o seguimento da legislação vigente e com a prática de proteção de possíveis riscos aos consumidores, os quais são a peça fundamental do sucesso e crescimento destas organizações.

REFERÊNCIAS

BORTOLI, Luiza Venzke & FREUNDT, Valeria (2017). Efeitos do Recall Voluntário de Produto na Confiança do Consumidor. Consultado em: file:///C:/Users/sx6510/Documents/Faculdade%20de%20Direito/Mestrado/Compliance/pt_ 1808-2386-bbr-14-02-0204.pdf

BRASIL, Emanuelle (2017). Defesa do Consumidor aprova novas regras de Recall para os veículos. Consultado em:https://www.camara.leg.br/noticias/526777-defesa-do-consumidor-aprova-novas-regras-de-recall-para-veiculos/

KELLER, Lane Kevin (2001). Building Customer-Based Brand Equity: A Blueprint for Creating Strong Brands. Consultado em:file:///C:/Users/sx6510/Downloads/Customer_Basedbrand_Equity_Model.pdf

MEYER, Regina Branski & FRANCO, Raul Alrellano Caldeira & LIMA, Orlando Fontes Jr. (2012). Metodologia de Estudo de Casos Aplicada à Logística. Consultado em: http://www.lalt.fec.unicamp.br/scriba/files/escrita%20portugues/ANPET%20-%20METODOLOGIA%20DE%20ESTUDO%20DE%20CASO%20-%20COM%20AUTORIA%20-%20VF%2023-10.pdf

MINISTÉRIO DA JUSTIÇA E CIDADANIA (2016). Boletim de Recall veículos 2016. Consultado em: https://infraestrutura.gov.br/images/arquivos-denatran/Boletim_de_Recall_-_Veiculos.pdf

NISSAN (2019). Recall Nissan. Consultado em: https://www.nissan.com.br/servicos/recall-nissan.html

NISSAN (2019). Compliance Nissan. Consultado em: https://www.nissan.com.br/experiencia-nissan/compliance-nissan.html

O GLOBO (2014). Parmalat e Líder anunciam *recall* de 300 mil caixas de leite com formol. Consultado em: https://oglobo.globo.com/economia/parmalat-lider-anunciam-recall-de-300-mil-caixas-de-leite-com-formol-12238515

O GLOBO (2016). Anvisa proíbe venda de lote de extrato de tomate com pelo de roedor. Consultado em: http://g1.globo.com/economia/noticia/2016/07/anvisa-proibe-venda-de-lote-de-extrato-de-tomate-com-pelo-de-roedor.html

PROCON (2019). Sistema de Proteção e acompanhamento de Recall. Consultado em: http://www.procon.sp.gov.br/recall.asp

RIBEIRO, Marcia Carla Pereira & DINIZ, Patricia Ferreira (2015). Compliance e Lei Anticorrupção nas Empresas. Consultado em:https://www12.senado.leg.br/ril/edicoes/52/205/ril_v52_n205_p87.pdf

SALVADOR, Alexandre Borba & IKEDA, Ana Akemi & CRESCITELLI, Edson (2017). Gestão de crise e seu impacto na imagem da marca. Consultado em: http://www.scielo.br/pdf/gp/v24n1/0104-530X-gp-0104-530X1668-14.pdf

SIMONSEN, Ricardo (2016). Os Desafios do Compliance. Consultado em: https://fgvprojetos.fgv.br/sites/fgvprojetos.fgv.br/files/caderno_compliance_-_para_o_site_-_menor.pdf

UOL (2018). Recall: Brasil teve 2,1 milhões de carros chamados em 2018; dados preocupam. Consultado em: https://www.uol.com.br/carros/noticias/redacao/2018/12/21/recall-brasil-teve-21-milhoes-de-carros-chamados-em-2018-dados-preocupam.htm

VARGAS, Luiza da Costa (2017). O Instituto de Recall diante da relação de consumo. Consultado em: https://repositorio.uniceub.br/jspui/bitstream/235/11599/1/20755242.pdf

CRIMINAL COMPLIANCE NA SOCIEDADE DE RISCO: FERRAMENTA REDUTORA DE INCERTEZAS NO CONTEXTO JURÍDICO BRASILEIRO?

Fernando de Faveri

Resumo

O artigo busca refletir sobre a aplicação do *criminal compliance* no seio da atual sociedade de risco, analisando o seu impacto no ordenamento jurídico brasileiro. Neste sentido, de forma interdisciplinar, foram cotejados elementos do direito, com aportes da sociologia e economia, na tentativa de compreender o momento contemporâneo, bem como a eventual vocação do instituto na contenção de alguns desafios globais de impacto local.

Palavras-chave: *criminal compliance*, sociedade de risco, teoria institucionalista.

INTRODUÇÃO

O presente estudo tem por objetivo perquirir a respeito da gestão de riscos na (pós)[1] modernidade, tendo como cenário o ingresso dos instrumentos de *compliance* no sistema de justiça criminal brasileiro, precipuamente no ambiente empresarial, a fim de que se possa identificar sua eventual vocação à redução de incertezas sociais.

Ao longo do texto, debate-se o tema dialogando com os demais saberes, para além da dogmática jurídica, visando ampliar o horizonte de compreensão da questão relativa ao *criminal compliance*, seus possíveis benefícios e dificuldades, utilizando-se para tanto a definição de sociedade de risco de Ulrich Beck (2011) e a Teoria Institucionalista de Douglass North (2009).

Em termos mais claros, busca-se desvelar até que ponto a sociedade de risco pode receber alguma moderação das normas institucionais, ou seja, das regras do jogo, dentre as quais se destacam as regras de *criminal compliance,* oportunidade em que dialogam os autores acima mencionados.

Somada à construção interdisciplinar, fez-se uma breve análise da legislação internacional e nacional sobre o tema da conformidade, com destaque à criminalidade empresarial, agregando algumas contribuições criminológicas de Edwin Sutherland (2015).

Neste sentido, cotejando os diversos saberes acima mencionados e o atual estado da arte no âmbito legislativo, foram feitos alguns breves apontamentos (nada) finais, tendo em vista a fase ainda embrionária do tema no Brasil.

À guisa de conclusão, sugere-se o aprofundamento do debate sobre os delitos de perigo abstrato, mudança nas regras de imputação, ampliação da responsabilidade criminal das pessoas jurídicas, dentre outros temas, todos correlatos ao *criminal compliance,* de modo a reduzir, por meio da disciplina legal e dogmática, de forma sistemática, as incertezas geradas no âmbito da sociedade de risco.

SOCIEDADE DE RISCO

O século XVIII ficou marcado pelo advento da revolução industrial inglesa, reconfigurando o cenário econômico global existente naquele momento, não apenas promovendo uma nova forma de circulação de bens, mas também redesenhando todo o arranjo social.

Admoesta Hobsbawn (2011, p. 70) que todo historiador possui natural interesse sobre as alterações na qualidade de vida das populações após o novo paradigma, porém "ele terá deixado de aprender o que a Revolução Industrial teve de essencial se esquecer que ela não representou um simples processo de adição e subtração, mas sim uma mudança social fundamental. Ela transformou a vida dos homens a ponto de torná-las irreconhecíveis".

Tal qual o surgimento da produção em larga escala revolucionou o século XVIII, hoje, as conexões transnacionais, globalizadas, marcadas especialmente pela internet, vêm novamente reformulando o contexto econômico e social contemporâneos.

O protagonismo foi assumido pelos novos mecanismos de conexão informatizados, como o *Google, Twitter, Facebook*, dentre outros,[2] de modo a vislumbrarmos "uma reorganização do poder em escala planetária fora das fronteiras nacionais, motivando a concorrência da qualidade soberana dos Estados com demais entes político-jurídicos" (GONÇALVES e STELZER, 2009, p. 50).

Na esteira de Bauman (1999, p. 7), "para alguns, globalização é o que devemos fazer se quisermos ser felizes; para outros, é a causa de nossa infelicidade. Para todos, porém, globalização é o destino irremediável do mundo, um processo irreversível".

Tal giro gravitacional das relações sociais se convencionou chamar de 'sociedade de risco', termo consagrado por Ulrich Beck (2011), sociólogo alemão, para caracterizar o novo período de riscos no âmbito global, a exemplo dos dramas ambientais, genéticos ou armas de destruição em massa.

Os perigos de outrora se limitavam no tempo e espaço, além de possibilitarem a identificação de seus responsáveis e da compensação dos eventuais danos, algo inviável no contexto atual (BECK, 2010, p. 230).

Isso porque, por exemplo, os conflitos no contexto pós-moderno podem levar à destruição planetária em curto espaço de tempo, com armas e instrumentos criados artificialmente através do avanço tecnológico, sem possibilidade de retorno ao estágio anterior. Nas palavras de Beck:

> "É certo que os riscos não são uma invenção moderna. Quem - como Colombo - saiu em busca de novas terras e continentes por descobrir assumiu riscos. Estes eram, porém, riscos pessoais, e não situações de ameaça global, como as que surgem para toda humanidade com a fissão nuclear ou com o acúmulo de lixo nuclear. A palavra 'risco' tinha, no contexto daquela época, um tom de ousadia e aventura, e não o da possível autodestruição da vida na Terra." (BECK, 2011, p. 25).

A definição de Beck, portanto, "expressa a acumulação de riscos - ecológicos, financeiros, militares, terroristas, bioquímicos, informacionais -, que tem uma presença esmagadora hoje em nosso mundo" (BECK, 2011, p. 361).

Aliás, não se faz necessária a importação de tragédias que reforcem a ideia, as quais pululam no contexto brasileiro, como os riscos assumidos em Mariana e Brumadinho, eventos emblemáticos do exposto. [3]

O autor destaca três aspectos dessa nova configuração, quais sejam, sua deslocalização, incalculabilidade e não-compensabilidade. O primeiro deles (deslocalização) traduz a impossibilidade de limitação geográfica das causas e consequências dos novos riscos, porquanto são onipresentes e por todos compartilhados.

Ao mesmo tempo, não há viabilidade do cálculo de seus resultados, já que os riscos são hipotéticos ou virtuais, permeados por "incógnitas científicas e dissensos normativos", daí resultando sua incalculabilidade.

Por último, "se o progresso na genética humana torna possíveis intervenções irreversíveis na existência humana, se os terroristas já têm armas de destruição em massa ao seu alcance", a lógica da compensação dos acidentes se tornou inviável ante a dimensão de seu potencial destrutivo (BECK, 2011, p. 363).

E a ausência de controlabilidade dos riscos, por óbvio, impacta o Direito Penal, dada sua finalidade de controle social - das expectativas, inclusive -, propósito cada vez mais distante pelas razões expostas, defraudando sua missão e contribuindo para o espraiamento do medo.

Os desastres ambientais no Brasil, os atentados às torres gêmeas nos Estados Unidos ou o ataque terrorista no "Bataclan" na França, para ficar apenas nestes países, certo de que dezenas de outras catástrofes caberiam, são sintomáticos da disseminação dos riscos que buscamos aqui demonstrar.

Em outros termos, a ausência de controle humano sobre os riscos conduz ao medo, de modo a se deslocar gravitacionalmente o pavor ao desconhecido, ao líquido no dizer de Bauman (2006), dada sua rapidez, sem aparente controle racional. E tal sensação generalizada de insegurança, talvez o único sentimento realmente democrático na pós-modernidade, causa o inevitável impacto na construção teórica do Direito Penal.

Outrossim, ainda que se compreenda a dificuldade de se resumir séculos de punição e sua respectiva estrutura social (RUSCHE e KIRCHHEIMER, 2004) em poucas palavras, há sempre alguma validade pedagógica no feito.

Neste sentido, cite-se sinopse desvelando a conexão entre as relações sociais e o sistema punitivo:

> "A revolução mercantil e o colonialismo (séculos XV e XVI) e, consequentemente, o direito penal de inquisição do feudalismo; a revolução industrial e o neocolonialismo (séculos XVIII e XIX), gerando como subprodutos o direito penal iluminista e inúmeras novas demandas decorrentes da transição da manufatura para a máquina; e, finalmente, a revolução tecnológica e a globalização (séculos XX e XXI), dando azo, para usar a expressão de BECK e PRITTWITZ, a um modelo de 'direito penal do risco'". Grifei (MORAES e NETO, 2019, p. 19).

Acrescente-se a isso que o Direito Penal tradicional surge como fruto do iluminismo, no contexto da forte necessidade de contenção do poder estatal, após a derrocada do absolutismo, bem representado no opúsculo de Beccaria, "Dos delitos e das penas", obra do século XVIII, cenário obviamente diverso do atual.

As demandas em muito se modificaram no séc. XXI, o que torna questionável a manutenção de uma teoria do crime meramente reativa, atuando somente após a consumação do delito, em casos nos quais, por exemplo, há o envolvimento de grandes somas fruto de corrupção, crimes humanitários ou catástrofes radioativas.

Novas relações, novo direito. Eis o momento não apenas de transformações sociais, mas também de modificações jurídico-penais, porquanto a sociedade de risco faz emergir regras consigo compatíveis.

Dito isso, passaremos brevemente, antes da incursão sobre *criminal compliance*, a discorrer sobre algumas características deste novo Direito Penal, ante a evidente conexão dogmática com o objeto do presente artigo.

NOVO DIREITO PENAL

Na atualidade, as consequências experimentadas pelo cometimento do crime jamais estiveram tão interligadas, sendo comum a divulgação midiática em tempo real de vítimas e criminosos em ação, com enorme força simbólica, cujo exemplo emblemático reside nos atentados terroristas de onze (11) de setembro nos Estados Unidos.

A série de ataques impactou a abordagem teórica e prática dos países em relação aos seus riscos, de consequências incalculáveis ao resto do mundo, incluindo-se a América Latina, dada a hegemonia econômico-cultural estadunidense.

A respeito do episódio, divisor de águas em sede de política criminal, observa André Callegari (WERMUTH, 2011, prefácio):

> "É certo que depois de 11 de setembro de 2001 o mundo jamais será o mesmo. O atentado das torres gêmeas foi um marco decisivo na política mundial de segurança e trouxe junto as suas implicações na política criminal de vários países. Os reflexos foram logo sentidos com o recrudescimento do Direito Penal e Processo Penal para determinados delitos. A prisão em determinados casos passou a ser a regra, permitindo-se o encarceramento provisório por mera suspeita de participação em grupos de crime organizado ou terrorismo. Centenas de pessoas foram presas pelo mundo sem uma acusação formal ou com provas, as regras processuais foram esquecidas e os direitos e garantias individuais não passaram de ficção em determinados momento."

Esse novo aspecto reflete não apenas a produção legislativa - muitas vezes açodada -, mas também a própria formulação da teoria do crime, considerando a necessidade de adaptação das novas demandas não mais compatíveis com os elementos clássicos da teoria do crime, a exemplo da proteção aos bens difusos como o meio ambiente e a moralidade administrativa.

Tais transformações, frutos da sociedade de risco consoante definição alhures, fez erigir um novo direito repressivo, que Silva Sanches (2011, p. 193) nominou como "terceira velocidade do direito penal", em sua conhecida divisão, de graves consequências:

> "Uma primeira velocidade, representada pelo Direito Penal 'da prisão', na qual se haveriam de manter rigidamente os princípios político-criminais clássicos, as regras de imputação e os princípios processuais; e uma segunda velocidade, para os casos em que, por não tratar-se já de prisão, senão de penas de privação de direitos ou pecuniárias, aqueles princípios e regras poderiam experimentar uma flexibilização proporcional à menor intensidade da sanção. A pergunta que há de elaborar, enfim, é se é possível admitir uma 'terceira velocidade' do Direito Penal, na qual o Direito Penal da

> pena de prisão concorra com uma ampla relativização das garantias político-criminais, regras de imputação e critérios processuais. (...) Sem negar que a 'terceira velocidade' do Direito Penal descreve um âmbito que se deveria aspirar a reduzir a mínima expressão, aqui se acolherá com reservas a opinião de que a existência de um espaço de Direito Penal de privação de liberdade com regras de imputação e processuais menos estritas que as de Direito Penal de primeira velocidade, com certeza, é, em alguns âmbitos excepcionais, e por tempo limitado, inevitável." *(grifei)*

A flexibilização das regras de imputação, com menor vinculação ao paradigma finalista (dolo), a antecipação da punição mediante a tipificação de crimes de perigo abstrato, primazia na proteção a bens jurídicos supraindividuais, responsabilização criminal das pessoas jurídicas, dentre outras pautas, são temas sensíveis na pós-modernidade.

Isso porque, há dificuldade de se fazer frente aos novos riscos utilizando-se de antigos instrumentos, a exemplo do conceito ontológico de causalidade, de pouco relevância nas infrações de dever; ou da punição dos gestores institucionais ('homem de trás'), públicos ou privados, cujo contato direto com a execução criminosa é nulo, o que evidencia a importância do estudo do *criminal compliance,* haja vista sua afinidade ao respectivo rol.

Deve-se ressaltar que a ausência de modernização legislativa no tocante a determinados institutos não pode ser óbice ao progresso conceitual da teoria do crime, sendo de suma importância a inclusão de novos conceitos, os quais visam recrudescer o nível dogmático de formulação teórica da ciência penal (ORDEIG, 2004, p. 44).

Ademais, ainda que haja eventuais ressalvas ao ingresso de novas teorias, muitas vezes importadas sem a devida conexão ao ordenamento nacional, é evidente que sua sistematização recomenda certa urgência, evitando-se, assim, transformar os Códigos Penal e de Processo em verdadeira colcha desconexa de retalhos, como sói acontecer.

Some-se a isso a imensidão de legislações extravagantes publicadas nos últimos anos em matéria penal, tornando a tarefa doutrinária das mais difíceis ao melhor dos hermeneutas, com pouco diálogo entre si, formando um amontado legal no seio do qual se fundem institutos da década de quarenta do século passado com outros de nosso tempo.

Esse é o cenário sob o qual se aprofunda o debate a respeito das regras de *criminal compliance* no ordenamento nacional, que discorreremos a seguir, local fértil, como visto, para aportes teóricos ao Direito Penal à luz do conceito de sociedade de risco.

CRIMINAL COMPLIANCE E SEU HORIZONTE LEGAL

A ideia de conformidade tem adquirido progressiva relevância no contexto global, não sendo diferente no Brasil, onde empresas privadas e setor público passaram a incorporá-la não apenas como um mecanismo de gestão, mas também um instituto capaz de impactar diversos ramos do direito (penal, empresarial, tributário).

No plano jurídico internacional, dentre inúmeros diplomas, destacam-se o *Foreign Corrupt Practices Act* - FCPA (1977), *Sarbanes Oxley Act* – SOX (2002), além do *UK Bribery Act* (2010), os dois primeiros de origem norte-americana e o último inglês.[4]

Internamente, destaca-se a Lei de Improbidade Administrativa – Lei nº. 8.492/92, regulamentando o art. 37, §4º da Constituição Federal; na sequência a publicação do Código de Ética do Servidor Federal por meio do Decreto nº. 1.171/94.

Alguns anos depois, surge a Lei de Combate à Lavagem de Dinheiro de nº. 9.613/98 – momento de criação do Conselho de Controle de Atividades Financeiras (COAF) -, órgão fundamental de combate aos ilícitos administrativos e penais. Ainda, no mesmo ano, o Conselho Monetário Nacional adota no Brasil os 13 princípios de controle interno da Basiléia (Resolução nº. 2.554/98).

Já nos anos 2000, ocorre a publicação da Lei de Responsabilidade Fiscal (LC nº. 101/2000), visando a aprimorar a gestão pública, seguida da Convenção das Nações Unidas contra a Corrupção (2003), cujas conclusões ingressaram no Brasil por meio do Decreto Legislativo nº. 348/2005 e Decreto Executivo nº. 5.678/2006.

Veja-se ainda a Convenção Interamericana contra a Corrupção (1996), absorvida em nosso ordenamento por meio do Decreto Legislativo nº.152/2002 e Decreto Executivo 4.410/2002.

No plano infralegal há inúmeros instrumentos normativos de relevância, podendo-se destacar as resoluções do Conselho Monetário Nacional de nº. 3056/2002 e 3198/2004, a segunda delas, inclusive, regulamentando a *Sarbanes Oxley Act*.

Em data mais recente, destaca-se a Lei nº. 12.846/2013, conhecida como Lei Anticorrupção, regulamentada pelo Decreto nº. 8.420/2015, que disciplinou a responsabilidade objetiva - administrativa/civil - das pessoas jurídicas, pela prática de atos de corrupção contra a administração pública, nacional ou estrangeira, dispondo, dentre outros assuntos, sobre a importância dos programas de integridade.

À luz da breve cronologia, cujo propósito consistiu em situar o leitor sobre o estado da arte, é possível crer que a melhor definição de *compliance* encontra-se no artigo 41 do Decreto Executivo nº. 8.420/2015, que regulamentou a Lei Anticorrupção, por sua amplitude e clareza:

> "Art. 41. Para fins do disposto neste Decreto, programa de integridade consiste, no âmbito de uma pessoa jurídica, no conjunto de mecanismos e procedimentos internos de integridade, auditoria e incentivo à denúncia de irregularidades e na aplicação efetiva de códigos de ética e

> de conduta, políticas e diretrizes com objetivo de detectar e sanar desvios, fraudes, irregularidades e atos ilícitos praticados contra a administração pública, nacional ou estrangeira. Parágrafo Único. O programa de integridade deve ser estruturado, aplicado e atualizado de acordo com as características e riscos atuais das atividades de cada pessoa jurídica, a qual por sua vez deve garantir o constante aprimoramento e adaptação do referido programa, visando garantir sua efetividade."

O *criminal compliance*, por sua vez, volta-se às questões relativas ao direito e processo penal, mais especificamente na prevenção de crimes e orientação dos recursos humanos no interior das pessoas jurídicas, públicas ou privadas, bem como a comunicação dos desvios aos órgãos de controle, internos e externos, além de outras atividades afins.

A atribuição pode incidir em mais de uma pessoa ou departamento, a depender da estrutura e âmbito de atuação da empresa, porém, de modo ideal, a função compete ao profissional conhecido como *compliance officer*, ainda pouco citado no Brasil.

Ao *compliance officer* ou quem lhe faça às vezes compete a fixação de rotinas e mecanismos de redução dos riscos empresariais, não apenas no aspecto criminal - foco do presente estudo -, mas também trabalhista ou ambiental, dentre outros, a depender do ramo de atividade do ente moral.

A sua atribuição penal, em termos práticos, pode abranger a elaboração de códigos de conduta, mensuração de vulnerabilidades no seio da empresa, organização do canal de denúncias e rotinas de apuração internas, gestão para comunicação dos órgãos de controle, acordos de delação e de leniência, dentre outras relevantes funções.

Delineado o contexto de surgimento do *criminal compliance*, sua definição operacional e finalidade, irrompe a questão: tal ferramenta pode auxiliar eficazmente na redução (ou gestão) de incertezas na atual sociedade de risco, principalmente daquelas resultantes de condutas criminosas, tendo por foco as empresas situadas no Brasil?

Sem qualquer pretensão de esgotamento do tema, buscaremos desvelar a indagação no tópico seguinte, no qual será abordado o impacto do instituto no cenário brasileiro.

PANORAMA BRASILEIRO: REDUTOR DE RISCOS?

Apesar da inexistência de pretensão a respostas definitivas, se deve alertar: constitui premissa fundamental da pesquisa que se acredite no potencial transformador do Direito, sem o qual pouco servirá o estudo do tema.

Tal afirmação não busca imprimir qualquer romantismo ao trabalho, ciente das limitações dos princípios e regras jurídicas, entretanto, em virtude de o *compliance* atuar sobre normas jurídicas, projetando uma nova cultura empresarial, é essencial que nelas acreditemos.

E, para tanto, North *et al.* (2009) oferece um caminho. Isso porque, em ordens de acesso limitado, emprestando a expressão do nobel em economia, a exemplo do Brasil, há pujante relação patrimonialista, no seio da qual público e privado se confundem, de modo a favorecer, por razões diversas, os incentivos ao crime.

Dito mais claramente: na visão de North (2009, p. 2), as relações pessoais constituem a base das interações entre indivíduos com poder nas ordens de acesso limitado, de modo que entre si são tomadas as decisões, com pouca independência entre organizações privadas e a administração pública.[5]

Guimarães (2016, p. 262/263) resume:

> "North *et al.* (2007) distinguem, através da história, três tipos de ordem social: ordem primitiva (sociedades de caçadores e coletores); ordem de acesso limitado (que, por sua vez, apresenta diferenciações)

> e ordem de acesso aberto. A diferença entre os dois últimos tipos de ordem está, entre outros aspectos, em que na ordem de acesso aberto às organizações civis mantêm independência em relação ao estado, resultado da predominância de relações impessoais que garantem liberdade e exercício de competição em relação aos poderes político (inclusive competição por privilégios) e sistemas econômico e social; o acesso a atividades econômicas, políticas, educacionais e à justiça é garantido à maioria dos cidadãos. A ordem de acesso limitado, ao contrário, obedece a uma lógica baseada em relações pessoais que torna as organizações privadas dependentes do estado e sujeitas à manipulação sistemática deste em favor de interesses particulares."

Como consequência, o sistema econômico, por meio de suas instituições (entendidas como as regras do jogo, formais ou não), em ordens de acesso limitado (onde o Brasil se inclui), favorece a multiplicidade dos crimes empresariais e da corrupção (local de atuação do *compliance officer*), falhando, por exemplo, na produção de seus incentivos e recompensas aos agentes públicos e privados.

Não obstante a existência de perspectivas diversas explicando o crescimento das nações, a Teoria Institucionalista fornece importante abordagem não apenas pela força de seus argumentos e exemplos históricos, mas também por valorizar o Direito - mecanismo institucional por excelência -, tão caro na construção dos estados constitucionais modernos.

Arranjos institucionais representam a grande semelhança, dentre várias diferenças, capazes de explicar a prosperidade econômica de algumas nações em detrimento de outras, servindo como instrumento estagnador dos países onde vige uma ordem de acesso limitado.

North *et al.* (1973) traça um paralelo entre o desenvolvimento das instituições e o progresso econômico-social das nações na transição da idade média para a moderna, de modo a inserir a Europa na dianteira da acumulação de capital e progresso tecnológico no século XVIII.

O *criminal compliance*, de forte natureza institucional (na acepção de North), porquanto versa sobre as regras do jogo, traz ao centro do debate a ideia de prevenção a riscos e delitos, inovando dogmaticamente, considerando que a característica central do Direito Penal tradicional sempre se pautou na "análise de condutas comissivas ou omissivas que já violaram, de forma direta ou indireta, algum bem jurídico digno de tutela penal" (SAAVEDRA, 2011, p. 11).

Ainda que a ideia de prevenção atrelada à teoria do crime, à luz do *criminal compliance*, possa assustar, por romper o paradigma reinante até então, o debate se faz necessário, já que o contexto da sociedade de risco, à toda evidência, é outro.

A produção das 'verdades' científicas (onde o Direito se inclui) são sempre passíveis de refutação, portanto falíveis e mutáveis ao longo do tempo, motivo pelo qual devemos considerá-las como "verdades datadas, históricas e eminentemente contingenciais" (FERNANDES, 2019, p. 28).

O *criminal compliance* manifesta-se nesta trama como um meio redutor de insegurança, buscando diminuir a exposição às incertezas da sociedade de risco no interior das pessoas jurídicas, favorecendo não somente os *stakeholders*, mas a sociedade em geral.

E a mudança de cultura empresarial perpassa por incentivos e recompensas à punição, prevenção de ocorrências por meio da detecção de riscos, incentivo à criação de canais de denúncias, além da disciplina interna das condutas dos colaboradores, devendo, obviamente, contar com o apoio da alta administração.

Não custa recordar que a Alemanha, país citado corriqueiramente em obras jurídicas como vanguarda na área, até a década de 1990 admitia o pagamento de propina a autoridades estrangeiras, possibilitando inclusive a dedução tributária por parte de suas empresas (MENDES e CARVALHO, 2017, p. 11).

Panorama afastado após a mudança dos incentivos e consequente alteração da cultura empresarial, de modo a elidir dúvidas de que as "leis, o judiciário e o direito em geral exercem um papel essencial na organização da atividades econômica" (PINHEIRO e SADDI, 2005, p.11).

Ainda, importante destacar as contribuições de Sutherland (2015, p. 100), distantes no tempo porém atuais, e sua consagrada concepção de "*white collar crime*", dissertando sobre o elevado grau de refinamento da cifra dourada, cujos membros possuem elevada respeitabilidade e prestígio social.

O autor quebrou paradigmas no século passado, antes da globalização econômica - ao menos da forma como hoje a conhecemos - defendendo a ausência de determinação genética ou explicações de ordens biológicas do crime, compreendendo-o como resultado da interação entre pessoas ou grupos, mediante processo comunicativo de associação (SUTHERLAND, 2015, p. 351).

A potencial normalidade da cifra dourada entre os 'homens de bem', fruto de incentivos ruins, somente sofrerá mudança se fomentarmos as corretas recompensas (*payoffs*) na distribuição das regras do jogo, benefício esperado após a introjeção dos mecanismos de *compliance*.

A ideia de governança como mecanismo de prevenção aos ilícitos criminais no seio das empresas e administração pública, defendida no presente trabalho, além do controle de riscos, pode nortear o uso dos finitos recursos públicos (por que não?), o que certamente renderia outro estudo.

E para a desconstrução de certezas técnico-jurídicas, sempre transitórias, não se pode desprezar a gama ferramental das outras ciências, com as quais se pode esquadrinhar com mais precisão a conduta humana (PINHEIRO e SADDI, 2005, p. 17), a exemplo do presente artigo, no qual se buscou em curto espaço algumas contribuições da economia e sociologia.

O Brasil, local onde existe um longo percurso para o desenvolvimento do *criminal compliance*, detentor da pouco invejável centésima quinta posição no índice de percepção da corrupção, de um total de cento e oitenta países (TRANSPARÊNCIA INTERNACIONAL, 2018), representa terreno fértil para o debate.

O Código Penal vigente, apesar de sua reforma em 1984, possui gênese em 1940, pouco diferindo do processo penal, cujo texto remonta a 1941, ambos, portanto, absolutamente anacrônicos.

A Lei Anticorrupção, por sua vez, provém do ano de 2013, com vigência a partir de 2014, pouco mais de um quinquênio, tornando o aprofundamento teórico sobre a sociedade de risco e *criminal compliance* abordagem tenra aos brasileiros.

Ainda que recente em *terras brasilis*, a contemporaneidade e suas crises econômicas, em parte relacionada a desvios éticos - cite-se a Operação Lava-Jato -, trouxe o alerta de que há bens ou condutas que o dinheiro não compra, ou não deveria comprar, de modo a impor limites éticos ao mercado (SANDEL, 2014).

A cultura de conformidade evita não apenas a desconfiança do mercado, mas também prejuízos à reputação da empresa, gastos com advogados e taxas processuais para defesa em processos administrativos e judiciais ou até mesmo a interrupção ou suspensão das atividades (NÓBREGA e ARAÚJO, 2019, p. 303), dentre outros benefícios.

Vale dizer, no fundo, é a redução de exposição aos riscos que se busca ao adotar uma postura ativa sob o ponto de vista ético, não trazendo surpresas a estruturação de setores de conformidade nas entidades envolvidas em casos de corrupção e desastres ambientais no Brasil, a exemplo da JBS, Odebrecht e Petrobras (GALF, 2018).

E, ainda que a composição de um setor de conformidade, incluindo aquele afeto à área criminal, ocorra de forma inicialmente forçada pela conjuntura econômica, e não pela visão de seu administrador, seus mecanismos inevitavelmente passarão a reduzir os riscos da atividade, fazendo com que, se bem empregado, passe a integrar a própria cultura da pessoa jurídica.

Como consequência, em sede de conclusão do capítulo, pode-se afirmar que além dos benefícios econômicos trazidos por arrastamento decorrentes da menor exposição dos riscos (v.g. corrupção, crimes ambientais, assédio moral), paulatinamente haverá uma importante mudança cultural de seus membros, tanto aqueles vestidos de colarinho azul (chão de fábrica) quanto aqueles de colarinho branco (gestores), para usar a consagrada expressão de Sutherland, a todos beneficiando.

Some-se à redução dos riscos, o benefício do refinamento dogmático das regras do jogo, desde que à adoção do *criminal compliance* se dê no bojo da interdisciplinaridade, renovando a teoria penal e processual penal, de preferência em códigos que aglutinem assuntos, reduzindo o excesso de legislações extravagantes.

APONTAMENTOS (NADA) FINAIS

Crer que o ingresso de um novo instituto tenha o condão de controlar um fenômeno global multifatorial, como os riscos na era da (pós) modernidade, é, no mínimo, ingênuo. Nem o mais entusiasmado ou iludido jurista faria tal aposta. Não é disso que se trata.

Buscou-se compreender o fenômeno de forma abrangente, afastando o perigo de alienação manualística, sem perder de vista o local da fala, qual seja, o Direito e seus institutos; ou ainda subordiná-los epistemologicamente a outros saberes.

Assumindo a premissa da inevitabilidade dos riscos por todos compartilhados, tão irracional quanto a cegueira deliberada do fenômeno é a manutenção de teorias jurídicas gestadas há séculos, por mais nobres que tenham sido suas funções de outrora, como a contenção do poder ou a redução do arbítrio estatal.

Dito isso, o *criminal compliance*, por meio de sua dinâmica de controles internos, possui evidente vocação para a gestão de riscos, não apenas reduzindo a exposição da pessoa jurídica a grave comprometimento de sua reputação, como também servindo de instrumento destinado ao fomento para a mudança cultural das corporações.

Pode-se deduzir que o surgimento de uma nova cultura empresarial beneficia a toda sociedade, não apenas aqueles diretamente relacionados à sua atividade, porquanto os riscos, como se buscou demonstrar, são dissipados socialmente, de modo que a seriedade de seus controles ocasiona incalculável relevância à população em geral.

Flagelos difusos (corrupção, questões ambientais ou nucleares, dentre outras) não prejudicam apenas a imagem da pessoa jurídica e de seus gestores, mas evidentemente tem seus danos espraiados solidariamente a milhares de inocentes, sendo simples elencar uma dezena de recentes episódios no Brasil.

Funcionalismo penal, antecipação da punição, *whistleblower*, previsão de crimes de perigo abstrato, mudança nas regras de imputação e ampliação da responsabilidade criminal das pessoas jurídicas são exemplos de assuntos a serem urgentemente enfrentados pelos juristas, com disciplina em legislação única de regência.

Aliás, o Projeto de Lei do Senado nº. 236/2012, conhecido como Novo Código Penal, apesar de inúmeras críticas, avançou num dos temas, mais especificamente a responsabilidade penal das pessoas jurídicas, disciplinando-a em seu corpo (art. 41).

Mas de pouco adianta tratar da punição das pessoas jurídicas, excluindo, por exemplo, questões relativas à causalidade ontológica, há muito superada, deixando em aberto a exata conexão entre as infrações de dever e sua respectiva punição penal.

Por óbvio, existe natural dificuldade na aprovação de um refinado arcabouço jurídico, que no mais das vezes tramita por décadas, com evidente anacronismo ante a velocidade das inovações emergidas da sociedade atual, o que talvez explique a opção do legislador por microrreformas nos últimos anos.

De qualquer modo, no presente espaço nos ativemos exclusivamente à temática do *criminal compliance*, realidade premente de todos os gestores, juristas ou não. Novamente se diga: nova sociedade, novo Direito. Concordando ou não, se houver lentidão no debate, se perderá novamente o fio da história.

Inexistem garantias de que os novos instrumentos rendam frutos, porém, certamente, a inércia - ou cegueira deliberada - não auxiliará o país a sair da periferia do capitalismo global, distanciando-nos progressivamente do objetivo fundamental da Constituição Federal (BRASIL, 1988) de construção de uma sociedade livre, justa e solidária. No fundo, é a alteridade que se almeja. Avante!

REFERÊNCIAS

BAUMAN, Zygmunt. *Globalização – as consequências humanas.* Rio de Janeiro: Zahar, 1999.

BAUMAN, Zygmunt. *Medo líquido.* Rio de Janeiro: Zahar, 2006.

BECCARIA, Cesare. *Dos delitos e das penas.* Trad. José Cretella Jr. E Agnes Cretella. 2.ª ed. São Paulo: Revista dos Tribunais, 1999.

BECK, Ulrich. *Sociedade de Risco - Rumo a uma outra modernidade.* São Paulo: Editora 34, 2011.

BECK, Ulrich. *A Política na Sociedade de Risco.* Revista Ideias, v. 1, n. 2, 2010, trad. Estevão Bosco. Disponível em: https://periodicos.sbu.unicamp.br/ojs/index.php/ideias/article/view/8649300. Acesso: 01.08.2019.

BRASIL. Constituição (1988). Constituição da República Federativa do Brasil: promulgada em 5 de outubro de 1988. Disponível em: http: <//www.planalto.gov.br/ccivil_03/constituicao/constituicaocompilado.htm>. Acesso em: 14/08/2018.

FERNANDES, Bernardo Gonçalves. *Curso de Direito Constitucional.* 11º ed. Salvador: Editora Juspodivm, 2019.

GALA, Paulo. *A Teoria Institucional de Douglass North.* Revista de Economia Política, vol. 23, nº. 2 (90), abril-junho/2003.

GALF, Renata. Sob pressão, empresas envolvidas na Lava Jato investem em transparência. Deutsche Welle, 2018. Disponível em: https://p.dw.com/p/2rkZZ. Acesso em 12 de out. de 2019.

GONÇALVES, Everton das Neves.STELZER, Joana. *Direito Internacional: Os estados, as pessoas e as controvérsias.* Florianópolis: Conceito Editorial, 2009.

GUIMARÃES, Sônia Karam. *Desenvolvimento econômico-social e instituições no Brasil.* Civitas, Porto Alegre, v. 16, n. 2, p. 259-284, abr.-jun. 2016.

HOBSBAWM, Eric J. *Da Revolução Industrial Inglesa ao Imperialismo.* Rio de Janeiro: Ed. Forense Universitária, 6 ed. 2011.

MENDES, Francisco Schertel e CARVALHO, Vinícius Marques de. *Compliance: concorrência e combate à corrupção.* São Paulo: Trevisan Editora, 2017.

MORAES, Alexandre Rocha Almeida de. NETO, Ricardo Ferracini. *Criminologia.* Salvador: Editora JusPodivm, 2019.

NÓBREGA E ARAÚJO, Marcos e Leonardo C. de. *Custos do Não Compliance. In*: Carvalho, Venturini, Bertoccelli e Alvim, André Castro, Otávio Venturini, Rodrigo de Pinho e Tiago Cripa (Orgs): Manual de Compliance. Rio de Janeiro: Forense, 2019.

NORTH, Douglas. THOMAS, Robert P. *The Rise of the Western World: A New Economic History*, Cambridge University Press, Cambridge, 1973.

NORTH, Douglass; WALLIS, John J.; WEINGAST, Barry R. *Violence and social orders: a conceptual framework for interpreting recorded human history.* New York: Cambridge University Press, 2009.

ORDEIG, Enrique Gimbernat. *Tem algum futuro a dogmática jurídico-penal.* Tradução de Maurício Antonio Ribeiro Lopes. Coleção Estudos de Direito Penal. São Paulo: Manole, 2004, Vol. 13.

PETRY, André. *Ler e Escrever na Era Digital.* Revista Veja, ed. Abril, edição 2300, ano 45, n° 51, de 19 de dezembro de 2012.

PINHEIRO, Armando Castelar; SADDI, Jairo. *Direito, economia e mercados.* Rio de Janeiro: Elsevier, 2005.

RUSCHE, Georg; KIRCHHEIMER, Otto. *Punição e estrutura social.* Trad. Gizlene Neder. 2. ed., Rio de Janeiro: Revan, 2004.

SAAD-Diniz, Eduardo. *Novos modelos de responsabilidade empresarial: a agenda do direito penal corporativo. In*: SAAD-DINIZ, E.; ADACHI, P. P.; DOMINGUES, J. O. (org). Tendências em governança corporativa e compliance. São Paulo: LiberArs, 2016.

SAAVEDRA, Giovani. *Reflexões Iniciais Sobre Criminal Compliance. In* Boletim IBCCRIM. São Paulo: IBCCRIM, a. 18, n. 18. Jan 2011. Disponível em: http://www.ibccrim.org.br/site/boletim/pdfs/Boletim218.pdf. Acesso em 05.08.2019.

SÁNCHEZ, Jesús-María Silva. *A Expansão do Direito Penal. Aspectos da política criminal nas sociedades pós-industriais.*São Paulo: RT, 2 ed., 2011.

SANDEL, Michael J. *O que o dinheiro não compra: os limites morais do mercado*. Trad. Clóvis Marques. 6º ed. Rio de Janeiro: Civilização Brasileira, 2014.

SUTHERLAND, Edwin H. *Crime de Colarinho Branco: versão sem cortes*. Tradução Clésio Lemos. Rio de Janeiro: Revan, 2015.

TRANSPARÊNCIA INTERNACIONAL. Índice de percepção da corrupção. Ano 2018. Disponível em: https://ipc2018.transparenciainternacional.org.br/ Acesso em 09 out. 2019.

WERMUTH, Maiquel Ângelo Dezordi. *Medo e direito penal: reflexos da expansão punitiva na realidade brasileira*. Porto Alegre: Livraria do Advogado, 2011.

CRITÉ-RIO 01: Título 5 pontos	a. Não convida o leitor a conhecer o assunto e b. Não evidencia o objeto do artigo e c. Não evidencia a pesquisa do artigo 0 pontos	Apresenta um dos itens abaixo: a. Convida o leitor a conhecer o assunto ou b. Evidencia o objeto do artigo ou c. Evidencia a pesquisa do artigo 1 ponto	Apresenta dois dos itens abaixo: a. Convida o leitor a conhecer o assunto ou b. Evidencia o objeto do artigo ou c. Evidencia a pesquisa do artigo 3 pontos	a. Convida o leitor a conhecer o assunto e b. Evidencia o objeto do artigo e c. Evidencia a pesquisa do artigo 5 pontos

CRITÉRIO 02: Introdução 10 pontos	a. Não contextualiza o tema e a pesquisa e b. Não apresenta brevemente o(s) objetivo(s) do artigo e c. Não apresenta brevemente os capítulos ao final 0 pontos	Apresenta até dois dos itens abaixo: a. Contextualiza o tema e a pesquisa ou b. Apresenta brevemente o(s) objetivo(s) do artigo ou c. Apresenta brevemente os capítulos ao final ou d. Redação com o devido rigor acadêmico. 4 pontos	Apresenta três dos itens abaixo: a. Contextualiza o tema e a pesquisa ou b. Apresenta brevemente o(s) objetivo(s) do artigo ou c. Apresenta brevemente os capítulos ao final ou d. Redação com o devido rigor acadêmico. 7 pontos	a. Contextualiza o tema e a pesquisa e b. Apresenta brevemente o(s) objetivo(s) do artigo e c. Apresenta brevemente os capítulos ao final e d. Redação com o devido rigor acadêmico. 10 pontos
CRITÉRIO 03: Organização 10 pontos	a. Não apresenta uma sequência coerente de argumentos/teses/dados e b. Não apresenta ordem lógica e c. Não possui conexão entre os assuntos 0 pontos	Apresenta um dos itens abaixo: a. Apresenta uma sequência coerente de argumentos/teses/dados ou b. Apresenta ordem lógica ou c. Possui conexão entre os assuntos 4 pontos	Apresenta dois dos itens abaixo: a. Apresenta uma sequência coerente de argumentos/teses/dados ou b. Apresenta ordem lógica ou c. Possui conexão entre os assuntos 7 pontos	a. Apresenta uma sequência coerente de argumentos/teses/dados e b. Apresenta ordem lógica e c. Possui conexão entre os assuntos 10 pontos

CRITÉRIO 04: Desenvolvimento do artigo 40 pontos	a. Escolheu inadequadamente os tópicos e b. Fugiu do tema/objetivo do artigo e c. Não conectou as diversas partes do artigo e d. Apresentou de maneira insuficiente os dados/argumentos/teses 0 pontos	Apresenta até dois dos itens abaixo: a. Escolheu adequadamente os tópicos ou b. Observou o tema/objetivo do artigo ou c. Conectou as diversas partes do artigo ou d. Apresentou de maneira suficiente os dados/argumentos/teses 16 pontos	Apresenta três dos itens abaixo: a. Escolheu adequadamente os tópicos ou b. Observou o tema/objetivo do artigo ou c. Conectou as diversas partes do artigo ou d. Apresentou de maneira suficiente os dados/argumentos/teses 28 pontos	a. Escolheu adequadamente os tópicos e b. Observou o tema/objetivo do artigo e c. Conectou as diversas partes do artigo e d. Apresentou de maneira suficiente os dados/argumentos/teses 40 pontos
CRITÉRIO 05: Conclusão/Considerações finais 10 pontos	a. Não guarda relação com o artigo/dados/teses/argumentos apresentados e b. Não retomou a tese central do artigo e c. Apresentou citações e/ou dados 0 pontos	Apresenta um dos itens abaixo: a. Guarda relação com o artigo/dados/teses/argumentos apresentados ou b. Retomou a tese central do artigo ou c. Não apresentou citações e/ou dados 4 pontos	Apresenta dois dos itens abaixo: a. Guarda relação com o artigo/dados/teses/argumentos apresentados ou b. Retomou a tese central do artigo ou c. Não apresentou citações e/ou dados 7 pontos	a. Guarda relação com o artigo/dados/teses/argumentos apresentados e b. Retomou a tese central do artigo e c. Não apresentou citações e/ou dados 10 pontos

CRITÉRIO 06: Referências bibliográficas 5 pontos	a. Referências bibliográficas estão fora das regras da APA modificadas Ambra e b. Não apresenta, pelo menos, 10 referências de artigos e/ou livros que foram citados e c. Não trabalhou as referências adequadamente no texto 0 pontos	Apresenta um dos itens abaixo: a. Referências bibliográficas estão parcialmente dispostas de acordo com as regras da APA modificadas Ambra. ou b. Apresenta, pelo menos, 10 referências de artigos e/ou livros que foram citados e trabalhados no artigo e c. Trabalhou as referências adequadamente no texto 1 ponto	Apresenta dois dos itens abaixo: a. Referências bibliográficas estão parcialmente dispostas de acordo com as regras da APA modificadas Ambra. ou b. Apresenta, pelo menos, 10 referências de artigos e/ou livros que foram citados e trabalhados no artigo e c. Trabalhou as referências adequadamente no texto 3 pontos	a. Referências bibliográficas estão dispostas de acordo com as regras da APA modificadas Ambra. e b. Apresenta, pelo menos, 10 referências de artigos e/ou livros que foram citados e trabalhados no artigo e c. Trabalhou as referências adequadamente no texto 5 pontos

[1]Os parênteses buscam apenas evidenciar o conhecimento sobre a controvérsia da nomenclatura, alguns optando pela manutenção do termo modernidade sem o prefixo, outros mantendo-o justamente para diferenciar o momento da revolução tecnológica. O artigo defende a mudança de paradigma no cenário atual, conforme se verá, de modo a tornar coerente o termo pós-moderno.

[2] Sintoma elucidativo dos tempos atuais, sem pretensões teóricas, apenas pela clareza do exemplo, se encontra na reportagem de capa da Revista Veja, chamando a atenção para as alterações da leitura e escrita na era digital, notadamente pelo atual crescimento na utilização dos *tablets* como instrumento de substituição dos livros impressos em papel. *Ler e Escrever na Era Digital.* Revista Veja, ed. Abril, edição 2300, ano 45, n° 51, de 19 de dezembro de 2012.

[3] Em alusão às duas cidades do estado de Minas Gerais onde houve o rompimento de barragens construídas para contenção dos rejeitos de minério de ferro, desencadeando incalculáveis tragédias humanas e ambientais.

[4] Cabe ressaltar o Ato Patriota, publicado em outubro de 2001 nos Estados Unidos, após os atentados de 11 de setembro do mesmo ano, que em seu artigo 352 fixou a necessidade das entidades financeiras auxiliarem no combate ao crime de lavagem de dinheiro, intensificando seus controles internos, com impacto, portanto, na questão relativa à conformidade. Disponível em https://www.govinfo.gov/content/pkg/PLAW-107publ56/pdf/PLAW-107publ56.pdf. Acesso em 09.06.2019.

[5] Tradução realizada pelo próprio autor.

COMPLIANCE: ANÁLISE DO PROGRAMA DE INTEGRIDADE DOS ÓRGÃOS E INSTITUIÇÕES DO PODER EXECUTIVO FEDERAL

Elizandro Brollo

A definição de *compliance* abrange uma série de ferramentas, sistemas, políticas e ações que têm o objetivo de manter uma entidade em conformidade com ordenamento jurídico e preceitos éticos. Nesta linha, Bertoncelli (2018, pg. 38-39) declara que "estar em *compliance* é estar em conformidade com as regras internas da empresa, de acordo com procedimentos éticos e as normas jurídicas vigentes".

Relevante o avanço na legislação anticorrupção com a edição da Lei nº 12.846/2013, que representou um importante marco para os programas de *compliance* ao regulamentar e trazer à evidência a necessidade de implementação deste instituto na esfera do poder público, especialmente no que diz respeito aos programas de integridade.

Trata-se de iniciativas que envolvem o aumento da transparência, a gestão adequada dos recursos públicos e prestação de serviços à sociedade, além do controle de riscos de corrupção e mecanismos de punição de agentes públicos, entre outros.

Logo, partindo da premissa de que o instituto do *compliance* é essencial para as relações público-privadas, inclusive em todos os entes federativos, o presente estudo tem como tema "A análise da maturidade do *compliance em entidades do Governo Federal*".

Isto porque o contexto político-jurídico atual fomentou na sociedade uma evidente busca pela integridade pública movida por práticas anticorrupção, fato que contribuiu para ressaltar importância do instituto do *compliance* e todo seu conjunto de arranjos institucionais que visam fazer com que a Administração Pública não se desvie de seu principal objetivo: entregar os resultados esperados pela população de forma adequada, imparcial e eficiente.

O tema do presente trabalho é a avaliação da maturidade do programa de integridade dos órgãos do Poder Executivo Federal, tendo por base o Painel de Integridade da Controladoria-Geral da União.

Portanto, o tema proposto por este estudo justifica-se pela importância da existência de um programa de *compliance* (e integridade) no âmbito de governo federal.

As entidades e órgãos do Poder Executivo Federal estão obrigadas a implementar um programa de integridade em face das regulamentações a que estão submetidos.

Nesse sentido, a problemática que enfrenta o presente estudo é no sentido de aferir a maturidade do *compliance* em tais instituições. Para tanto, toma-se por base o painel de integridade disponibilizado pela Controladoria Geral da União.

Para atingir os objetivos, traz em um primeiro momento as considerações sobre o *compliance* e suas nuances. Na sequência os aspectos metodológicos e a análise dos dados empíricos. Por fim, as considerações finais em face dos aspectos abordados.

REQUISITOS DE UM PROGRAMA DE *COMPLIANCE*

A Administração Pública é pautada por princípios que emanam da Constituição Federal de 1988 (Brasil, 1988), mais especificamente em seu artigo 37 que determina que "a administração pública direta e indireta de qualquer dos Poderes da União, dos Estados, do Distrito Federal e dos Municípios obedecerá aos princípios de legalidade, impessoalidade, moralidade, publicidade e eficiência". Em relação ao princípio basilar da Legalidade, este determina de forma expressa que no âmbito da Administração Pública somente se faça aquilo que a lei determina.

Ocorre que o cenário atual de atuação da administração pública tem sido colocado à prova em face de inúmeros envolvimentos de órgãos e agentes públicos em escândalos de corrupção. A exemplo[1], no âmbito da operação Lava Jato, a corrupção no caso Petrobras envolveu agentes políticos e agentes públicos. O crime de corrupção não é uma novidade no ordenamento pátrio, pois, desde o Brasil Império no Código Criminal de 1830 já se considerava punível, por exemplo, o tráfico de influência.

Mais tarde, o vigente Código Penal de 1940 (Brasil, 1940) trouxe em seu artigo 317 a tipologia do referido crime de corrupção passiva. Não somente este, o mesmo diploma em seu artigo 333 traz o crime de corrupção ativa em que o agente privado oferece ou promete vantagem indevida ao agente público para que este pratique, se omita ou retarde ato de ofício.

Desse modo, tanto os agentes públicos como os agentes privados cometem crimes tendo como vítimas a sociedade e o próprio Estado, a exemplo do que ocorre nos casos de subornos a agentes públicos, fraudes em procedimentos de contratação, etc.

---

[1] Fonte: Rev. Adm. Pública vol.53 nº.2 Rio de Janeiro mar./abr. 2019 Epub 25-Abr-2019. A corrupção na perspectiva durkheimiana: um estudo de caso da Operação Lava Jato. Autores: Vinícius Batista Gonçalves e Daniela Meirelles Andrade. P. 271-290.

Deste cenário, a atuação da Administração Pública na mitigação de riscos (fraude, corrupção, imagem da organização, cultura dos colaboradores etc), de modo que possa estar em *compliance*, é deveras importante. Nesta toada, demonstra-se a seguir aspectos relevantes relacionados ao instituto.

No plano nacional houve a positivação do programa de integridade pelo Decreto 8.420/2015 (Brasil, 2015) que regulamentou a Lei 12.846/2013 (Brasil, 2013). Ainda como referenciais tem-se o trabalho desenvolvido pela Controladoria-Geral da União (CGU, 2015) com o "Programa de Integridade - Diretrizes para Empresas Privadas", e o guia de *Compliance* Concorrencial do Conselho Administrativo de Defesa da Concorrência - CADE (CADE, 2016).

Desse modo, a existência de uma estrutura de *compliance*, de um programa de integridade e um código de ética são opções adequadas à organização. Para tanto toma-se por base o que preceitua o Decreto Federal 8.420/2015 em seu artigo 42, em que traz os requisitos mínimos para o programa de integridade - chamados de "pilares", sendo:

(i) comprometimento da alta administração;

(ii) código e políticas de condutas;

(iii) treinamento e comunicação;

(iv) questionário de autoavaliação e gestão periódica de riscos;

(v) canais de denúncia;

(vi) monitoramento contínuo.

O efetivo envolvimento da Alta Administração[2] é essencial para que a governança de uma organização e, por conseguinte, um programa de integridade possa atingir seu objetivo, pois caracteriza um referencial da

---

[2] O envolvimento da Alta Administração é um dos pilares do programa de *compliance*. Conhecido como "*tone from the top*", mostra o envolvimento na promoção do *compliance* por administradores, diretores e demais agentes com cargos decisórios em uma organização.

organização e deve assumir responsabilidade pela promoção da integridade.

O efetivo envolvimento da Administração é o primeiro passo para que um programa de *compliance* possa ser incorporado a uma organização. Nesta linha Schramm (2019, p. 201) leciona que

> "antes de mais nada, é preciso que os líderes da organização queiram investir na implantação do programa e, consequentemente, que estejam dispostos a modificar a cultura empresarial e privilegiar posturas éticas, ainda que isso implique abrir mão de oportunidades de negócios rentáveis."

Não basta apenas o discurso de apoio, mas tem que mostrar continuamente a participação e o exemplo na condução da atividades.

A ISO 19600 traz diretrizes para um sistema de *compliance*, e dela pode se extrair que "um *compliance* eficaz requer um comprometimento ativo do órgão de controle e da Alta Administração" (NBR, 2014, p.10).

Até porque é pressuposto para uma boa governança que os gestores e a alta administração se comprometam com valores éticos, integridade e à observância dos preceitos legais. Neste sentido, o Tribunal de Contas da União, aduz que:

> "A IFAC (2013) orienta que um dos princípios da boa governança consiste no comprometimento da alta administração com valores éticos, com integridade e com observância e cumprimento da lei. Portanto, é papel dos dirigentes exercer a liderança na promoção de valores éticos e de altos padrões de comportamento (OCDE, 2004)" (2014, p. 43).

O Instituto Brasileiro de Governança Corporativa-IBGC (2017, p. 21) ressalta que:

> Segundo o Código das Melhores Práticas de Governança do IBGC, agentes de governança são indivíduos e órgãos envolvidos no sistema de governança, tais como sócios, conselheiros de administração, diretores, conselheiros fiscais, auditores, entre outros. Eles são responsáveis por "assegurar que toda a organização esteja em conformidade com os seus princípios e valores, refletidos em políticas, procedimentos de controle e normas internas, e com as leis e os dispositivos regulatórios a que esteja submetida". É a efetividade desse processo que constitui o sistema de *compliance*.

Ressalta o IBGC a necessidade e a importância da governança e da administração e respectivos agentes no desenvolvimento do *compliance*.

Na esfera pública, papéis de alta administração exercido por prefeitos, governadores e presidente, demais chefes de poder como legislativo e judiciário e por conseguinte diretores, secretários, ministros e demais órgãos e cargos de tal natureza tem papel primordial na promoção do *compliance* público.

Além da alta administração, o comprometimento também inclui os conselhos e diretorias eventualmente existentes, reunidos de modo que o apoio seja visível e inequívoco por parte dos seus agentes, garantindo a independência, estrutura e autoridade das instâncias internas, inclusive aquelas responsáveis por fiscalizar o andamento do programa de integridade.

É também relevante que os membros da alta administração se comprometam com a integridade da entidade tendo em vista que podem responder pessoalmente por ilícitos ocorridos, a exemplo do ocorrido com executivos de grandes empresas que foram presos em operações como a chamada "lava jato".

Alguns exemplos mostram o efetivo e incondicional envolvimento da administração: um discurso de apoio em jornais, revistas, palestras etc, bem como a inserção no seu planejamento estratégico, a participação em treinamentos, o efetivo acompanhamento pela alta administração e a criação de uma instância no organograma da entidade.

O Decreto que regulamenta a Lei 12.846/13 traz em seu artigo 42, §4º a possibilidade de redução de sanções para as empresas que tenham programa de integridade, considerando como um dos pontos o comprometimento da alta administração da pessoa jurídica.

A chamada Lei das Estatais (Brasil, 2016) também elenca a necessidade de implementação de um programa de integridade e que o estatuto da empresa deverá observar as regras de governança corporativa, devendo haver uma área responsável pelo *compliance* dentro da companhia, que atue com independência, arrolando a participação da alta administração.

Reforçando a importância do envolvimento da Administração da organização, Giovanini (2018, p. 56) aduz que "o sucesso de um Programa de *Compliance* está nas mãos do "número um" da organização (dono, CEO, presidente ou equivalente)."

Desse modo, a existência de estrutura de *compliance* depende em grande parte das circunstâncias acima apresentadas, visto que o comprometimento da alta administração pode afetar inclusive na conduta dos novos servidores, colaboradores, reduzindo os riscos daquela atividade quando envolvidos à cultura ética da entidade, pois a alta administração se mostra ativa na conduta exemplar.

No tocante ao código de ética e políticas de conduta, este tem o papel de estabelecer a orientação aos empregados da instituição, ao traduzir os valores e regras em comandos simples e diretos, adaptados à realidade operacional do órgão ou entidade, além de detalhar os comportamentos esperados e vedados, estabelecendo procedimentos estritos de punição à violação de suas regras, aplicável à todos sem distinção de cargo, desde a alta administração aos atuais e novos colaboradores, como aos terceiros que prestam serviços e tenham relações de negócio.

O conteúdo do código de ética e de conduta deve ser compatível com a realidade da organização e do ambiente a que está inserida. Não há um modelo padrão aplicável a todos. Nesta esteira, Schramm (2019, p. 207) aduz que "por melhores que sejam as intenções dos responsáveis pela implantação do programa, é indispensável que as diretrizes sejam minimamente condizentes com a cultura da empresa."

Os valores e regras devem ser internalizados no âmbito da organização, portanto, devem ser divulgados e devidamente compreendidos por todos, por isso é importante que seja veiculado em canais internos e externos de comunicação e seu conteúdo repassado aos servidores e prestadores de serviços terceirizados, periodicamente.

Medeiros e Frazão (2019, p. 97) lecionam que:

> "o objetivo principal do (s) Código (s) é, antes de tudo, deixar claro para todos os administradores e funcionários, assim como para terceiros, que a empresa se preocupa com a observância da legislação e que pretende instituir uma cultura organizacional baseada na ética e no cumprimento legal."

Assim, os canais de comunicação são fundamentais, pois representam importante compromisso da organização com seus valores éticos. A clareza é de suma importância para que a efetividade das informações de ética e conduta chegue a todos que se relacionam com a organização.

Em que pese o Código deve ser aplicável a todos os integrantes daquela entidade, de modo a criar a cultura de conformidade e transparência, de igual modo é importante que se estabeleçam mecanismos de treinamento e capacitação, principalmente no que diz respeito sobre os novos servidores, instruindo-os sobre o Código de Conduta com treinamentos que aliem elementos teóricos com questões práticas do dia-a-dia do órgão ou entidade, orientando os servidores sobre qual caminho se deve seguir diante de situações sensíveis.

A Lei das Estatais traz em seu artigo 17, §4º a necessidade de que os administradores passem por treinamentos no momento da posse e anualmente sobre Código de Conduta e temas relacionados à Lei Anticorrupção.

O objetivo dos treinamentos e capacitações é demonstrar que situações conflitantes são inevitáveis em qualquer tipo de trabalho, e que existem maneiras de se aprender e lidar com elas. Consoante lecionam Medeiros e Frazão (2017, p. 101), "a eficácia de um programa de *compliance* dependerá também do adequado treinamento aos funcionários."

Com base no mapeamento de riscos, deve-se oferecer treinamentos específicos em periodicidade adequada e obrigatórios para todos os servidores, colaboradores e também aos prestadores de serviços terceirizados.

Exemplo disto é estabelecer políticas de recebimento de brindes, hospitalidades e presentes, entre outros. Isso porque tal recebimento pode colocar em xeque a integridade dos empregados. Assim, ter a política os torna instruídos sobre a necessidade de manterem-se imparciais a situações que possam provocar um desvio de conduta e ferir os preceitos éticos daquela organização.

Nesse sentido, também se faz importante a criação de uma política (normativo ou manual) de relacionamento e comunicação com a imprensa e mídias sociais, de modo a gerir eventuais riscos que possam prejudicar os valores e a imagem da organização, dentre outros aspectos.

Sobre o ordenamento jurídico, a Lei das Estatais, por exemplo, estabelece a necessidade de se inserir nas sociedades de economia mista e empresas públicas um código de conduta e integridade. A Lei Anticorrupção também traz a previsão de que será levada em consideração para fins de redução de sanções se a empresa possui uma aplicação efetiva do código de conduta e de ética.

A ISO 19600, por sua vez, ressalta que mesmo na utilização de terceirizações é necessário estabelecer normas de conduta para evitar que a empresa possa ser responsabilizada por ações não adequadas ao *compliance*.

Assim sendo, alguns pontos são cruciais para um código de conduta que atenda os preceitos de *compliance*: (i) missão e valores da empresa; (ii) mensagem da presidência e da alta administração; (iii) uma área que seja responsável pelo programa de integridade;(v) quais condutas não são permitidas na empresa; (vi) regras de conduta nos relacionamentos interpessoais; (vii) regras de relacionamento com o público externo (desde fornecedores a parceiros de negócio); (viii) padrões de relacionamentos com agentes públicos e órgãos públicos; (ix) conflito de interesse e casos de nepotismo; brindes, patrocínios; (x) combate a corrupção, fraudes e crimes concorrenciais; (xi) controles financeiros claros; (xii) indicação de canais de denúncia que possibilitem a confidencialidade e proteção dos interessados, bem como a resolução imparcial das demandas; (xiii) treinamentos periódicos sobre o código de conduta e programa de integridade.

Nesta toada, o Instituto Brasileiro de Governança Corporativa (2017, p. 18) orienta que o código de conduta:

> Seu conteúdo deve se focar em aspectos essenciais, no sentido de fomentar a transparência, disciplinar as relações internas e externas da organização, administrar conflitos de interesses, proteger o patrimônio físico e intelectual e consolidar as boas práticas de governança corporativa. Não se deve esperar que o código contenha detalhamentos para todas as situações possíveis, que devem estar previstas em políticas específicas. Não se trata de uma "lei" a ser cumprida por dever, mas sim por desejo e efetivo comprometimento.

O Código de Conduta, então, é pressuposto orientador da organização tanto para seus colaboradores, mas também para os terceiros que com ela se relacionem de modo a ser orientador das relações.

Por sua vez, o questionário de autoavaliação (ou, autoconhecimento) refere-se ao mapeamento das atividades, processos e procedimentos existentes dentro da entidade, estabelecendo um perfil da organização em que se apresente de maneira clara as diretrizes e normas a que está sujeita. Tal processo de autoavaliação compreende, por exemplo: o conhecimento da proporção – em valor e quantidade – de aquisições que são decididas por dispensa ou por inexigibilidade, quantidade de aditivos que são assinados, prazo de pagamento de obrigações contratuais e acompanhamento do preço pago por produtos que são adquiridos com frequência, dentre outros.

A implementação de um programa de integridade também compreende as etapas de avaliação periódica para que, quando necessário, sejam realizadas adaptações no programa, por exemplo: (i) se os resultados pretendidos ainda são válidos ou devem ser revistos; (ii) se o contexto, interno e externo, oferece riscos à consecução desses resultados; e (iii) se a organização possui capacidade operacional de alcançar esses resultados de forma eficiente, eficaz e, sobretudo, íntegra.

São premissas cruciais para a efetividade do programa de *compliance* a realização de avaliações periódicas bem como a atualização do programa. Medeiros e Frazão (2018, p. 101) lecionam que "o monitoramento serve, portanto, para identificar os mecanismos que não estão funcionando adequadamente e devem ser aperfeiçoados. (...) um programa defasado pode se tornar inócuo".

No tocante a gestão de riscos, a ISO 31000/18 traz princípios e direções para implementação nas entidades. Por certo, para ser efetiva deve levar em consideração o cenário a que está exposta a organização, bem como as necessidades específicas da empresa, objetivos, estrutura, operações, processos, práticas empregadas etc.

O estabelecimento de uma estrutura interna para gestão de risco, bem como a relação deste com as linhas de defesa agregarão muito à organização, de modo a atender aos seus objetivos.

Consoante leciona Schramm (2019, p. 221), não basta ter a estrutura, mas também contar com profissionais capacitados e conhecedores do negócio:

> "é recomendável que a avaliação periódica dos riscos seja conduzida, ou auxiliada por profissionais capacitados, inseridos no contexto da atividade empresarial e familiarizados com processos investigatórios e com normas legais e/ou regulatórias aplicadas a empresa."

Deve a organização mapear os riscos e implementar medidas de controle, bem como os aspectos aqui propostos para mitigar os mesmos. Por exemplo. O risco de se contratar um colaborador fora dos preceitos da empresa deve ser mitigado com uma seleção que considere fatores como corrupção e fraude. Outro, no caso de contratação com o setor público, tomar medidas para que os colaboradores e a alta administração não se aproveitem do contato para realizar práticas inadequadas com a conduta da empresa. Uma prática seria estabelecer a assinatura de contratos por mais de um diretor, visita e contato com agentes públicos sempre com participação de mais de um colaborador, etc.

Outro pilar imprescindível para a efetividade dos programas de integridade é a criação de um canal de denúncias, em que a entidade deve divulgar a existência desse canal para serem encaminhadas quaisquer denúncias, provenientes de qualquer origem.

Os colaboradores devem ser orientados a utilizar o canal de denúncias quando tiverem conhecimento de qualquer tipo de descumprimento de regras ou regulamentos internos, medida que deve ser aplicada às outras partes interessadas que tomarem conhecimento de fato ilícito ou se sentirem prejudicadas em decorrência de algum ato de um servidor.

O detalhe mais importante sobre o canal de denúncias é que deve se garantir a proteção do denunciante contra potenciais represálias, como é a possibilidade de anonimato ou a garantia da confidencialidade. O artigo 126-A da Lei nº 8112/1990 dispõe que nenhum servidor pode ser responsabilizado civil, penal ou administrativamente por dar ciência à autoridade competente de informação concernente à prática de crimes ou improbidade de que tenha conhecimento em decorrência do exercício de seu cargo, emprego ou função pública.

Tal fato demonstra a preocupação em proteger os denunciantes de boa-fé, além de construir uma cultura de confiança e integridade que possa incentivar a realização de denúncias.

Para efeito de ter uma efetividade no canal de denúncias e proteger a organização, orienta-se a implementação de um mecanismo em que estejam disponibilizados diversas plataformas de acesso, como telefone, formulários online, papel etc. Também que haja disponibilidade integral, o dia todo, de forma ininterrupta (24h, 7dias/semana) a fim de proporcionar ao denunciante a possibilidade de escolha de melhor horário e local para fazer suas considerações.

A Lei das Estatais também preceitua a necessidade de inserir um canal de denúncias na organização, atendendo tanto público interno como externo, sendo relevante a necessidade de se implementar mecanismos para evitar a retaliação de eventuais denunciantes.

Para evitar o direcionamento das denúncias feitas perante aquela organização, orienta-se a contratação de empresa terceirizada independente para operar e hospedar o canal de denúncias, bem como outros elementos para que se possa ter a maior credibilidade, efetividade e proteção a que se requer tal temática.

Por fim, o monitoramento contínuo contempla uma atividade que assegure a efetividade do programa de integridade, estabelecendo mecanismos de coordenação que possibilitem uma gestão de riscos eficaz e operacionalização de controles internos eficientes.

A estrutura de controle da entidade deve ser composta pelas "três linhas de defesa", em que a interação entre os seus diferentes grupos de trabalho possa conduzir procedimentos de gestão de riscos bem como buscar melhorias.

Um outro aspecto importante para efetividade do monitoramento contínuo é a implementação de um processo de *due diligence*, o qual tem por objetivo buscar informações de empresas e pessoas com as quais se relacione e assim possa tomar medidas de integridade necessárias. Por exemplo, nos casos de participação em contratos com o setor público: estabelecer procedimentos específicos para fraudes e ilícito no âmbito de processos licitatórios que participe, quer seja diretamente ligado à empresa ou com terceiros e agentes públicos é medida crucial o objetivo de manter a integridade e o *compliance*.

Ainda, de igual importância possuem as práticas trazidas pela NBR ISO 37001:2017 sobre escândalos de corrupção envolvendo suborno, tendo como objetivo apontar requisitos e fornecer orientações com o fim de que a empresa possa gerir o negócio de modo a prevenir, identificar e mesmo tratar casos de suborno de forma efetiva, além de estabelecer análise periódica de riscos, que os registros contábeis reflitam de forma precisa e transparentes as transações financeiras realizadas pela entidade, assim como a implementação de controles internos administrativos e avaliativos e de auditoria interna, contemplando os três níveis de defesa[3], a saber 1ª linha de defesa - área operacional, 2ª linha de defesa - controle interno e 3ª linha de defesa - auditoria interna.

METODOLOGIA

O Decreto Federal 9.203/2017 determinou que órgãos e entidades da Administração Pública Federal criassem um programa de Integridade.

Posteriormente, a portaria 1.089/2018, da Controladoria Geral da União - CGU estabeleceu "orientações para que os órgãos e as entidades da administração pública federal direta, autárquica e fundacional adotem procedimentos para a estruturação, a execução e o monitoramento de seus programas de integridade".

Tal portaria trouxe também etapas e fases a serem cumpridas pelos órgãos e entidades. Na sequência, a CGU procedeu uma avaliação, coletando dados sobre a efetiva existência do programa de integridade e cumprimento dos seus pilares.

Feita a avaliação, consolidou os dados no que chamou de Painel da Integridade, disponível em http://paineis.cgu.gov.br/integridadepublica/index.htm.

---

[3] Adaptação da Guindance on the 8th EU Company Law Directive da ECIIA/FERMA, artigo 41.

Destes dados públicos, a presente pesquisa avaliou a existência do programa de integridade nas entidades públicas do Poder Executivo Federal e seus pilares e qual destes teve o percentual de cumprimento mais baixo pelos órgãos e entidades.

Os dados são referentes ao período avaliado pela CGU, sendo que para a designação da Unidade de Integridade foi 29 de janeiro de 2019 e para os demais itens, 29 de março do mesmo ano.

O objetivo geral foi de mensurar a maturidade dos órgãos/instituições do Poder Executivo Federal em relação ao *compliance*.

Como objetivos específicos (i) pesquisar amplamente a literatura acerca do tema e seus desdobramentos, (ii) prospectar dados dispostos do Painel de Integridade da CGU relacionados aos órgãos/instituições Federais, (iii) mensurar e comparar os dados obtidos e (iv) considerar os parâmetros de maturidade dispostos e realizar a análise qualitativa e quantitativa dos dados.

A pesquisa utilizou o método hipotético-dedutivo, de modo a realizar uma análise qualitativa e quantitativa dos dados coletados. A qualitativa, pois, segundo Creswell (2010), é a realizada por meio de dados coletados no próprio ambiente do fenômeno, ao determinar as particularidades do caso e interpretá-las.

A pesquisa, sempre nos limites dos objetivos propostos, desenvolveu-se da seguinte forma(i) coleta dos dados dispostos no Painel de Integridade da CGU; (ii) análise dos dados empíricos objeto de coleta segundo a metodologia adotada.

ANÁLISE DOS DADOS EMPÍRICOS

A base da CGU para a avaliação dos programas de integridade contou com 187 órgãos/entidades federais com obrigação de responder aos quesitos, consoante os normativos de aplicação.

O pontos de avaliação são divididos em 8 pilares: (i) indicação de unidade de gestão de integridade; (ii) definição de fluxo interno para verificação de situações de nepotismo; (iii) instituição de unidade de comissão de ética; (iv) definição de fluxo interno para análise de consultas sobre conflito de interesses; (v) definição de fluxo interno para tratamento de denúncias; (vi) designação de área responsável pela condução de processos disciplinares; (vii) realização de levantamento de riscos para a integridade e (viii)aprovação do plano de integridade.

O primeiro refere-se a existência de uma unidade de integridade no órgão ou entidade considerado. Das 187 instituições, 143 tinham tal indicação, representando 76%.

No tocante a definição do fluxo interno para verificação de casos de nepotismo, 120 das 187 instituições têm o procedimento, representando 64%.

Já para o quesito instituição de comissão de ética, 133 instituições responderam existir a comissão instituída, representando 71%.

No que se refere ao conflito de interesse e o fluxo interno para análise, 122 correspondem às entidades/órgãos que possuem, representando 65%.

Para o tratamento de denúncias, 127 responderam existir um fluxo para o mesmo, de modo que representa 68%.

No quesito indicação de área para condução de processo disciplinares, 131 entidades/órgãos possuem, de modo a representar 70%.

As informações disponibilizadas no painel de integridade da CGU mostram também que dos 187 órgãos federais analisados, 109 realizam análise de risco de integridade e 58 não realizaram.

Por fim, 125 entidades/órgãos possuem um plano de integridade aprovado.

As informações da pesquisa são demonstradas graficamente, conforme segue:

Gráfico 1- do autor.

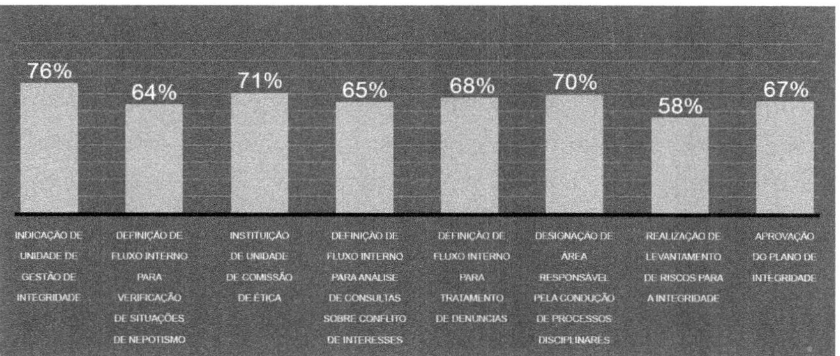

Dos quesitos, o que menos foi atendido é o de levantamento interno para riscos de integridade, sendo que 58% das entidades/órgãos federais realizam.

A identificação de riscos de integridade tem papel primordial no funcionamento dos programas de *compliance*.

Neste quesito, o COSO em seu documento de Gestão de Riscos Corporativos deixa claro a importância das entidades realizarem a gestão de riscos.

Em igual teor a NBR ISO 37001:2017 ao tratar sobre escândalos de corrupção envolvendo suborno, objetiva apontar requisitos e fornecer orientações com o fim de que a empresa possa gerir riscos do negócio de modo a prevenir fraude e corrupção.

Denota-se da pesquisa que a maior deficiência de maturidade dos órgãos federais está relacionada ao gerenciamento de riscos.

As consequências são diversas, de modo que o interesse da sociedade está prejudicado, visto que uma gama de serviços públicos e recursos podem ser prestados e empregados de forma a gerar prejuízos ao invés de benefícios.

No aspecto da Governança no Setor Público, a falta de gestão de risco observada em 42% dos órgãos/entidades federais afeta de forma significativa a gestão de desempenho e ao atingimento de metas essenciais para resultados primordiais.

CONSIDERAÇÕES FINAIS

Diante do cenário apresentado, restou evidente a complexidade do tema afeto ao instituto do *compliance* e, subsidiariamente, dos programas de integridade, já que envoltos num conjunto de normas, regulamentos e mecanismos internos que são aplicados ao ambiente corporativo para reforçar a anuência daquela entidade ou organização à legislação vigente.

Trata-se de um sistema de autorregulação capaz de fornecer estruturas internas adequadas para prevenir a ocorrência de infrações e cometimento de ilícitos, ao passo que, uma vez ocorridos, criam-se ferramentas para a sua rápida identificação, estabelecendo-se como a entidade lidará com estes problemas.

No âmbito do poder público o Decreto nº 8.420/2015 definiu os pilares sobre programa de integridade a serem atendidos pelos órgãos e entidades, tendo em vista que de um modo reflexo a Lei Anticorrupção foi um fator determinante para alertar sobre a necessidade da adoção dos programas públicos de integridade.

Ainda, restou evidente que os programas de integridade trazem inúmeros benefícios às organizações e sua gestão e, principalmente à Administração Pública, como vetor de eficiência e maior segurança nas contratações públicas.

Portanto, é nesse sentido que esta revisão bibliográfica destacou os pilares de um programa de integridade, atentando às suas principais características e peculiaridades, tendo como objetivo o domínio e aprofundamento da matéria, para posteriormente ser aplicado na problemática trazida na parte introdutória deste relatório de pesquisa.

Logo, o conteúdo analisado neste estudo serve como instrumento que vêm a proporcionar o alcance do objetivo acerca do tema, que é a análise do nível de maturidade do instituto do *compliance* nos órgãos Federais.

Denota-se, pois, que a maturidade dos programas de integridade dos órgãos do poder executivo federal ainda necessita de muitos avanços.

REFERÊNCIAS

ASSOCIAÇÃO BRASILEIRA DE NORMAS TÉCNICAS. **ISO 19.600: Sistema de Gestão de Compliance: Diretrizes.** Rio de Janeiro: NBR, 2014.

ASSOCIAÇÃO BRASILEIRA DE NORMAS TÉCNICAS. **ISO 31000: Diretrizes de avaliação e gestão de riscos:** Rio de Janeiro: NBR, 2018.

ASSOCIAÇÃO BRASILEIRA DE NORMAS TÉCNICAS. **ISO 37001: Sistema de Gestão de Suborno:** Rio de Janeiro: NBR, 2017.

BRASIL. **Constituição da República Federativa do Brasil.** Brasília, 1988.

BRASIL. **Lei nº 12.846, de 1º de agosto de 2013.** Diário Oficial da República Federativa do Brasil, Brasília, DF. Disponível em http://www.planalto.gov.br/ccivil_03/_ ato2011-2014/2013/lei/l12846.htm. Acesso em: 12 ago. 2019.

BRASIL. **Decreto-Lei No 2.848, De 7 De Dezembro De 1940.** Diário Oficial da República Federativa do Brasil, Brasília, DF. Disponível em http://www.planalto.gov.br/ccivil_03/decreto-lei/del2848.htm

BRASIL. **Decreto nº 8.420, de 18 de março de 2015.** Diário Oficial da República Federativa do Brasil, Brasília, DF. Disponível em http://www.planalto.gov.br/ccivil_03/_Ato2015- 2018/2015/Decreto/D8420.htm. Acesso em: 12 ago. 2019.

BRASIL. **Lei nº 13.303, de 30 de junho de 2012.** Diário Oficial da República Federativa do Brasil, Brasília, DF. Disponível em http://www.planalto.gov.br/ccivil_03/_ato2015-2018/2016/lei/l13303.htm. Acesso em: 12 ago. 2019

CONTROLADORIA-GERAL DA UNIÃO - CGU. **Programa de Integridade: Diretrizes para empresas privadas.** Disponível em https://www.cgu.gov.br/Publicacoes/etica-e-integridade/arquivos/programa-de-integridade-diretrizes-para-empresas-privadas.pdf. Acesso em: 12 ago. 2019.

CONSELHO ADMINISTRATIVO DE DEFESA ECONÔMICA. **Guia Programas de Compliance.** Disponível em http://www.cade.gov.br/acesso-a-informacao/publicacoes-institucionais/guias_do_Cade/guia-compliance-versao-oficial.pdf. Acesso em: 12 ago. 2019.

BERTONCELLI, RODRIGO. **OS PROGRAMAS DE COMPLIANCE E A CERTIFICAÇÃO ISO 37001.** Disponível em: http://www.ibdee.org.br/os-programas-de-compliance-e-a-certificacao-iso-37001/

MARCONI, Marina de Andrade, LAKATOS, Eva Maria. **Fundamentos de metodologia científica.** 7ª. ed. São Paulo: Atlas, 2016.

SILVA, Claudio; PORTO, Marcelo. **Metodologia científica descomplicada.** 1º. ed. Brasília: IFB, 2016.

SEVERINO, Antônio Joaquim. **Metodologia do Trabalho Científico.** 23ª. ed. São Paulo: Cortez, 2007.

CRESWELL, John W. **Projeto de pesquisa**: métodos qualitativo, quantitativo e misto. 3º ed. Porto Alegre: Artmed, 2010.

FONSECA, J. J. S. **Metodologia da pesquisa científica.** Fortaleza: UEC, 2002.

CARVALHO, André Castro; BERTOCCELLI, Rodrigo de Pinho; ALVIM, Tiago Cripa; VENTURINI, Otavio (coord). **Manual de Compliance.** Rio de Janeiro: Forense, 2019.

INSTITUTO BRASILEIRO DE GOVERNANÇA CORPORATIVA **Compliance à luz da governança corporativa.** São Paulo: IBGC, 2017, disponível em:https://conhecimento.ibgc.org.br/Lists/Publicacoes/Attachments/23486/Publicacao-IBGCOrienta-ComplianceSobaLuzDaGC-2017.pdf

MINISTRY OF JUSTICE OF THE UNITED KINGDOM. **The Bribery Act 2010 - Guidance.** Disponível em http://www.justice.gov.uk/downloads/legislation/bribery-act-2010-guidance.pdf.

ORGANISATIONFORECONOMICCO-OPERATIONANDDEVELOPMENT (OECD). **Good Practice Guidance on Internal Controls, Ethics, and Compliance.** Disponível em: http://www.oecd.org/daf/anti-bribery/44884389.pdf.

UNITED NATIONS OFFICE ON DRUGS AND CRIME (UNODC). **An Anti-Corruption Ethics and Compliance Programme for Business: A Practical Guide.** New York, EUA: 2013.

UNITED STATES SENTENCING COMISSION (USSC). **Guidelines Manual. Chapter eight "Sentencing of Organizations".** Washington, EUA: 2014; Disponível em http://www. ussc.gov/guidelines-manual/2014/2014-individual-chapters-and-guidelines-html.

TRIBUNAL DE CONTA DA UNIÃO. **Referencial básico de governança: aplicável à órgãos e Entidades da Administração Pública.** Brasília: TCU, 2014. Disponível em https://portal.tcu.gov.br/lumis/portal/file/fileDownload.jsp?fileId=8A8182A24F0A728E014F0B34D4A14347 . Acesso 12 de agosto de 2019.

COMPLIANCE E A LEI 13.303/2016: O NOVO ESTATUTO DAS EMPRESAS ESTATAIS

Natalia Gomes Vargas

Em 30 de junho de 2016, foi promulgada a Lei Federal nº 13.303, conhecida como Lei das Estatais que instituiu normas de governança corporativa, transparência e *compliance* nas empresas públicas ou sociedades de economia mista, através de normas relacionadas à constituição e funcionamento dessas empresas.

Entre os objetivos da lei destaca-se a regulamentação do parágrafo 1º do artigo 173 da Constituição Federal, alterado pela Emenda Constitucional nº 19/1998, que fala que a lei estabelecerá o estatuto jurídico das empresas estatais.

Essa lei é resultado da necessidade de uma resposta legislativa, arrastada por um longo período, ao anseio da sociedade na busca de uma gerência íntegra com os recursos públicos. Evitando assim, a utilização lesiva das empresas estatais em busca da satisfação de interesses políticos e pessoais.

Depois dos diversos casos de corrupção envolvendo entidades públicas e privadas, resta claro que um programa efetivo de *compliance* se faz necessário, buscando elevados critérios de integridade e uma autêntica transformação comportamental dessas empresas e de seus colaboradores.

A Lei 13.303/2016 definiu regras e condutas que devem ser observadas por essas empresas, consolidando técnicas de controle e combate à corrupção, mesclando institutos de direito público e privado.

Existem diversas definições para o termo *compliance*, mas em síntese trata-se do dever das empresas em estimular a ética, começando pela alta administração e perpassando por todos os colaboradores, observando as normas externas e internas, visando mitigar os riscos e desvios existentes na atividade da companhia.

O programa de *compliance* nas estatais simboliza um avanço para toda sociedade, uma vez que objetiva garantir maior eficiência a essas empresas, buscando técnicas para aprimorar a integridade na sua gestão.

Nesse sentido, a primeira grande inovação legislativa que teve o combate à corrupção como cerne foi a Lei 12.846/2013, conhecida como Lei Anticorrupção, essa lei trouxe um importante dispositivo que trata da atenuação das sanções quando, no âmbito da pessoa jurídica, existir mecanismos e procedimentos internos de integridade, e a aplicação efetiva de códigos de ética e de conduta. Esse dispositivo é a descrição de um programa de *compliance*.

Os recorrentes episódios de corrupção nas empresas estatais se devem em grande parte, as falhas de monitoramento contínuo, a falta de controle e supervisão e outros aspectos que podem ser minimizados com um programa efetivo de *compliance*. É mais importante e tem menos custo prevenir os desvios do que estabelecer sanções para eles, pois neste ponto já houve danos à imagem e ao patrimônio público.

A corrupção nessas empresas, além de acarretar prejuízos econômicos impelidos contra a sociedade como um todo, desprestigia a imagem da empresa no cenário mundial, acarretando outros tipos de prejuízos.

A Lei 13.303/2016 inova trazendo critérios para a nomeação de administradores, que são os membros do conselho de administração e diretores, e membros do conselho fiscal, além da obrigatoriedade de avaliação desses membros. A lei traz ainda, regras de governança, transparência, gestão de riscos, controles internos, *compliance* e auditoria nessas empresas.

Nesse sentido, a lei foi muito feliz em criar um sistema de controle interno efetivo nas empresas públicas e sociedades de economia mista instituindo órgãos e unidades com autonomia e independência. E prezando pela adoção de regras, estruturas e práticas de gestão de risco e controle interno.

Essas inovações corroboram os princípios constitucionais, contidos no artigo 37 da Constituição Federal, da legalidade, impessoalidade, moralidade, publicidade e eficiência. Ademais, a lei vinculou a função social das empresas estatais à consecução do objetivo específico, constante na lei autorizadora que justificou a sua criação, buscando evitar o desvio do objeto social dessas empresas.

Essa lei abrange as empresas públicas, as sociedades de economia mista e suas subsidiárias, que explorem atividade econômica de produção ou comercialização de bens, e ainda aquelas que prestam serviços públicos no âmbito da União, dos Estados, do Distrito Federal e dos Municípios.

A lei é dividida em dois segmentos, a primeira parte trata de normas sobre governança corporativa, transparência e estruturas, práticas na gestão de riscos e mecanismos de controle da atividade empresarial, já a segunda parte, que não é o foco desse artigo, traz normas sobre licitação e contratos específicas para as empresas públicas e sociedades de economia mista.

O objetivo deste artigo é analisar as inovações relativas ao *compliance* nas empresas estatais trazidas pela Lei 13.303/2016, portanto, apenas a primeira parte da referida lei será tratada. O texto trata das empresas estatais como instrumentos de ação do Estado para efetivar políticas públicas, traz as semelhanças e diferenças de Empresas Públicas e Sociedades de Economia Mista, e como funciona o regime híbrido ao qual estão inseridas. E pretende, ainda, colaborar com o entendimento das normas e mecanismos de *compliance* trazidos pela Lei e a estrutura que deverá ser montada nas empresas para que elas se adequem às novas normas que estabeleceram uma série de mecanismos de transparência e governança que devem ser observados.

Para isso o primeiro ponto irá tratar das empresas estatais como instrumentos de ação do Estado, e sua divisão em empresas públicas e sociedades de economia mista, destacando suas características, semelhanças e diferenças.

Por fim tratarei sobre as inovações de compliance trazidas pela Lei 13.303/2016, incluindo os pontos relativos à transparência, ética, governança corporativa, estruturas e mecanismos de controle da atividade empresarial.

INSTRUMENTOS DE AÇÃO DO ESTADO

O Estado, pessoa jurídica de direito público, tem como missão a manutenção do interesse público, o que deve ser feito com observância aos princípios que regem a atividade administrativa. Com efeito, a legislação cria diversos mecanismos de atuação do Estado, a fim de viabilizar o cumprimento da finalidade a qual se destina.

As empresas estatais, por seu caráter ambíguo, podem ser utilizadas como instrumentos do Estado para atingir seus objetivos políticos, de natureza macroeconômica. Além do seu caráter empresarial, que visa atingir seus objetivos particulares, buscando o lucro. O Estado empresário é aquele que atua na ordem econômica como se particular fosse.

A criação de empresas estatais está diretamente ligada com a intenção do Estado em intervir na economia. Essa intervenção acontece muitas vezes para prevenir crises, estimular o crescimento da economia, reduzir as desigualdades sociais, corrigir as chamadas falhas de mercado.

EMPRESAS ESTATAIS

Como já mencionado as empresas estatais são empresas de direito privado, pertencem ao governo e são controladas total ou parcialmente por algum nível governamental, regulamentadas pela Lei 13.303/2016.

A criação dessas empresas no Brasil deu-se, ainda, no período colonial por meio da criação do Banco do Brasil, em 1808, com controle acionário ligado à coroa portuguesa. Na história, esse tipo de atividade passou a ganhar destaque no governo de Getúlio Vargas, que tinha como premissa o nacionalismo econômico, caracterizado pelo investimento público na exploração econômica, dando início à industrialização estatal, com objetivos e finalidades específicos (PINTO JUNIOR, 2013, p. 12).

Assim, empresa estatal é o gênero que engloba toda e qualquer empresa controlada pelo Estado. Por outro lado, empresas que o Estado figure como minoritário não podem ser consideradas estatais, ou seja, tratam-se, apenas, de investimentos realizados por questões de política econômica (BORGES; SÁ, 2018, p. 326).

Vale lembrar que, embora uma empresa estatal se submeta ao controle do Estado, sua personalidade é de direito privado, sendo que, em determinadas situações deverá obedecer aos regramentos e princípios do direito público.

Com isso, costuma-se dizer que o regime jurídico aplicado a estas entidades é um regime híbrido, ou misto, em que as características do âmbito público e do âmbito privado se misturam nessas empresas. A própria Constituição Federal traz hipóteses onde deverão ser observados regramentos atinentes ao direito público, como por exemplo, a limitação instituída pelo artigo 173 para a exploração de atividades econômicas.

Neste diapasão, quando se trata do aspecto relativo ao exercício em si da atividade econômica, predominam as normas de direito privado. Nessa situação é comum, portanto, a incidência de normas de Direito Civil ou de Direito Empresarial reguladoras que são das relações econômicas de direito privado. Por outro lado, quando a atuação do Estado se relaciona ao controle administrativo, incidirão normas de direito público.

Posto isso, as estatais, embora sejam pessoas jurídicas de direito privado, são obrigadas a atenderem as regras da licitação antes de celebrarem contratos, realizar concurso público para contratação de seus empregados e submeter-se ao controle do Tribunal de Contas e do Poder Legislativo (ALEXANDRE; DE DEUS, 2017, p. 60). Nota-se que tais imposições se traduzem em instrumentos de controle da administração pública, que visam garantir que as estatais não se desviem da sua principal finalidade que é atender ao interesse público, até porque ela é financiada por recursos públicos.

É diferente do que ocorre nas autarquias onde a própria lei as cria. No caso das empresas estatais a lei autoriza a sua criação, devendo os atos constitutivos serem registrados em Cartórios de Pessoa Jurídica ou na Junta Comercial, e da mesma forma ocorre sua extinção, apenas através de lei autorizativa.

Em relação a sua finalidade a empresa estatal é uma pessoa jurídica criada para ser instrumento de ação do Estado, a qual poderá ser destinada à prestação de determinado serviço público ou para promover a exploração econômica de uma atividade que seja de interesse da sociedade.

Existem dois tipos de empresa estatal, as prestadoras de serviços públicos e as exploradoras de atividade econômica, essa última, apesar de explorar a atividade econômica, deve ter como finalidade o interesse público, o lucro é consequência e nunca objetivo de uma empresa estatal.

Ainda no que diz respeito à exploração de atividade econômica, a Constituição Federal, em seu artigo 173, é taxativa ao determinar que ressalvados os casos previstos na própria CF, a exploração direta de atividade econômica pelo Estado só será permitida quando necessária aos imperativos da segurança nacional, ou a relevante interesse coletivo.

Com relação às estatais prestadoras de serviços públicos, vale ressaltar que não é qualquer tipo de serviço público que poderá ser objeto de uma empresa pública ou uma sociedade de economia mista, mas somente aqueles que também poderiam ser prestados pela iniciativa privada. Portanto, excluem-se os serviços ditos próprios do Estado, ou seja, aqueles que só o Estado pode executar, como a segurança pública, a prestação de justiça, e a defesa da soberania nacional (CARVALHO FILHO, 2015, p. 521).

Conclui-se, portanto, que embora haja um regime jurídico híbrido, as empresas estatais exploradoras de atividade econômica serão submetidas, em grande parte, por regramentos do setor privado. Já as estatais prestadoras de serviços públicos, serão regidas, predominantemente, por normas do setor público.

Na parte de pessoal, por serem pessoas jurídicas de direito privado, os empregados das empresas estatais submetem-se ao regime celetista, prestando serviço mediante a celebração de contrato de emprego, não sendo possível a regulação da atividade por meio de regime estatutário de servidores.

O contrário ocorre em relação aos seus dirigentes, por se tratarem de servidores detentores de cargo em comissão, nomeados livremente pelo ente da Administração Direta responsável pela instituição da empresa. Para esses agentes, pode-se aplicar uma dupla vinculação jurídica, pois se vinculam à empresa estatal e, também, ao ente da Administração Direta que executa o controle ministerial. Sendo assim, não possuem vínculo de emprego (CARVALHO, 2017, p. 213). O vínculo é estatutário e eles devem preencher os requisitos da Lei 13.303/2016.

Embora haja aplicação da Consolidação das Leis do Trabalho, conforme já estudado, algumas normas do âmbito do direito privado são derrogadas em razão de mandamento constitucional. Dessa forma, a Carta Magna elenca as regras impostas aos empregados das estatais às quais deverão ser submetidos e que não se aplicam às demais relações de empregados regidas pela CLT.

Neste sentido, a investidura no emprego público depende de prévia aprovação em concurso público de provas ou de provas e títulos (art. 37, II, CF), bem como estão submetidos à proibição de acumulação remunerada de cargos, empregos e funções públicas. Ademais, estão sujeitos ao teto remuneratório previsto na Constituição Federal, na hipótese de a empresa pública ou sociedade de economia mista da qual são empregados receber recursos da União, dos Estados, do Distrito Federal ou dos Municípios para pagamento de despesas de pessoal ou de custeio em geral. Por outro lado, se essas empresas não receberem recursos do ente controlador para as finalidades anteriores, os seus empregados não se submeterão ao teto remuneratório constitucional.

No âmbito penal, os empregados públicos das empresas governamentais são equiparados a funcionários públicos. Além disso, são considerados como agentes públicos para fins de aplicação de sanções na hipótese de prática de ato de improbidade administrativa (ALEXANDRE; DE DEUS, 2017, p. 61).

Quanto à garantia de estabilidade prevista no artigo 41 da Constituição Federal, esta não se estende aos empregados das estatais, uma vez que não são detentores de cargos públicos, mas apenas contratados em regime de emprego.

Já os dirigentes, de acordo com o artigo 37, inciso II, possuem cargos em comissão, que são de livre nomeação e exoneração, chamados por parte da doutrina de empregos em comissão, já que ocupam cargos de direção, chefia ou assessoramento em empresas controladas pelo Estado.

Quando tratamos de responsabilização civil, é preciso levar em consideração qual a finalidade da estatal, ou seja, se são prestadoras de serviço público ou exploradoras de atividade econômica. Nos termos do artigo 37, parágrafo 6º da Constituição Federal, as empresas públicas e sociedades de economia mista prestadoras de serviços públicos serão responsabilizadas de forma objetiva, ou seja, sem aferição de dolo ou culpa.

Com relação às empresas exploradoras de atividade econômica, a regra do artigo 37, parágrafo 6º não se aplica já que a atuação é no âmbito privado e, consequentemente, devem ser observadas as normas aplicáveis às empresas do setor privado. Tal afirmação se justifica, também, no disposto no artigo 173, parágrafo 1º. Inciso II da CF que determina a aplicação do mesmo tratamento dispensado às empresas privadas em geral, inclusive quanto aos direitos e obrigações civis (OLIVEIRA, 2017, p. 180).

E quando essas empresas não tiverem patrimônio suficiente para eventual indenização, o Estado responderá subsidiariamente.

Em relação às empresas subsidiárias, que são entidades societárias autônomas, constituídas com a finalidade de apoiar e executar atividades de interesse e suporte da empresa estatal, auxiliando no exercício de suas atividades (CARVALHO, 2017, p. 219). As estatais podem criar e exercer controle sobre tais empresas, delegando a realização de determinadas atividades que estão relacionadas ao seu objeto. Essas empresas subsidiárias se submetem aos mesmos termos da Lei 13.303/2016.

EMPRESAS PÚBLICAS E SOCIEDADES DE ECONOMIA MISTA

O termo estatal se refere ao gênero, sendo as empresas públicas e a sociedades de economia mista as espécies.

A Lei 13.303/2016 conceitua empresa pública:

> Art. 3° Empresa pública é a entidade dotada de personalidade jurídica de direito privado, com criação autorizada por lei e com patrimônio próprio, cujo capital social é integralmente detido pela União, pelos Estados, pelo Distrito Federal ou pelos Municípios.

Da mesma forma, essa lei define as sociedades de economia mista como entidade dotada de personalidade jurídica de direito privado, com criação autorizada por lei, sob a forma de sociedade anônima, cujas ações com direito a voto pertençam em sua maioria à União, aos Estados, ao Distrito Federal, aos Municípios ou a entidade da administração indireta.

Diante dos conceitos trazidos pela lei, logo se nota que as principais diferenças entre as estatais dizem respeito ao capital e a forma societária. Por óbvio, a escolha por uma ou por outra dependerá de questões relacionadas ao interesse público, especialmente no que se refere à utilização exclusiva de capital público, ou não.

Como exemplo de empresa pública podemos citar a Caixa Econômica Federal, a Empresa Brasileira de Correios e Telégrafos, e a Empresa Brasileira de Infraestrutura Aeroportuária (INFRAERO). Entre as sociedades de economia mista, destacam-se o Banco do Brasil, a Petrobrás e a Eletrobrás.

A forma como é realizada a composição do capital de uma estatal é fator crucial para diferenciá-las. De acordo com a conceituação trazida pela Lei 13.303/2016, é possível perceber que ela permite a participação no capital social da empresa pública de outras pessoas jurídicas de direito público interno, bem como de entidades da administração indireta dos entes federados.

Dessa forma, é possível que uma sociedade de economia mista titularize o capital de outra empresa pública (que é pessoa jurídica de direito privado). Assim, existe a possibilidade que uma parte do capital pertença, ainda que indiretamente, a particulares. Para tanto, basta que um particular detenha parte do capital de uma sociedade de economia mista e ela possua uma parcela do capital de empresa pública.

Com relação às sociedades de economia mista, seu capital é concomitantemente, público e privado. Embora se fale em capitais com origens diversas, Moreira Neto (2014, p. 377) ressalta que não é o capital misto que configura a sociedade de economia mista, pois o termo "economia" sugere conteúdo mais amplo que "capital". Na verdade, o traço marcante é a participação necessária do Estado na direção da empresa, pois este é o elemento que lhe confere o poder de decidir em nível de execução sobre a específica atividade que lhe foi cometida por delegação legal.

Neste sentido, de acordo com o conceito trazido pela Lei das Estatais, para que uma empresa seja considerada sociedade de economia mista, as ações com direito a voto devem pertencer, majoritariamente, ao Estado. Isso quer dizer que o controle acionário pertence ao Estado.

Em relação a forma jurídica, pelo o que se depreende dos conceitos trazidos pela Lei 13.303/2016, a norma é silente em relação à forma jurídica das empresas públicas. O Decreto. 200/1967 já era omisso quanto ao tema, dando maior amplitude a essa categoria que pode adotar estrutura de sociedade civil ou sociedade comercial. Entretanto, é necessário ter em mente que a empresa pública está vinculada ao Estado e, embora a lei lhe dê caráter irrestrito no que diz respeito a sua forma jurídica, algumas modalidades são incompatíveis com as especificidades dessas entidades. É o que ensina José dos Santos Carvalho Filho:

> Releva notar, todavia, que não se pode dar interpretação ampla e ilógica à franquia da lei, no que tange à permissão de que a empresa pública assuma qualquer forma admitida em direito. Isso porque urge salientar a sua vinculação ao Estado e o controle por ele exercido, o que a afasta da pessoa exclusivamente privada. Assim, há formas societárias incompatíveis com a da empresa pública, como, v. g., sociedades em nome coletivo (art. 1.039, Código Civil), sociedade cooperativa (art. 1.093, Código Civil) e, evidentemente, empresa individual de responsabilidade limitada. (2015, p. 529)

Cumpre observar que o registro da empresa pública, conforme o seu objeto social seja mercantil ou civil, poderá ser feito na Junta Comercial ou no Cartório de Registro Civil da Pessoa jurídica.

As sociedades de economia mista, por sua vez, devem ser sociedades anônimas, elas possuem sua forma jurídica taxativamente prevista em lei, sujeitando-se à Lei das Sociedades por Ações.

Quanto à figura do Estado na gestão das sociedades de economia mista, ele possui as mesmas responsabilidades atinentes ao acionista controlador, entretanto, a própria lei ressalva que a orientação dos negócios sociais pode ser feita de molde a atender ao interesse público que justificou a criação da sociedade. Com efeito, é possível o comprometimento dos recursos sociais em atividades relativamente deficitárias, importando em diminuição global do lucro líquido da sociedade, em virtude da realização do bem comum que inspirou a sua constituição. Dessa forma, o particular deverá estar ciente dessa possibilidade quando decide ingressar no quadro acionário da sociedade de economia mista (COELHO, 2011, p. 260).

É importante ressaltar, que a finalidade social de uma empresa estatal não está ligada apenas na busca pelo lucro, essa empresa sempre terá um fim político ao seu redor, que deverá ser levado em conta na tomada de ações.

Outra diferença entre as empresas públicas e as sociedades de economia mista é o foro competente para processamento e julgamento de ações. Em relação às empresas públicas federais, foi definido pela Constituição Federal que, em seu artigo 109, inciso I, que os litígios serão julgados pela Justiça Federal.

Já às sociedades de economia mista a Constituição Federal não ditou qualquer regra específica, admitindo-se, portanto, como foro competente o da justiça estadual.

Observando o diagrama é possível perceber que a forma de criação e extinção, e as principais características das empresas públicas e das sociedades de economia mista são as mesmas, a diferença entre elas está na composição do capital, no foro processual e na forma jurídica admitida.

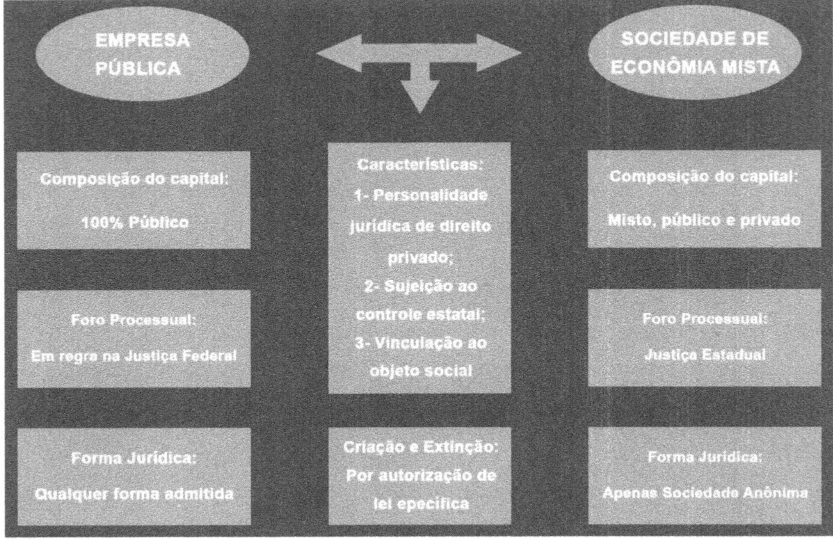

COMPLIANCE E A LEI 13.303/2016

Atualmente o *compliance* faz parte da atividade empresarial do Estado e de sua relação com os agentes privados. A Lei 13.303/2016 trata da importância do tema e estabelece a exigência de regras de governança e práticas de *compliance*, incluindo a criação de programas de *compliance* nas empresas estatais. Essas novidades trazidas pela lei refletem em todos os agentes que possuem relação com a empresa.

A elaboração da Lei 13.303/2016 possui fundamento constitucional, vez que a Carta Magna de 1988, em seu artigo 173, parágrafo 1º, determina que a lei estabelecerá o estatuto jurídico das empresas estatais.

Essa lei se aplica a toda empresa pública e sociedade de economia mista, assim como suas subsidiárias, de qualquer ente da Federação, que explore atividade econômica de produção ou comercialização de bens ou de prestação de serviços.

A Lei Federal nº 13.303/2016 trouxe significativas inovações para o âmbito das empresas estatais e estabeleceu uma série de mecanismos de transparência e governança a serem observados, se destacam as regras para divulgação de informações, práticas de gestão de risco, formas de fiscalização pelo Estado e pela sociedade, códigos de conduta, estruturas de controle, constituição e funcionamento dos conselhos e requisitos mínimos para nomeação de dirigentes.

É importante destacar que o programa de *compliance* deve ser estruturado de acordo com a realidade particular de cada empresa, observadas suas circunstâncias específicas, seu tamanho, seu setor de atuação, tipo de atividade desenvolvido e o local de sua operação.

Para Marcella Blok não existe um modelo pré-elaborado de *compliance*, cada empresa é única e possui suas particularidades, cada uma tem sua natureza, complexidade e porte (2017, p.228).

Para melhorar os níveis de governança, reduzir riscos e ajudar a evitar fraudes e desvios éticos é necessário que as empresas desenvolvam um bom programa de *compliance* que tenha uma base sólida e defina bem os valores e princípios que devem ser seguidos.

Nesta senda, o artigo 41 do Decreto nº 8.420/2015 que regulamenta a Lei Anticorrupção definiu que o "Programa de Integridade consiste, no âmbito de uma pessoa jurídica, no conjunto de mecanismos e procedimentos internos de integridade, auditoria e incentivo à denúncia de irregularidade e na aplicação efetiva de códigos de ética e de conduta, políticas e diretrizes com objetivo de detectar e sanar desvios, fraudes, irregularidades e atos ilícitos praticados contra a administração pública, nacional ou estrangeira".

Por essa definição é possível perceber que um efetivo programa de integridade consolida políticas, regulamentações e ações de diversas áreas e unidades da companhia, buscando a mitigação dos riscos e a promoção de um ambiente transparente e ético.

ESTRUTURA BÁSICA PARA O DESENVOLVIMENTO DO *COMPLIANCE* NAS EMPRESAS ESTATAIS

É importante esclarecer que o programa de integridade deve ser aplicado a todos os colaboradores da companhia. E o comprometimento e apoio da alta administração ao programa é de suma importância, pois ela será o exemplo para os outros colaboradores.

É relevante contratar um profissional especializado em *compliance*, que será o responsável pela implementação do programa, e esse profissional deverá ter autonomia, independência e meios para agir com imparcialidade, tendo acesso completo a todos os dados organizacionais.

O Guia de Implantação de Programas de Integridade nas Empresas Estatais da CGU (p. 21) ensina que essa instância deve ter a prerrogativa de adotar decisões e efetuar recomendações necessárias à adequação da empresa à legislação ou às normas éticas e à mitigação de riscos, ainda que isso represente impacto financeiro, mudanças de rotinas ou incremento de trabalho que sejam necessários.

Outro importante pilar do programa é a análise periódica dos riscos, essa análise permite adequar o programa à realidade e os riscos que efetivamente envolvem a companhia.

Após a identificação dos riscos a empresa deve elaborar políticas para evitar e sanear a ocorrência de riscos que possam prejudicar a finalidade do objeto social da empresa, com especial atenção aos riscos envolvendo fraudes e corrupção.

Coimbra e Manzi (2010, p. 43) definem o objetivo da gestão de riscos: compreender quais os riscos que atingem a missão da organização; obter respostas de forma célere quanto aos riscos identificados; reduzir surpresas operacionais e perdas.

Uma gestão de riscos efetiva é aquela que consegue antecipar o maior número de eventos incertos, que podem causar prejuízo à organização, evitando sua ocorrência.

Uma adequada e efetiva estruturação e implantação de políticas e procedimentos é outro importante pilar do programa de integridade. E ele começa a partir da elaboração do Código de Conduta e Integridade que é um documento institucional, fundamentado na missão, visão valores e cultura da empresa, é nele que a empresa irá veicular os princípios éticos e morais da organização, e expor o comportamento esperado de seus colaboradores, terceiros e parceiros de negócio.

Candeloro, Rizzo e Pinho assentam que o Código de Conduta e Integridade, conhecido também por Código de Ética, trata-se de um mecanismo utilizado pela instituição para informar aos seus colaboradores os princípios éticos basilares de sua atuação e que devem ser observados por todos os seus membros (2012, p. 59).

Após a criação do código de conduta é necessário o acompanhamento prático da implantação das novas políticas pelas áreas da empresa. Esse acompanhamento deverá ser feito pela área de *compliance*, assim como o oferecimento de suporte e orientação sobre os temas.

Além de regulamentar a atividade funcional da empresa o Código de Conduta e Integridade também deve dispor sobre os princípios, valores e missão da empresa e tratar orientações sobre a prevenção de conflito de interesses e vedação de atos de corrupção e fraude.

A gestão da integridade dentro da companhia exige desenvolvimento contínuo, então o Código deverá criar instâncias internas responsáveis pela sua atualização e aplicação. Deverá tratar ainda, de previsão de treinamento periódico e desenvolver padrões de condutas aplicáveis a todos que se relacionam com a companhia, independente do cargo ou função.

Além da elaboração de conteúdo de comunicação aplicáveis a todos da empresa, a capacitação e treinamentos são imprescindíveis, tendo em vista que os colaboradores deverão aplicar na prática, em seus processos de trabalho, as novas orientações (CASTRO, GONÇALVES. 2019. p. 131).

O treinamento deve ser revestido de efetividades e apto a transmitir aos empregados e administradores das sociedades de economia mista e empresas públicas as regras estabelecidas pelo código de conduta e integridade, sendo que deverá ocorrer, no mínimo, anualmente.

Outro pilar muito importante é o desenvolvimento de um canal de denúncias que possibilite o recebimento de denúncias internas e externas relativas às normas e obrigações contidas no Código de Conduta e Integridade.

Os canais de comunicação e denúncia são instrumentos que apoiam o desenvolvimento dos programas de integridade e possibilitam a detecção e remediação de irregularidades que ocorrem dentro da organização, através de relatos realizados pelos colaboradores.

Um canal de denúncias bem estruturado e confidencial é de grande valia para descobrir desvios praticados por funcionários ou por terceiros relacionados à empresa. Confidencialidade é essencial para que esses canais de comunicação sejam ativos e eficientes, com o sigilo da denúncia e a proteção da identidade do denunciante, permitindo a realização de denúncias anônimas.

Com a criação do canal de denúncias o desenvolvimento de mecanismos de proteção que impeçam a retaliação à pessoa que utilize esse canal é de suma importância, o temor a retaliações impede, muitas vezes, que o colaborador denuncie o ilícito. Salienta-se que a lei, visando dar efetividade ao canal, impôs o estabelecimento de mecanismos de proteção ao denunciante, evitando qualquer espécie de retaliação que possa desestimular a realização das denúncias.

Depois de criado o canal de denúncias será necessário desenvolver um método para a investigação e possível penalização das condutas denunciadas.

O Código de Conduta e Integridade deve estabelecer as sanções aplicáveis em caso de violação de suas regras, que devem ser proporcionais à gravidade da violação cometida. Além de estabelecer o método que essas denúncias serão investigadas e o órgão que aplicará as sanções.

INOVAÇÕES DA LEI 13.303/2016

Dentre as principais medidas impostas pela Lei 13.303/2016, destaca-se a imposição de um controle interno nas estatais, que deverá contar com a atuação daqueles que integram a estrutura da empresa. Com efeito, o artigo 9º estabelece que as entidades deverão adotar regras que incluem a ação dos administradores e empregados, por meio da implementação cotidiana de práticas de controle. Prescreve, ainda, a criação de uma área responsável pela verificação de cumprimento de obrigações e de gestão de riscos, além da realização de auditoria interna pelo Comitê de Auditoria Estatutário.

O Comitê de Auditoria Estatutário deverá ser formado por, no mínimo 3 e, no máximo, 5 membros, em sua maioria independentes, sendo que, ao menos um desses membros deve ter experiência em assuntos de contabilidade societária. Esse Comitê ficará responsável por opinar sobre a contratação e destituição de auditor independente, supervisionar as atividades dos auditores independentes e as atividades desenvolvidas nas áreas de controle interno, de auditoria interna e de elaboração das demonstrações financeiras da empresa pública ou da sociedade de economia mista, além de monitorar a qualidade e a integridade dos mecanismos de controle interno, entre outras atividades (CARVALHO, 2017, p. 221).

Ressalta-se que o Comitê de Auditoria Estatutário é órgão auxiliar do Conselho de Administração, cujas atribuições foram definidas pelo artigo 24 da Lei 13.303/2016, as quais se traduzem, em resumo, em práticas de monitoramento e supervisão das atividades voltadas ao controle interno e gestão de riscos, o que inclui garantir a qualidade e integridade das demonstrações financeiras e das informações e medições divulgadas pelas empresas públicas e sociedades de economia mista, com o claro objetivo de proporcionar ao público uma prestação de contas fiel à realidade das estatais.

Como mencionado no tópico anterior, e exigido pela Lei 13.303/2016, em termos de controle interno, é a criação de um Código de Conduta e Integridade, a ser observado por aqueles que compõem o corpo da empresa, e que deverá dispor sobre princípios, valores e missão da estatal, implementação de um canal de denúncia, aplicação de sanções aos que violem referido código, bem como de instâncias internas responsáveis pela sua atualização e aplicação. Deverá, também, dispor sobre a implementação de treinamentos periódicos oferecidos aos empregados e administradores, a fim de mantê-los atualizados sobre as normas de conduta.

Destarte, pela análise do conteúdo do artigo 9º, a Lei 13.303/2016 cuidou de introduzir um Programa *Compliance* como setor formal na estrutura organizacional das estatais, inclusive com autorização de se reportar diretamente ao Conselho Administrativo em caso de suspeita de envolvimento do diretor-presidente em irregularidades (parágrafo 4º). Com essas inovações, resta assente que o legislador viu a necessidade de intensificar o controle a ser exercido sobre as estatais e, indiretamente, sobre o Estado, como forma de prevenção e combate à corrupção dentro das instituições.

A Lei trouxe uma série de atribuições e restrições aos membros do Conselho de Administração das empresas estatais. As funções do Conselho de Administração estão relacionadas a necessidade de garantir a efetividade das políticas de controle através da criação de mecanismos e implementação dos mesmos, além de estar incumbido de avaliar a performance dos diretores das estatais quanto ao seu desempenho na busca pelos resultados, cumprimento dos objetivos estabelecidos no plano de negócios, e lisura dos atos de gestão praticados.

Diante da importância das missões a serem cumpridas pelo Conselho, as quais interferem diretamente no desenvolvimento da empresa e na sua imagem como uma entidade íntegra, a escolha dos membros sofre uma série de restrições e exigências impostas pela Lei, tais como a necessidade de experiência profissional, formação acadêmica compatível, e não se enquadrar nas hipóteses de inelegibilidade previstas na legislação.

O Conselho de Administração, responsável pela gestão da empresa estatal, será composto por, no mínimo, 7 membros e, no máximo 11, sendo que pelo menos 3 serão designados como Diretores. Ainda, a lei exige que o Conselho seja composto de, pelo menos, 25% de membros independentes, garantindo-se, no mínimo, a existência de um membro nessa condição. O conselheiro independente não terá qualquer vínculo com a estatal, ressalvada a participação societária e não poderá exercer função de direção nas entidades da Administração Direta, sendo, ainda, vedada a atuação dele como fornecedor ou comprador de bens e serviços da empresa (CARVALHO, 2017, p. 222).

Nos termos do artigo 17, parágrafo 2º, não poderão ser indicados para o Conselho de Administração e para a diretoria:

> I - de representante do órgão regulador ao qual a empresa pública ou a sociedade de economia mista está sujeita, de Ministro de Estado, de Secretário de Estado, de Secretário Municipal, de titular de cargo, sem vínculo permanente com o serviço público, de natureza especial ou de direção e assessoramento superior na administração pública, de dirigente estatutário de partido político e de titular de mandato no Poder Legislativo de qualquer ente da federação, ainda que licenciados do cargo;
>
> II - de pessoa que atuou, nos últimos 36 (trinta e seis) meses, como participante de estrutura decisória de partido político ou em trabalho vinculado a organização, estruturação e realização de campanha eleitoral;
>
> III - de pessoa que exerça cargo em organização sindical;
>
> IV - de pessoa que tenha firmado contrato ou parceria, como fornecedor ou comprador, demandante ou ofertante, de bens ou serviços de qualquer natureza, com a pessoa político-administrativa controladora da empresa pública ou da sociedade de economia mista ou com a própria empresa ou sociedade em período inferior a 3 (três) anos antes da data de nomeação;
>
> V - de pessoa que tenha ou possa ter qualquer forma de conflito de interesse com a pessoa político-administrativa controladora da empresa pública ou da sociedade de economia mista ou com a própria empresa ou sociedade.

Ainda, a restrição feita pelo inciso I se estende aos parentes consanguíneos ou afins até o terceiro grau. Nas palavras de Justen Filho (2016, p. 94) todas essas restrições visam evitar que a conveniência político-partidária, presente na gestão pública, estipule a nomeação dos administradores das estatais, sem levar em consideração as necessidades de mercado, bem como o interesse coletivo determinado constitucionalmente como finalidade das entidades mencionadas. Assim, pretende a Lei que o Conselho seja um órgão independente, sem ligações de cunho político que possam ensejar qualquer tipo de vantagem indevida.

O art. 17 da Lei 13.303/2016 exige que os membros do Conselho de Administração e dos indicados para os cargos de diretor, inclusive presidente, diretor-geral e diretor-presidente das estatais, possuam notório conhecimento e reputação ilibada, além de elencar outros requisitos ora alternativos, ora cumulativos, que visam a garantir a observância de tais exigências. Apesar de a lei não ter definido o que vem a ser "notório conhecimento", entende-se que o candidato possua tempo de experiência profissional e formação acadêmica compatível. Com relação à "reputação ilibada", não poderá integrar o conselho aquele que é considerado inelegível para qualquer cargo (ALEXANDRE; DE DEUS, 2017, p. 62).

Outro importante órgão estatutário da empresa é o Conselho Fiscal, a lei das estatais também determina que além das normas nela dispostas, aplicam-se aos seus membros as disposições da Lei das Sociedades Anônimas, relativas a seus poderes, deveres e responsabilidades, requisitos e impedimentos para investidura e a remuneração, além de outras disposições estabelecidas na referida Lei.

O Conselho Fiscal é um órgão colegiado, onde as decisões são tomadas em conjunto, encarregado de fiscalizar as atividades da administração da companhia. Trata-se de órgão obrigatório em toda sociedade anônima, cujo funcionamento se dará de acordo com o previsto no estatuto social. Deverá ser composto por no mínimo 3 e no máximo 5 membros, dos quais a Lei 13.303/2016 exige formação acadêmica compatível com o exercício da função e experiência, por prazo mínimo de 3 (três) anos, em cargo de direção ou assessoramento na administração pública ou cargo de conselheiro fiscal ou administrador em empresa.

Ainda com relação à constituição, a Lei 13.303/2016 exige que, pelo menos, um dos membros seja indicado pelo ente controlador, o qual deverá ser servidor público com vínculo permanente com a administração pública. A Lei 6.404/1976, por sua vez, estabelece que terão direito de eleger um membro e o respectivo suplente, em votação em separado, os titulares de ações preferenciais (sem direito a voto, ou com voto restrito) e os acionistas minoritários que juntos representem pelo menos 10% das ações com direito voto. Sem prejuízo, os demais acionistas com direito a voto poderão eleger os membros efetivos e suplentes que, em qualquer caso, serão em número igual ao dos eleitos nas condições expostas (TEIXEIRA, 2013, p. 282-283).

O Conselho Fiscal tem como atribuição fiscalizar os atos dos administradores e verificar o cumprimento dos deveres legais estatutários. Esse conselho auxilia aos acionistas dando uma maior segurança em relação à administração e representação da companhia perante terceiros. Competindo denunciar erros, fraude ou crimes à assembleia, examinar as demonstrações financeiras e dar parecer sobre o relatório anual da administração, fazendo as observações que entender necessária.

É possível perceber a preocupação que os legisladores tiveram em profissionalizar os órgãos estatutários das empresas estatais, trazendo regras que dificultam as indicações por interesses políticos e troca de favores de membros sem a mínima qualificação para atuar nessas empresas. Além de criar estrutura para monitorar e supervisionar as atividades voltadas ao controle interno e gestão de riscos, trazendo o gerenciamento dessas empresas para a atualidade e dando a devida importância para temas como *compliance* e governança.

CONSIDERAÇÕES FINAIS

A atuação do Estado através das empresas estatais representa uma forma de intervenção na economia do país que, embora se traduza em atividade empresarial, não pode se afastar da sua missão fundamental que é a preservação do interesse público. Por esse motivo, ainda que se considere a observância das mesmas normas aplicáveis às empresas do setor privado, conforme determina a Constituição Federal, a própria Carta faz exceções a essa regra justamente pelo fato de o Estado estar fortemente presente no corpo de tais entidades.

Ainda, em razão da importância das estatais no cenário político e econômico, o artigo 173, parágrafo 1º da CF conferiu ao legislador a missão de elaborar um estatuto jurídico para as sociedades de economia mista, empresas públicas e suas subsidiárias, o que se deu através da Lei 13.303/2016.

Com disposições específicas sobre questões estruturais e procedimentais, o estatuto concilia normas do direito público com normas do direito privado, traduzindo-se em um regime híbrido que impõe, em regra, a adoção do regime jurídico das empresas privadas, ao mesmo tempo que regulamenta o procedimento licitatório em contratações realizadas pelas estatais.

As empresas estatais se mostram como instrumentos de ação do Estado, que através dessas entidades atua no mercado como verdadeiro empresário. Com efeito, é evidente que essa atuação gera inúmeras consequências ao povo brasileiro, até porque o Estado é sustentado, em grande parte, através da arrecadação de impostos pagos pelos contribuintes. Nos últimos anos diversos escândalos de corrupção envolvendo empresas estatais vieram à tona e o resultado disso é uma economia totalmente instável, sem qualquer credibilidade, o que, por óbvio, resvala no cidadão que arca com altas taxas de juros e com a inflação descontrolada.

Ainda que tenha se passado 18 anos entre a promulgação da Constituição e elaboração da Lei 13.303/2016, o legislador cuidou de atender os mandamentos da norma superior, subdividindo o estatuto em duas partes principais. A primeira trata de temas que envolvem a lisura na gestão das estatais, adotando uma política de *compliance*. Já a segunda é cuida de regular aspectos relacionados às licitações e contratações realizadas pelas entidades. Devido ao tamanho e a densidade da mencionada lei, o presente artigo tratou apenas da primeira parte.

A Lei Federal nº 13.303/2016 trouxe significativas inovações para o âmbito das empresas estatais ao dispor sobre os deveres de transparência, governança corporativa, práticas de gestão de riscos e controle interno. A Lei das Estatais está em consonância com a tendência brasileira em buscar padrão de boas práticas empresariais.

A tentativa de ficar em conformidade com a lei no tempo estabelecido fez com que programas pouco elaborados e não condizentes com a estrutura da empresa fossem postos em prática, tornando-os em alguns casos, programas apenas no papel, o que fere a real intenção da Lei.

A estruturação efetiva de um programa de integridade é algo que deve se adaptar aos padrões de funcionamento da empresa, a cópia de manuais de condutas e a criação formal das estruturas de *compliance* não é o intuito da lei, e não trará resultados efetivos. Cabe às empresas realizar treinamentos para introduzir a mentalidade *compliance* em seus colaboradores e então conseguir um programa que tenha efetividade e alcance o real objetivo da lei.

É importante destacar que, embora bastante detalhado, ainda existe muito espaço para regulação e adequação dos termos apresentados no referido diploma.

REFERÊNCIAS

ALEXANDRE, Ricardo; DEUS, João de. **Direito Administrativo.** 3 ed. rev. atual. e ampl. Rio de Janeiro: Forense, 2017.

BLOK, Marcella. ***Compliance* e Governança Corporativa: atualizado de acordo com a Lei Anticorrupção (Lei 12.846) e Decreto-Lei 8.421/2015**. Rio de Janeiro: Freitas Bastos, 2017.

BORGES, Cyonil; SÁ, Adriel. **Manual de Direito Administrativo Facilitado.** 2 ed. rev. ampl. e atual. Salvador : Juspodivm, 2018.

BRASIL. **Constituição da República Federativa do Brasil de 1988**. Diário Oficial [da] República Federativa do Brasil, Brasília, DF, 5 out. 1988. Disponível em: <http://www.planalto.gov.br/ccivil_03/Constituicao/Constituicao.htm>. Acesso em ago. 2018.

_____. **Decreto n.º 8.420** de 18 de março de 2015 < http://www.planalto.gov.br/ccivil_03/_Ato2015-2018/2015/Decreto/D8420.htm>. Acesso em 12 de abril de 2015

_____. **Estatuto das Estatais.** Lei n. 13.303/2016, de 30 de junho de 2016. Diário Oficial da União de 1º de julho de 2016. Disponível em: <http://www.planalto.gov.br/ ccivil_03/_ato2015-2018/2016/lei/L13303.htm>. Acesso em set. 2018.

_____. Ministério da Transparência, Fiscalização e Controladoria-Geral da União. **Guia de Implantação de Programa de Integridade nas Empresas Estatais.** Brasília: CGU, 2015. Disponível em: Acesso em: 22 jun. 2018.

CANDELORO, A. P. P.; RIZZO, M. B. M.; PINHO, V. ***Compliance* 360º.** São Paulo: Edição do Autor, 2015.

CARVALHO, Matheus. **Manual de Direito Administrativo.** 4 ed. ed. rev. atual. e ampl. Salvador: Juspodivm, 2017.

CARVALHO FILHO, José dos Santos. **Direito Administrativo.** 28 rev. atual. e ampl. São Paulo: Atlas, 2015.

CASTRO, Rodrigo Pironti Aguirre de; e GONÇALVES, Francine Silva Pacheco, ***Compliance* e Gestão de Risco nas Empresas Estatais.** 2º edição. Editora Fórum. 2019.

COELHO, Fábio Ulhoa. Manual de Direito Comercial. 23 ed. São Paulo: Saraiva, 2011.

COIMBRA, Marcelo de Aguiar; MANZI, Vanessa Alessi. **Manual de *Compliance*.** São Paulo: Atlas, 2010.

DI PIETRO, Maria Sylvia Zanella. **Direito Administrativo**. 19 ed. São Paulo: Atlas, 2006.

JUSTEN FILHO, Maçal. **Curso de Direito Administrativo**. 12 ed. rev. atual. ampl. São Paulo: Editora RT, 2016.

MOREIRA NETO, Diogo de Figueiredo. **Curso de Direito Administrativo.** 16 ed. ver. atual. Rio de Janeiro: Forense, 2014.

OLIVEIRA, Rafael Carvalho Rezende. **Licitações e Contratos Administrativos:** 7 ed. rev. atual. e ampl. São Paulo: Método, 2017.

PINTO JÚNIOR, Mario Engler. **Empresa Estatal:** Função Econômica e Dilemas Societários. 2 ed. São Paulo: Atlas, 2013.

TEIXEIRA, Tarcísio. **Direito Empresarial Sistematizado**: doutrina e prática. 2 ed. São Paulo: Saraiva, 2013.

COMPLIANCE NA ADMINISTRAÇÃO PÚBLICA: DA LAVA-JATO À CASA DE PAPEL

Juliana de Souza[1]

Resumo

O presente artigo tem por finalidade esclarecer a importância do *compliance* na Administração Pública a fim de combater a onda de corrupção que há muito tempo causa danos a toda sociedade. Nesse contexto, serão analisados os escândalos de corrupção no setor público, a implementação de um programa de integridade, a legislação vigente, o programa de integridade na licitação e, por fim, as consequências acarretadas pela má gestão.

Palavras-chave: Administração Pública, Casa de Papel, *compliance*, corrupção, *impeachment*, Lava Jato, licitação, programa de integridade.

Abstract

This article aims to clarify the importance of compliance in public administration in order to combat the wave of corruption that has long caused damage to all society. In

---

[1] Mestranda em Ciências Jurídicas na área de Risco e *Compliance* pela AMBRA University, especialista em Direito Público pelo Centro Universitário Salesiano de São Paulo, Procuradora do Município de Sorocaba e Presidente da Comissão da Advocacia Pública da OAB/Sorocaba gestão 2019/2021

this context, it will be analyzed public sector corruption scandals, compliance itself, current legislation and the integrity program in bidding and the consequences of mismanagement..

Keywords: Public Administration, Paper House, compliance, corruption, impeachment, Lava Jet, bidding, integrity program.

INTRODUÇÃO

Compliance, basicamente, significa cumprir a lei. No Brasil, embora se fale muito em *compliance*, não é de hoje que cumprir as regras ou ser ético é imposição legal.

Na Constituição de 1988, o artigo 5º previu a moralidade administrativa e o artigo 37, dentre os chamados princípios da Administração Pública, previu também, em seu *caput,* o princípio da moralidade.

No entanto, apesar da previsão expressa na Lei Maior de obediência à moralidade, a legislação precisou evoluir no Brasil para começar a punir atos de corrupção. A evolução da legislação caminhou a passos lentos, mas hoje existem leis importantes no combate à corrupção, tais como: a Lei de Improbidade Administrativa (Lei 8.429/92), a Lei Geral de Licitações e Contratos (Lei 8.666/93), a Lei de acesso à informação (Lei 12.527/2011) e, especialmente, a Lei Anticorrupção (Lei 12.846/2013).

A Lei Anticorrupção foi um marco histórico importante no país, pois antes disso o Brasil foi castigado durante anos por atos de corrupção e impunidade, foi alvo de escândalos na imprensa nacional e estrangeira, até começar a reconhecer e punir políticos e empresários por seus crimes, como se viu, por exemplo, no caso da Máfia dos Fiscais, do Mensalão, e na Operação Lava Jato, que se tornou a operação mais emblemática do país por levar à prisão diversos políticos e empresários, inclusive um ex-presidente do Brasil.

A Lei Anticorrupção e o escândalo da Operação Lava Jato acabaram por aumentar a preocupação, especialmente dos órgãos públicos, em buscar cada vez mais a integridade pública, com mais transparência, eficácia na gestão de recursos públicos e aplicação de mecanismos de punição de agentes públicos e gestores, já que diante da realidade que ali se apresentava, prever e evitar os riscos e danos decorrentes de envolvimento em crimes de colarinho branco não passaria mais despercebido.

No entanto, alguns Municípios têm encontrado dificuldades em se adequar à nova realidade do país, e a falta de cumprimento das diretrizes da Lei Anticorrupção tem causado consequências drásticas em algumas Administrações, especialmente no âmbito municipal, como aconteceu na cidade de Sorocaba, que vem acompanhando o desenrolar da Operação Casa de Papel.

Essa operação, como se verá ao longo do presente estudo, aponta falhas na gestão da administração pública que levou à cassação do mandato do Prefeito e à instauração da Operação Casa de Papel. A Operação em questão investiga supostas irregularidades em Contratos da Prefeitura envolvendo o Prefeito, Secretários e Empresários, bem como desvio de finalidade pública.

Em suma, o objetivo desse artigo é abordar brevemente a evolução histórica legislativa da corrupção no Brasil e no Mundo, sem o intuito de esgotar o assunto, o impacto da Lei Anticorrupção no país, a implementação do programa de integridade como forma capaz de combater atos de corrupção e as consequências de má gestão na Administração Pública, em um paralelo entre a Operação Lava Jato e a Casa de Papel.

CORRUPÇÃO: EVOLUÇÃO LEGISLATIVA EM BREVES LINHAS

A corrupção é um fenômeno de difícil conceituação, não é sem razão que o vernáculo define o termo como o ato ou resultado de corromper; degradação de valores morais ou dos costumes; devassidão, depravação.[2]

Para Adán Nieto Martín, "a corrupção é um contrato de prestação de serviços, em que o serviço oferecido é ilícito" e exemplifica citando casos de servidores que vendem ou ofertam a um particular um serviço ou de particulares que adquirem ou tentam comprá-lo.[3]

No mesmo sentido, merece destaque a definição apresentada pela Transparência Internacional:

> "A corrupção é o abuso do poder confiado para ganhos privados. Dói a todos aqueles cuja vida, de subsistência ou a felicidade depende da integridade das pessoas em posição de autoridade"[4].

A legislação, por sua vez, não conceitua, mas apresenta mecanismos de combate à corrupção. No âmbito internacional, as duas principais leis de

---

[2] Dicionário online Michaelis. http://michaelis.uol.com.br/busca?id=we1w . Acessado em 08/09/2019.

[3] MARTÍN, Adán Nieto; PARRA, Manuel Espinoza de Los Monteros de La. Diretrizes para uma estratégia efetiva contra a corrupção no México. *In*: DINIZ, Eduardo Saad; ADACHI, Pedro Podboi; DOMINGUES, Juliana Oliveira. Tendências em governança corporativa e *compliance*. Editora LiberArs. 1ª Ed. – São Paulo: 2016, P. 33

[4] GIOVANINI, Wagner. *Compliance* - A excelência na prática. 1ª edição. - São Paulo: 2014. P. 22.

combate à corrupção são a americana FCPA ("Foreign Corrupt Practice") e a UK Bribery Act.

A FPCA foi promulgada pelo congresso americano em 1977, com a finalidade de tornar ilegal o pagamento a funcionários públicos no exterior para ajudar a obter ou manter negócios. Já a UK Bribery Act entrou em vigor no dia 1º de julho de 2011, não com a finalidade de punir situações pontuais, mas sim com o objetivo de balancear responsabilidade corporativa e o interesse público. Tal lei indica aos executivos e gestores a possibilidade de responsabilização caso não consigam provar que tomaram todas as medidas para coibir eventual ato de corrupção dentro da empresa ou por terceiros.[5]

No Brasil a legislação sempre caminhou a passos lentos, levando o país a passar por diversos casos de impunidade, além de ser alvo de escândalos na imprensa como ocorreu na Operação Vampiros da Saúde (1990 a 2004), TRT São Paulo (1992 a 1999), Banestado (1996 a 2000), Máfia dos Fiscais (1998 e 2008), Mensalão (2005) e Sanguessuga (2006)[6], sem muitos meios efetivos de combate à corrupção, até que em março/2014, já na vigência das Leis 12.846/13 e 12.850/13, foi deflagrada a operação Lava Jato.

A Lava Jato foi um caso emblemático que se viu no Brasil acerca de crimes empresariais, corrupção e lavagem de dinheiro, no qual grandes empreiteiras formavam um cartel através de um "clube" com o intuito de fraudar as licitações e conseguirem contratos com a Petrobrás em uma concorrência aparente.[7]

---

[5] Ver mais em GIOVANINI, Wagner. *Compliance* - A excelência na prática. 1ª edição. - São Paulo: 2014. P. 24/27.

[6] LIMA, Claudia. Os maiores escândalos de corrupção do Brasil. 2012. https://super.abril.com.br/mundo-estranho/os-maiores-escandalos-de-corrupcao-do-brasil/ acessado em 08.09.2019

[7] MPF. Entenda o caso - Caso Lava Jato. http://www.mpf.mp.br/grandes-casos/caso-lava-jato/entenda-o-caso. Acessado em 08.09.2019.

As investigações foram fruto de uma ação conjunta e efetiva da polícia federal, Ministério Público Federal e do, à época, Juiz Federal Sérgio Moro, que expediu diversos mandados de busca e apreensão e prisão, o que acarretou diversas delações premiadas, levando à prisão diversos políticos, empresários, dentre eles, o diretor da Petrobrás, e até o ex-Presidente do Brasil, Luiz Inácio Lula da Silva.

Hodiernamente identifica-se um desenvolvimento crescente na política de combate a corrupção, tal como ocorrido no cenário internacional, sendo possível citar a Lei dos Servidores Públicos Federais (Lei nº 8.112/90), a Lei de Improbidade Administrativa (Lei nº 8.429/92), a Lei Geral de Licitações e Contratos (Lei nº 8.666/93), a Lei de Lavagem de Dinheiro (Lavagem de Capitais - Lei nº 9.613/98), a Lei Complementar de Responsabilidade Fiscal (LC nº 101/00), a Lei de Acesso à Informação (Lei nº 12.527/2011), a citada Lei Anticorrupção (Lei nº 12.846/2013), posteriormente regulamentada pelo Decreto nº 8.420/2015, a Lei de Crime Organizado (Lei nº 12.850/2013), entre outras.

Com o advento da Lei Anticorrupção, aumentou o número de investigações pelas autoridades, além de trazer em seu artigo 7º, VIII[8], a previsão de programas de integridade, provocando uma revolução no cenário brasileiro em termos de programas de *compliance*.[9]

O impacto da Lei Anticorrupção e seu Decreto Regulamentador 8.420/2015 é visível e extrapola o debate meramente político-jurídico, pois fortaleceu muito o combate à corrupção, especialmente por ter como um dos seus

---

[8] Art. 7º Serão levados em consideração na aplicação das sanções:

(...)

VIII - a existência de mecanismos e procedimentos internos de integridade, auditoria e incentivo à denúncia de irregularidades e a aplicação efetiva de códigos de ética e de conduta no âmbito da pessoa jurídica;

[9] MENDES, Francisco Schertel; CARVALHO, Vinícius Marques. *Compliance* – Concorrência e Combate à Corrupção. São Paulo: Trevisan Editora, 2017, p. 28

principais focos o *compliance* como medida preventiva. Embora os programas de *compliance* já existissem antes da referida legislação, foi ela que deu a eles novo significado e impulsionou diversas instituições públicas e privadas e se preocuparem com o tema[10], como se verá adiante.

IMPACTO DA LEI ANTICORRUPÇÃO NA ADMINISTRAÇÃO PÚBLICA

A Lei 12.846/2013 (Lei Anticorrupção) tem por objetivo proteger a Administração Pública, garantir a adequada prestação de serviços à população, afastar o risco de corrupção e punir civil e administrativamente os atos ilícitos praticados contra a instituição pública.

Para garantir os objetivos da lei, o artigo 7º, VIII, orienta pela adoção de mecanismos e procedimentos internos de integridade, auditoria, canais de denúncia e códigos de ética como forma de minimizar o risco de aplicação de sanções.

Em complemento, o Decreto nº 8.420/2015, que regulamentou a Lei 12.846/2013, trata de procedimentos e parâmetros para a aplicação do programa de integridade, dentre eles comprometimento da alta direção da pessoa jurídica e apoio visível e inequívoco ao programa, códigos de conduta, treinamentos periódicos, análise periódica de riscos para realizar adaptações necessárias, monitoramento contínuo do programa de integridade visando seu aperfeiçoamento, procedimentos específicos para prevenir fraudes e ilícitos no âmbito dos processos licitatórios, contratos administrativos ou em qualquer interação com o setor público, ainda que intermediada por terceiros.

---

[10] MENDES, Francisco Schertel; CARVALHO, Vinícius Marques. *Compliance* – Concorrência e Combate à Corrupção. São Paulo: Trevisan Editora, 2017, p. 28

Como se vê, o programa de *compliance* não pode ser confundido com o mero cumprimento de regras formais e informais, pois seu alcance é bem mais amplo, ou seja, além de um conjunto de regras, padrões, procedimentos éticos e legais, uma vez implementado, será a linha mestra que orientará o comportamento do ente público, bem como a atitude de seus funcionários[11], de modo a minimizar a prática de atos de corrupção de desvios éticos no órgão ou ente público.

APLICAÇÃO DO PROGRAMA DE *COMPLIANCE* NA ADMINISTRAÇÃO PÚBLICA

Para a implementação do programa no âmbito da Administração Pública, conforme orientado pela legislação, é necessário, em primeiro lugar, que o gestor conheça a instituição e adote um planejamento estratégico, considerando os riscos e vulnerabilidades da instituição, observando a previsão orçamentária e alinhando todo o planejamento com o plano plurianual.

Nesse sentido, para que o planejamento funcione, o gestor deve compreender o funcionamento da gestão interna da instituição, dentre elas, a gestão de pessoas, a gestão de licitações e contratos, tecnologia da informação, gestão da informação e arquivos.

Em segundo lugar, deve estimular um comportamento íntegro na sua organização, estabelecer um código de ética ou de conduta e dar ampla divulgação, promover cursos de capacitação, prezar pelo exemplo, assumir

---

[11] RIBEIRO, Márcia Carla Pereira; DINIZ, Patrícia Dittich Ferreira. *Compliance* e lei anticorrupção nas empresas. Revista de Informação Legislativa, a. 52, n. 205, p. 87-105, jan./mar. 2015. Disponível em: <http://www2.senado.leg.br/bdsf/bitstream/handle/id/509944/001032816.pdf?sequence=1> Acesso em: 13/07/2019. p. 88

uma postura ética e respeitar às leis e os princípios da Administração Pública, previstos no artigo 37 da Constituição Federal.

Outro ponto crucial para garantir a integridade na Administração Pública é encontrar pessoas capacitadas para o exercício de cada função, investir na escolha e na capacitação de seus dirigentes, definir as responsabilidades de cada um, combater o nepotismo, equilibrar a renovação dos cargos de direção, a fim de evitar instabilidade com frequentes substituições ou acomodação na função, e investir na formação de líderes.

Mais um ponto importante para o sucesso do programa é instituir regras claras no relacionamento público-privado, orientar os servidores sobre como se relacionarem com os cidadãos e com setor privado, desenvolver mecanismos de prevenção de conflito de interesses e monitorar a evolução patrimonial dos agentes públicos.

A Administração Pública deve ainda garantir a transparência pública e o acesso à informação, a fim de permitir que pessoas interessadas verifiquem se a organização está cumprindo com a legislação vigente e com a sua finalidade.

Outrossim, a efetivação de um programa de integridade depende de ouvir todas as partes interessadas na relação com a Administração Pública, promover a participação social para coletar informações e avaliar os riscos de cada instituição que se relaciona com o Poder Público, criar canais de denúncia para viabilizar o diálogo do cidadão com a Administração.

Adotadas as medidas acima, identificar e punir todos os responsáveis por eventuais desvios éticos, a fim de desincentivar o cometimento de irregularidade. Para apuração de tais desvios, é importante criar uma unidade de correição para apurar faltas de servidores, como também de pessoas jurídicas que praticam atos lesivos contra a administração pública, em especial na área de licitações e contratos, área sensível do setor público, como se verá a seguir.

PROGRAMA DE INTEGRIDADE NAS LICITAÇÕES

A existência de um programa de integridade eficaz, como visto ao longo do presente trabalho, vem sendo utilizada como meio de minimizar a prática de corrupção, reduzir espaços para conluios e práticas de cartelização que imponham à Administração preços ilegítimos, tanto na esfera da licitação, como no âmbito da alteração e da renegociação de contratos.

Desta perspectiva, o programa de integridade é um elemento que acautela a Administração quanto a perdas econômicas relevantes, afigurando-se uma exigência plenamente justificável à luz dos fins primordiais da licitação.[12]

Contudo, a questão que leva à importante reflexão é: a exigência do *compliance* no âmbito das contratações públicas não seria uma forma de redução de ofertantes, de modo a causar prejuízo à competitividade imposta pelo artigo 37, XXI, da Constituição Federal?

Para Fernando Vernalha e Érica Miranda, a política de integridade para negócios públicos está diretamente relacionada com os princípios da moralidade e da probidade administrativa, que norteiam o processo de contratação pública, nos termos do artigo 3º da Lei 8.666/93. De um ponto de vista finalístico, não há dúvida de que a exigência de *compliance* como requisito de participação em licitações é perfeitamente coincidente com os valores prestigiados pelo regime de licitação e de contratação pública.[13]

---

[12] GUIMARÃES, Fernando Vernalha; REQUI, Érica Miranda dos Santos. Exigência de Programa de Integridade nas Licitações. *In*: *Compliance*, Gestão de Riscos e Combate à Corrupção. Belo Horizonte: Fórum, 2019. P.208.

[13] GUIMARÃES, Fernando Vernalha; REQUI, Érica Miranda dos Santos. Exigência de Programa de Integridade nas Licitações. *In*: *Compliance*, Gestão de Riscos e Combate à Corrupção. Belo Horizonte: Fórum, 2019. P.212.

No entanto, atualmente não há na lei geral de licitações e contratos previsão expressa de exigência de demonstração de programas de integridade como requisito de habilitação.

Ainda na visão de Fernando Vernalha, "também não se poderia acolhê-lo como mera condição de participação, pois, uma vez que se relaciona com as condições particulares do sujeito que pretende contratar com Poder Público, equipara-se a requisito de habilitação. Enquadrá-lo como mero requisito de participação com vistas a submetê-lo a outro regime poderia significar uma fuga de sua disciplina própria".

Contudo, interpretação diversa seria olhar para tal exigência não como uma forma de restringir a oferta, mas sim de perseguir a proposta mais vantajosa, evitando o risco de corrupção.

Para o referido autor, exigências dessa natureza são bem-vindas e concorrem para melhorar o ambiente concorrencial e aperfeiçoar o sistema de contratação pública. Mas para que possam ser instituídas nos editais como maior segurança jurídica será importante que sejam incorporadas na legislação.[14]

Foi exatamente nesse sentido que o Estado do Rio de Janeiro promulgou a Lei nº 7.753 de 17.10.2017 e o Distrito Federal promulgou em 2.2.2018 a Lei nº 6.112, que exigem a implantação do programa de integridade nas empresas que contratarem com a Administração Pública, em todas as esferas de poder. Em ambos os casos aqueles que celebrarem os contratos enquadrados nos parâmetros estabelecidos pela legislação devem implementar programa de integridade no prazo de até 180 dias corridos, a partir da data de celebração do contrato, sob pena de multa moratória e impossibilidade de contratação da empresa com a Administração.

Assim, é possível observar que a exigência de programas de *compliance* nas contratações com a Administração Pública é de suma importância, a fim

---

[14] GUIMARÃES, Fernando Vernalha; REQUI, Érica Miranda dos Santos. Exigência de Programa de Integridade nas Licitações. *In*: *Compliance*, Gestão de Riscos e Combate à Corrupção. Belo Horizonte: Fórum, 2019. P.214.

de evitar a prática de atos de corrupção, formação de cartéis, economicidade e eficiência nas licitações e contratos administrativos, no entanto enquanto não houver previsão legal explícita sobre o assunto, não será crível impor tal condição.

IMPEACHMENT E OPERAÇÃO CASA DE PAPEL EM SOROCABA[15]

Ao longo do presente estudo, foi amplamente demonstrada a importância de medidas efetivas de *compliance* na Administração Pública, como forma de combate à corrupção.

Os escândalos envolvendo políticos e grandes empresários que contratam com a Administração Pública, conforme já ressaltado, estão a todo momento na imprensa nacional e internacional, sendo o exemplo mais impactante que tivemos no Brasil até hoje o caso da Lava Jato.

Contudo, há escândalos menos divulgados pela imprensa por não atingirem âmbito nacional, mas vale o estudo como forma de proximidade da realidade em âmbito municipal, e falamos aqui da operação "Casa de Papel".

Em janeiro/2017, após eleições municipais, iniciou o mandato do Prefeito de Sorocaba, como ocorria em todo país. No entanto, após 8 meses do início de sua gestão, o Prefeito teve seu mandato cassado pela Câmara dos Vereadores, sob a acusação de quebra de decoro e prevaricação, por tentar manter em cargo comissionado uma assessora acusada de utilizar diploma falso.

---

[15] https://g1.globo.com/sp/sorocaba-jundiai/noticia/2019/03/08/lei-que-proibe-venda-de-bebidas-alcoolicas-em-parques-e-pracas-e-descumprida-em-sorocaba.ghtml acessado em 10/06/2019

O alcaide, após cerca de 1 mês da decisão, conseguiu voltar ao cargo através de ação judicial, porém, passados 1 ano e meio do primeiro *impeachment*, a assessora que foi o motivo que levou à cassação do mandato do prefeito foi flagrada pela imprensa trabalhando como "voluntária" em um evento da Prefeitura.

A notícia foi um grande escândalo na cidade de Sorocaba, fato que levou a Câmara Municipal a instaurar uma nova Comissão Processante para apurar a questão do falso voluntariado.

Enquanto a Comissão Processante estava em curso, outro escândalo estourou na imprensa envolvendo o governo. Em 08/04/2019 foi deflagrada a operação "Casa de Papel", que põe em suspeita contratos administrativos de R$ 25 milhões das Secretarias da Cultura, Turismo e Comunicação de Sorocaba. A força-tarefa da Polícia Civil e da Promotoria, mobilizou 75 policiais para buscas em 18 endereços, inclusive na residência dos secretários e na sede da prefeitura de Sorocaba, conforme dados divulgados pelo portal de notícias G1.

Em 02/08/2019, ainda com a operação "Casa de Papel" em curso, o caso do falso voluntariado foi levado ao plenário da Câmara Municipal para votação e o então Prefeito teve seu mandato cassado pela segunda vez.

A operação "Casa de Papel", até a data da publicação deste artigo, continua em trâmite e investiga os crimes de organização criminosa, desvio de recursos públicos e corrupção.

Em uma breve análise dos casos, o que se percebe é que tanto na Operação Lava Jato quanto na Operação Casa de Papel evidentes falhas ocorreram, em especial na licitação. No primeiro caso grandes empreiteiras formavam um cartel através de um "clube" com o intuito de fraudar as licitações e conseguirem contratos com a Petrobrás em uma concorrência aparente, no segundo caso, há suspeita de fraude nas licitações e contratos administrativos das Secretarias da Cultura, Turismo e Comunicação de Sorocaba.

Apesar do ocorrido, há de se ressaltar que Prefeitura de Sorocaba está estruturada com Corregedoria, Controladoria, possui portal de transparência pública, há Procuradoria Municipal vinculada à Secretaria de Assuntos

Jurídicos e Patrimoniais e possui lei anticorrupção e código de ética, mas diante de tudo que aconteceu desde o primeiro dia de mandato do ex-Prefeito até o segundo *impeachment* o que se conclui é que a Prefeitura de Sorocaba somente estará livre dos danos com um efetivo Programa de Integridade, regra esta que vale não apenas para a Prefeitura de Sorocaba, como também para toda Administração Pública.

CONSIDERAÇÕES FINAIS

A Lei Anticorrupção (Lei nº 12.846/2013) e o Decreto nº 8.420/2015 foram marcos importantes no país em relação ao combate à corrupção, especialmente por trazer à baila o programa de *compliance* como medida de prevenção.

O *compliance*, conforme restou demonstrado, vai muito além do cumprimento de regras, pois uma vez implantado será a linha mestra que orientará o comportamento da empresa no mercado, seja ela pública ou privada.

Isto porque as empresas que aderiram aos programas de *compliance* são vistas no mercado como grupos aparelhados no combate à corrupção, menos sujeitos a escândalos e prejuízos à imagem.

Com o fortalecimento dos programas de *compliance* passaram a ser cada vez mais obrigatórios nas contratações perante terceiros. Inclusive, a relevância do programa de *compliance* tem chamado a atenção também do Poder Público de um modo geral, que aos poucos vêm estruturando o portal de transparência pública, suas corregedorias, canais de denúncia, códigos de ética e leis anticorrupção.

Apesar disso, embora a preocupação seja grande e a legislação tenha evoluído muito no combate à corrupção, enquanto as medidas preventivas e corretivas que são exigidas em um programa efetivo de *compliance* não forem realmente obrigatórias em nosso país, operações como Lava Jato e Casa de

Papel continuarão fazendo parte da realidade do nosso país, levando os chefes dos executivos de todas as esferas de governo desde processos de *impeachment* à prisão, e no final disso tudo quem mais sofre pela má-gestão é o povo.

REFERÊNCIAS

Dicionário online Michaelis. http://michaelis.uol.com.br/busca?id=we1w . Acessado em 08/09/2019

CASTILHONI, Carolina Assis. **Análise Econômica do Direito e Crimes Empresariais.** Revista da AMDE: 2014. Disponível em http://www.revista.amde.org.br/index.php/ramde/article/view/252

GIOVANINI, Wagner. **Programas de *Compliance* e Anticorrupção: importância e elementos essenciais.** *In*: PAULA, Marco Aurélio Borges de; CASTRO, Rodrigo Pironti Aguirre de (Coord.). *Compliance*, Gestão de Riscos e Combate à Corrupção: integridade para o desenvolvimento. Belo Horizonte: Fórum, 2018.

GIOVANINI, Wagner. ***Compliance* - A excelência na prática.** 1ª edição. - São Paulo: 2014.

GUIMARÃES, Fernando Vernalha; REQUI, Érica Miranda dos Santos. **Exigência de Programa de Integridade nas Licitações.** *In*: ***Compliance*, Gestão de Riscos e Combate à Corrupção.** Belo Horizonte: Fórum, 2019.

LIMA, Cláudia. **Os maiores escândalos de corrupção do Brasil.** 2012. https://super.abril.com.br/mundo-estranho/os-maiores-escandalos-de-corrupcao-do-brasil/ acessado em 08.09.2019

MARTÍN, Adán Nieto; PARRA, Manuel Espinoza de Los Monteros de La. **Diretrizes para uma estratégia efetiva contra a corrupção no México.** *In*: DINIZ, Eduardo Saad; ADACHI, Pedro Podboi; DOMINGUES, Juliana Oliveira. **Tendências em governança corporativa e *compliance*.** Editora LiberArs. 1ª Ed. – São Paulo: 2016.

MENDES, Francisco Schertel; CARVALHO, Vinícius Marques. ***Compliance* - Concorrência e Combate à Corrupção.** São Paulo: Trevisan Editora, 2017, p. 28.

MPF. **Entenda o caso - Caso Lava Jato.** http://www.mpf.mp.br/grandes-casos/caso-lava-jato/entenda-o-caso. Acessado em 08.09.2019.

NOHARA, Irene Patrícia. ***Compliance* e Negociações com o Poder Público.** *In*: DIAS, Karem Jureidini; BRITTO, Lucas Galvão de. ***Compliance* no Direito Tributário.** São Paulo: Revista dos Tribunais, 2018.

Portal de Notícias G1:

https://g1.globo.com/sp/sorocaba-jundiai/noticia/2019/03/08/lei-que-proibe-venda-de-bebidas-alcoolicas-em-parques-e-pracas-e-descumprida-em-sorocaba.ghtml Acessado em 10/06/2019 e https://g1.globo.com/sp/sorocaba-jundiai/noticia/2019/08/03/da-primeira-para-a-segunda-cassacao-de-crespo-dois-vereadores-de-sorocaba-mudaram-de-voto.ghtml Acessado em 01/09/2019

RIBEIRO, Márcia Carla Pereira; DINIZ, Patrícia Dittich Ferreira. ***Compliance* e lei anticorrupção nas empresas**. Revista de Informação Legislativa, a. 52, n. 205, p. 87-105, jan./mar. 2015. Disponível em: <http://www2.senado.leg.br/bdsf/bitstream/handle/id/509944/001032816.pdf?sequence=1> Acessado em: 13/07/2019.

SERPA, Alexandre da Cunha. ***Compliance* descomplicado: Um guia simples e direto sobre programas de *compliance*.** 2016.

A RELAÇÃO DO PROGRAMA DE INTEGRIDADE NA SUCESSÃO DA EMPRESA FAMILIAR

Flávia Fernandes Caregnato[1]

Denúncias de corrupção, supervisão fraca, falhas no monitoramento contínuo, falta de controle e ausência ética contribuíram para o surgimento do *Compliance*, que tem como objetivo auxiliar a organização no cumprimento dos seus normativos, evitando que eventuais descumprimentos tragam riscos legais, de imagem, de reputação e financeiros[2]. O *Compliance* não deve ser visto apenas como ferramenta para empresas de grande porte ou sua aplicação apenas para empresas públicas, ele é necessário dentro de qualquer ramo empresarial, incluindo as empresas privadas.

A corrupção, falha no monitoramento da empresa, ausência de ética e transparência não assola somente grandes empresas, mas também as empresas de pequeno porte, que tentam sobreviver ao caos financeiro e crescer mesmo diante de tantas dificuldades. Dentre essas empresas menores, destaco as

---

[1] Mestranda da instituição Ambra University em Ciências Jurídicas.

[2] *Compliance*, controles internos e riscos: a importância da área de gestão de pessoas. 2ª edição. revisada e ampliada. Editora SENAC - DF, 2017. pág 25

empresas familiares, tendo em vista elas sofrem os impactos financeiros do país, sofre com desvios financeiros e problemas em sua governança.

É nesse contexto que o presente artigo pretende trabalhar, demonstrando a relação do *compliance* junto a empresa de administração familiar, principalmente no momento mais delicado da empresa, na sucessão empresarial, ou seja, a relação benéfica da existência de um programa de integridade no momento em que se transfere a gestão da empresa para a geração seguinte, uma vez que esse momento de transição pode se deparar com gestores despreparados ou até mesmo com uma empresa sem estruturação de normas necessárias para amparar os novos diretores.

No primeiro tópico do trabalho será conceituado o *compliance*, suas ferramentas e os objetivos. No segundo tópico definição de empresa familiar, os problemas encontrados na empresa e a dificuldade na fase de transição e por fim, no terceiro tópico, sobre a sucessão empresarial familiar e a relação do programa de integridade nesse momento.

A missão do *Compliance* é assegurar a existência de políticas e normas e os pontos de controle nos processos sejam capazes de mitigar riscos e atuar na definição e verificação dos controles internos e práticas saudáveis de governança corporativa. Será demonstrado a relevância jurídica e social do tema no momento da sucessão empresarial familiar.

A pesquisa feita através de método quali-quantitativo e o hipotético-dedutivo, partindo-se de coleta de dados mensuráveis e da premissa de um problema, onde o norte do problema é a sucessão da empresa familiar.

Para buscar essas respostas, foi utilizado análise doutrinária, mais precisamente análises conceituais, encontradas em doutrinas, artigos científicos, jornais e demais materiais públicos de alcance através da internet.

Em resumo temos uma pesquisa hipotética-dedutiva, devido a sua análise empírica e teórica, com abordagem qualitativa (através da formulação de questionários) e quantitativa (através da coleta de dados).

CONCEITO DO *COMPLIANCE*

O termo *Compliance* significa agir de acordo com a lei, uma instrução interna, comando ou conduta ética, ou seja, estar em *Compliance* é estar em conformidade com as regras internas da empresa, de acordo com os procedimentos éticos e as normas jurídicas vigentes[3]

Ocorre que ao definir o termo *Compliance* precisamos ampliar seu significado e irmos além, uma vez que o *Compliance* está além do mero cumprimento de regras formais. Trata-se de um instrumento de mitigação de riscos, preservação de valores éticos e de sustentabilidade corporativa, preservando a continuidade do negócio e o interesse dos *stakesholders*[4].

A ferramenta integra um sistema complexo e organizado de procedimentos de controle de risco e preservação de valores que deve ser coerente com a estrutura societária, o compromisso efetivo da sua liderança e a estratégia da empresa, como elemento, cuja adoção resulta na criação de um ambiente de segurança jurídica e confiança para a boa tomada de decisão[5].

Esse sistema interno pode ser chamado de Programa de Integridade ou Programa de *Compliance* com a finalidade de prevenir, detectar e corrigir atos não condizentes com os princípios e valores da empresa. Esse programa deve ser incorporado como padrão valorativo e comportamental da empresa, refletido em atividades permanentes de todos os colaboradores.

---

[3] CARVALHO, André Castro; BERTOCCELLI Rodrigo de Pinho; ALVIM, Thiago Cripa e VENTURINI Otavio. *Manual de Compliance*. Editora Forense, Rio de Janeiro, 2019. Pag 38

[4] Idem. Pag 38-39.

[5] Idem pag. 39

Em resumo, *Compliance* é um sistema materializado por um programa de *Compliance*[6].

Programa de integridade representa um conjunto de normas de conduta, procedimentos e ações empreendidas por uma pessoa jurídica para cumprir com os desígnios do *Compliance*[7]. A metodologia *Compliance* foi definida através do Decreto 8.420 de 2015 em seu art. 41:

> "Para fins do disposto neste Decreto, programa de integridade consiste, no âmbito de uma pessoa jurídica, no conjunto de mecanismos e procedimentos internos de integridade, auditoria e incentivo à denúncia de irregularidades e na aplicação efetiva de códigos de ética e de conduta, políticas e diretrizes com objetivo de detectar e sanar desvios, fraudes, irregularidades e atos ilícitos praticados contra a administração pública, nacional ou estrangeira".

Os principais elementos desse programa de integridade são[8]:

1. Atuação direta e apoio incondicional da alta direção: para que a metodologia seja devidamente aplicada é de suma importância o programa com a adesão total dos diretores da empresa para que todos os colaboradores vejam o envolvimento e a seriedade do programa.
2. Indicação do responsável pelo programa de integridade.
3. Programa de integridade as características de atuação da pessoa jurídica.

---

[6] CARVALHO, André Castro; BERTOCCELLI Rodrigo de Pinho; ALVIM, Thiago Cripa e VENTURINI Otavio. *Manual de Compliance*. Editora Forense, Rio de Janeiro, 2019. Pag 40-41.

[7] Idem. pág. 59.

[8] Idem pág. 62-70.

4. Criação de regras e procedimentos: adoção de um código de conduta ética, para garantir a integridade e a valorização de comportamentos éticos.

5. Treinamento e comunicação: para que a nova política seja adotada, deve ser realizado um treinamento para todos os integrantes da empresa. Todos precisam entender as regras, os objetivos e o papel de cada um dentro da empresa. Por esta razão é fundamental investir em treinamentos e na comunicação interna.

6. Canais de denúncias e sistema de premiação: inserida a nova política, necessário um canal de denúncia ativo para que colaboradores denunciem as violações ao Código de Conduta.

7. Medidas disciplinares.

8. Monitoramento e auditoria: trata-se da continuidade do programa, ou seja, não basta apenas integrá-lo à empresa, mas sim, realizar um trabalho contínuo, onde revisões devem ser feitas sempre visando que a empresa permaneça em conformidade a lei.

9. Indicadores de desempenho.

10. Aplicação do programa e preocupação com os fornecedores e prestadores de serviço: o programa deve se estender a todos aqueles que se envolvem com a empresa, todos devem ser submetidos a uma rigorosa *due diligence*, ou seja, avaliar os riscos com todos antes de se estabelecer uma relação contratual.

Cada vez mais as empresas, e isso inclui a empresa de pequeno porte de administração familiar, estão sendo forçadas a iniciar um ciclo de mudanças, com reestruturações estratégicas, organizacionais e tecnológicas, além do investimento na otimização de capital humano, através de treinamentos constantes e implementação de controles internos eficientes e eficazes[9].

---

[9] *Compliance*, controles internos e riscos: a importância da área de gestão de pessoas. Pg. 121

É seguindo esses pilares que se cria para cada pessoa jurídica políticas internas para "estar em conformidade", estar em *Compliance*. Em resumo, trata-se de procedimentos empresariais de prestação de deveres de comunicação orientados por preceitos de fiscalização e diretrizes de governança, por isso sua importância na implementação das empresas.

EMPRESA FAMILIAR - DEFINIÇÃO

Para que se defina uma empresa familiar necessário estabelecer a propriedade e a forma como se dá a família e a empresa. A empresa familiar possui todas as características e definições comuns de uma empresa, conforme art. 966 do Código Civil:

> "Art. 966. Considera-se empresário quem exerce profissionalmente atividade econômica organizada para a produção ou a circulação de bens ou de serviços".

O que diferencia uma empresa familiar das demais é a confusão que se faz entre a empresa, a família e a propriedade, ou seja, empresa familiar é assim considerada quando seu controle de gestão é transferido para a geração seguinte, trata-se de empresa de capital fechado, onde a transparência administrativa e financeira é pouco vista, uma vez que é a família quem exerce o domínio completo sobre os negócios[10], ou, empresa familiar é aquela organização que possui cargos diretivos ocupados por seus próprios membros, escolhidos através de laços de sangue, de confiança entre os membros (ZORZANELLI, 2011).

---

[10] RODRIGUES, Jorge. **O Conselho de Administração nas empresas familiares.** Revista Portuguesa e Brasileira de Gestão – publicada em 2008, pág 57

A organização da empresa normalmente é dirigida pelo próprio familiar, que iniciou a empresa por meio de sonhos profissionais com o empenho e o investimento pessoal, ou nasce através do trabalho conjunto do casal, que reúne economias e gerencia o empreendimento e a família. De acordo com SEBRAE, a característica fundamental é o comando único e centralizado do fundador da empresa.

Quando se identifica a empresa familiar com a existência de duas gerações no poder temos, o que acima o dito: a existência da propriedade e gestão, o que nos leva a ter a confusão de empresa, família e gestão, ou seja, o círculo de poder nas empresas familiares. E é nesse momento que se identifica os maiores dilemas em empresas familiares: a distinção entre a família, a propriedade e a gestão, porque a medida que essa empresa passa por transições de gerações, as relações de poder, influência e interesse mudam, o que faz com que as três esferas de poder se afastem e passem a ter novas normas, novas regras de admissão, de valores e de estrutura organizacional (SILVEIRA, 2015).

Em especial, problema encontrado nessas empresas se inicia no momento de sucessão, uma vez que se encontram sucessores despreparados, já que uma das características da empresa familiar é o protecionismo, ou seja, problemas relacionados ao uso de confiança pessoal e da não competência para a escolha de colaboradores, tornando a empresa vulnerável no momento da transição. Não apenas isso, mas a confusão entre patrimônio da empresa e patrimônio familiar também acarretam grandes problemas. Por isso a necessidade da criação de uma estrutura de gestão para perpetuar o negócio, bem como preparar esses novos gestores a enfrentarem a nova fase da empresa.

SUCESSÃO FAMILIAR E A RELAÇÃO COM O *COMPLIANCE*

O momento da sucessão empresarial é crucial para uma empresa familiar, pois a continuidade do empreendimento vincula-se à capacidade da família em controlar a administração da empresa. O planejamento da sucessão é o que depende o futuro da empresa.[11]

Perguntas assim passam a ser questionadas: Qual herdeiro será o líder, o mais velho ou o mais capacitado? Os herdeiros terão partes iguais ou receberão de acordo com os seus méritos? Essas perguntas passam a surgir em decorrência da morte do titular e a necessidade da continuação da relação jurídica. A morte do titular é o gatilho para o impasse na sucessão, apesar de ser um fenômeno natural, traz consequências, sobretudo a patrimonial, surgindo assim a problemática jurídica: necessidade da continuidade da relação jurídica em decorrência da morte do titular da empresa.

É a partir desse momento que o uso da ferramenta do *Compliance*, aparece como meio de minimizar os riscos dessa sucessão e para assim lograr o êxito empresarial, bem como a adoção de testamento e a capacitação dos sucessores legítimos.

A sucessão legítima é aquela de ordem legal, chamada ordem de vocação hereditária[12], ou seja, aquele já predeterminada em lei. Quando essa ordem não é a desejada pelo autor da herança, o próprio define uma ordem particular, surgindo assim o planejamento sucessório, como exemplo o testamento.

Já a aplicação do *Compliance* nesse momento, onde um *compliance officer* adequaria a empresa às normas externas, bem como seguiria os valores e princípios dessa empresa, pautando-se dentro de um Código de Conduta, contribuiria para uma sucessão empresarial mais sólida e que manteria essa empresa no mercado com rendimento de bons frutos, bem como a sua estabilização comercial[13].

---

[11] Matéria disponível em: http://www.lecnews.com.br/blog/compliance-em-empresa-familiar-um-mecanismo-essencial/

[12] Revista da Faculdade de Direito do Sul de Minas, Porto Alegre, v. 35, publicada em julho 2019

[13] Disponível em: http://www.lecnews.com.br/blog/compliance-em-empresa-familiar-um-mecanismo-essencial/

Seguindo esse caminho, visando sempre a continuidade empresarial, necessária a modernização na reestruturação governamental e à adoção de um programa de *Compliance*, ou seja, aplicação da integridade e boas práticas de gestão. Essa prática pode fortalecer e dar melhores garantias ao intento original da constituição da empresa: a sucessão familiar.

Vejamos os princípios do *Compliance*[14]:

Princípio 1*:* comprometimento por parte do corpo diretivo e da alta direção com o *compliance* eficaz, que permeia toda a organização.

Princípio 2: a política de *compliance* está alinhada à estratégia e aos objetivos de negócio da organização com o apoio da alta administração.

Princípio 3: são alocados os recursos apropriados para desenvolver, implementar, manter e melhorar o programa de *compliance.*

Princípio 4: as obrigações de *compliance* são identificadas e avaliadas.

Princípio 5: a responsabilidade por resultados conformes é articulada e atribuída claramente.

Princípio 6*:* as competências e as necessidades de treinamento são identificadas e levadas em consideração, a fim de permitir que os funcionários cumpram com suas obrigações de *compliance.*

Princípio 7: comportamentos que criam e sustentam o *compliance* são estimulados, e comportamentos que comprometem o *compliance* não são tolerados.

Princípio 8: controles para gerenciar as obrigações de *compliance* identificadas e para alcançar os comportamentos desejados.

Princípio 9: o desempenho do programa de *compliance* é monitorado, mensurado e relatado.

Princípio 10: a organização é capaz de demonstrar seu programa de *compliance*, tanto através de documentação quanto da prática.

---

[14] Norma AS 3806:2006. Disponível em: https://www.qsp.org.br/indice_compliance.shtml

Princípio 11: o programa de *compliance* é analisado criticamente com regularidade e melhorado continuamente.

Pois bem, a aplicabilidade desses princípios auxilia a sucessão familiar na:

Garantia de uma boa transferência: essencial para projetar, ampliar e qualificar atividades da empresa, para obter bom desempenho e elaborar projetos a médio e a longo prazo, sem a disputa de poder.

Razão x Emoção: sendo a sucessão atingindo por assuntos familiares, importante que seja realizado por terceiros isentos dessa emoção, para assim priorizar o negócio, regulando direitos e deveres entre os sucessores.

Administração de conflitos familiares e empresariais: tem como finalidade tornar a família mais profissional.

Elaboração de um estatuto familiar: onde serão tratados um conjunto de normas estabelecidas em comum acordo, visando limitar as ações dos envolvidos.

Implementar o programa de *Compliance*, visa a prevenir possíveis irregularidades e ilicitudes, adequando-se às normas legais, implementando treinamentos, construindo mecanismos necessários para identificar um sinal, por menor que seja, passível de trazer prejuízos, sanando-o da forma mais célere possível.

Pode-se mencionar as seguintes problemáticas no momento da sucessão:

- Escolha de parentes para os cargos sem análise de sua competência.
- Conciliação de interesses pessoais x interesses da empresa.
- Falta de planejamento de sucessão: falta de preparo ou qualificação do sucessor e falta de pessoas qualificadas na organização.
- Planejamento de sucessão levando em consideração a escolha da melhor pessoa para ocupar o cargo do fundador – seja ela da família ou não.
- Falta de delimitação entre vida pessoal x vida profissional da família fundadora.

- Conflitos de interesse pessoal x crescimento da rentabilidade da empresa.
- Gestão da mudança.
- Conflitos entre herdeiros.

A ferramenta do *Compliance* ajuda neste momento, ela não tem o objetivo de resolver todos os problemas, mas sim orientar o pensamento dos dirigentes visando a longevidade da empresa familiar, para assim adequar o ambiente, integrando as expectativas da família e gerando os resultados necessários. Devendo sempre prezar pela identidade familiar, seus valores, propósitos e princípios[15].

Veja que é nesse momento que podemos implementar esse novo programa, para que a nova gestão seja mais íntegra e organizada. Partindo da conceituação e dos pilares do *compliance*, podemos assim agir:

Primeiramente a preparação e aceitação da alta gestão, ou seja, os valores e princípios da empresa devem ser inseridos e preparados para essa nova gestão, que devem aderir integralmente e apoiar a nova sistemática. A alta gestão deve priorizar o crescimento empresarial sempre dentro dos valores da empresa familiar, uma vez que o objetivo do *compliance* é focar no resultado e mitigar os riscos decorrentes do cometimento de condutas pessoais ou organizacionais consideradas ilícitas ou incoerentes com princípios, visão ou objetivos da empresa.

O próximo passo é gestão e conscientização, ou seja a implementação e manutenção. A implementação desses valores e os princípios para essa sucessão empresarial pode vir descritas dentro do estatuto da empresa, onde irá descrever minuciosamente as funções dentro da empresa, bem como seus princípios, a política de *Compliance* e a conduta de ética.

---

[15] Cartilha editada pelo IBGC - Instituto Brasileiro de Governança Corporativa. Governança em empresas familiares: evidências brasileiras. Disponível em: conhecimento.ibgc.org.br. Acessado em 15 de setembro de 2019.

As mudanças e as fases que essa empresa irá passar, que essa nova gestão irá enfrentar, fará com que esse programa de *Compliance* esteja a todo momento sendo revisado, para sempre se adaptar da melhor maneira possível e se necessária ir regularmente realizando correções.

Por fim, para assegurar de forma sustentável a proteção dessa empresa contra atitudes contrárias ao estatuto, bem como facilitar a transição entre as gerações, o Programa de *Compliance* deve ser transformado em Sistema de *Compliance*, assim, processos e controles devem ser estabelecidos e documentados para mitigar os riscos, precisam ser sistêmicos.

CONSIDERAÇÕES FINAIS

Percebe-se que *Compliance* vai além de um combate a corrupção pública e privada, a ferramenta consolida a boa prática administrativa nas empresas. No caso da empresa familiar, esse instrumento é de grande valia no momento da sucessão empresarial, onde se profissionaliza essa etapa evitando assim até mesmo uma falência empresarial.

Uma sucessão mal procedida pode levar a empresa familiar a enfrentar graves problemas e até mesmo a sua dissolução. O *Compliance* como ferramenta da aplicabilidade da boa prática governamental e integridade empresarial tem a missão de fortalecer a empresa, bem como a minimizar os riscos que ela encontra nesse momento.

Na organização familiar, no momento da sucessão, a etapa da sucessão desse ser tratada como um processo, onde deve ser reestruturada a sua gestão pensando sempre na continuidade dessa empresa e sua consolidação no mercado. É neste intuito a importância da criação na empresa da ferramenta do *Compliance*, veja que a adoção de princípios de transparência governamental, a integração da empresa contribui para o momento da sucessão. Passa a ser um momento menos conturbado quando profissionalizamos os sucessores, a partir do momento que os herdeiros deixam de lado os sentimentos e emoções e veem a empresa como deve ser vista o sucesso da continuidade empresarial aumenta significativamente.

REFERÊNCIAS

Cartilha editada pelo IBGC - Instituto Brasileiro de Governança Corporativa. Governança em empresas familiares: evidências brasileiras. Disponível em: conhecimento.ibgc.org.br. Acessado em 15 de setembro de 2019.

CARVALHO, André Castro; BERTOCCELLI Rodrigo de Pinho; ALVIM, Thiago Cripa e VENTURINI Otavio. ***Manual de Compliance***. Rio de Janeiro: Editora Forense, 2019.

NEGRÃO, Célia Lima; PONTELO Juliana de Fátima. ***Compliance*, controles internos e riscos: a importância da área de gestão de pessoas**. DF: Editora SENAC, 2017.

Norma AS 3806: 2006. Disponível em: https://www.qsp.org.br/indice_compliance.shtml. Acessado em 15 de setembro de 2019

Revista da Faculdade de Direito do Sul de Minas, Porto Alegre, v. 35, publicada em julho 2019.

RODRIGUES, Jorge. **O Conselho de Administração nas empresas familiares**. Revista Portuguesa e Brasileira de Gestão – publicada em 2008.

http://www.lecnews.com.br/blog/compliance-em-empresa-familiar-um-mecanismo-essencial/. Acessado em 15 de setembro de 2019.

ZORZANELLI, Giovani. Conceito de Empresa Familiar. Janeiro, 2011. Disponível em: https://administradores.com.br/artigos/conceito-de-empresa-familiar - acessado em 27 de outubro de 2019.

A IMPORTÂNCIA DO *COMPLIANCE* NO AGRONEGÓCIO

Jean Victor Fredi Monteiro

A agricultura e a agropecuária têm se desenvolvido ao longo da história, de modo que a tecnologia e o desenvolvimento da economia e dos negócios geraram uma complexidade de relações denominadas atualmente como agronegócio.

O crescimento do agronegócio brasileiro na última década tem sido pujante, o que demonstra a sua importância central para o país, auxiliando na estabilidade e no equilíbrio de nossa economia.

Inclusive, segundo PASSAMAI, SERIGATI & SEVERO (2019, p. 16/17), o crescimento do agronegócio poderá ser impulsionado com o novo acordo de comércio firmado recentemente com o bloco europeu, visto que este é principal destino das exportações agroindustriais brasileiras.

O agronegócio brasileiro abastece o mundo com *commodities*, alimentos e os mais diversos produtos, não é a toa que o nosso país é chamado de celeiro do mundo. Segundo a CNA - Confederação da Agricultura e Pecuária do Brasil (2018, p. 11), o PIB do agronegócio representa 22% do PIB total do país, com a geração de 32% dos empregos existentes em todo o Brasil, sendo que no ano de 2017 as exportações do agronegócio corresponderam a 44% do total de nossas exportações.

Contudo, ao tratar da reputação do agronegócio brasileiro no que diz respeito às exportações, Pedro Abel Vieira e Elisio Contini (2019, p. 5) destacam que barreiras decorrentes de problemas ambientais, de condições de trabalho rural e a necessidade de fortalecimento da imagem dos nossos produtos agrícolas é central para agregar valor, o que beneficia o país nos acordos de comércio internacional.

Em síntese, o cumprimento das legislações ambientais, trabalhistas, sanitárias etc., tem suma importância ao agronegócio. As atividades exercidas pelos agentes do agronegócio envolvem interesses públicos e privados, tendo em vista que estão sujeitos não apenas às relações comerciais e contratuais estabelecidas com fornecedores e consumidores, mas também com a concessão de licenças sanitárias, o cumprimento de obrigações ambientais, trabalhistas, dentre outras, de modo que um programa de *compliance* bem estruturado e efetivo pode evitar inúmeros problemas aos agentes do setor.

A presença de programas de integridade nas empresas do agronegócio pode garantir maior segurança jurídica, sendo a sua implementação efetiva, com envolvimento real da alta administração, sistemas de denúncia e apuração adequados medida premente aos agentes do agronegócio.

Portanto, a importância do *compliance* para o agronegócio é medida essencial em um mercado cada vez mais globalizado e exigente no qual estão inseridos, de modo que o presente trabalho trará uma análise tanto sobre o setor como sobre a relevância dos programas de integridade.

O AGRONEGÓCIO BRASILEIRO

Com a domesticação de plantas e animais, houve um aumento na produtividade e maior segurança alimentar aos povos. Contudo, a partir das modificações tecnológicas do último século para o campo, o desenvolvimento da agropecuária se deu de maneira extremamente pujante (*ibid.*, p. 1427). A agropecuária alimenta as cidades, gera empregos e movimenta a economia, sendo importante elemento de desenvolvimento social.

A nobreza da atividade agrária, seu elogio e até o desprezo que a ela muitas vezes é conferida, foi objeto dos poemas do português Feliciano de Castilho no século XIX, os quais belamente evocam a sua importância:

> "A arte variadíssima de obrigar a terra a produzir tudo, não é uma arte rude, pois todas as Ciências a cortejam, e a servem; não obscura, pois é a mais antiga e universal; não vil nem desprezivel, pois só depende de Deus, em quanto os homens todos dependem d'ella. As cidades, que affectam desprezar os campos, d'elles nasceram; por elles vivem e medram, que só lá tèem as suas raizes: transformam-se ellas, envelhecem, amesquinham-se, doidejam, morrem, e esquecem; em quanto elles, os campos, permanecem, riem, amam, dão, e promettem de continuo; coexistiram desde o principio, coexistirão até ao fim, com a raça humana. A charrua e o enxadão topam em toda a parte com as ruinas de templos e palácios [...]" (CASTILHO, 1849, p. 11/12).

Não obstante qualquer sensação que possa existir em detrimento das atividades do campo, fato é que elas são essenciais para o abastecimento de um país e para sua segurança alimentar, e, especialmente no Brasil, centrais para o crescimento e a manutenção do equilíbrio da balança comercial e da economia. Como destaca Rebecca Lima Albuquerque Maranhão:

> Quando se compara o saldo do agronegócio, os valores são positivos e crescentes a partir do ano 2000. Entre 2000 e 2013, o volume exportado cresceu quase 230% e os preços externos, 101%. O saldo comercial do agronegócio durante o período quintuplicou, com crescimento de 468%. O resultado aponta a importância do setor agropecuário para a economia brasileira, que auxilia na estabilidade macroeconômica do país por meio de seu faturamento comercial (MARANHÃO, 2016, p. 14).

O agronegócio brasileiro é extremamente desenvolvido, tecnológico e fértil, sendo um dos mais avançados do mundo. Inclusive, como destacado por Viviane Taguchi (2016), desenvolvemos técnicas e tecnologias suficientes para que o produtor brasileiro chegue a ter êxito em até quatro safras anuais, o que seria motivo de enorme admiração por produtores do mundo todo.

O protagonismo do Brasil na produção agropecuária mundial avança a cada dia, com seu desempenho sendo melhorado; em breve poderemos nos tornar o país mais importante do mundo no setor agropecuário, do mesmo modo que a China passou a ser em diversos campos da indústria. Nesse sentido destaca Elísio Contini:

> "A China passou a ser a "fábrica" do mundo, exportando produtos industriais intensivos em mão de obra e importando matérias-primas, destacando-se, entre elas, o minério de ferro e a soja. O Brasil está se tornando a "nova fazenda do mundo", aumentando significativamente as exportações de produtos do agronegócio." (CONTINI, 2014, p. 150).

O crescimento do agronegócio brasileiro demonstra o papel central que a atividade possui para a economia e para o crescimento nacional, impondo cada vez mais profissionalização e maiores investimentos no setor.

Contudo, nem sempre foi assim, afinal até a década de 50 o crescimento agrícola do país não se dava a partir do desenvolvimento tecnológico, sendo que foi a partir da década de 60 que houve uma intensificação do uso de máquinas, fertilizantes, adubos e defensivos químicos, o que trouxe uma relevante elevação nos ganhos de produtividade com modificação tecnológica, maximizando os ganhos dos cultivos. Essa alteração na agricultura se deu mundialmente e ficou conhecida como Revolução Verde, como destaca Alan Kardec Veloso de Matos:

> A utilização intensiva de agrotóxicos e fertilizantes, aliado ao desenvolvimento genético de sementes, contribuiu para a "Revolução Verde", um amplo programa para elevar a produção agrícola no mundo. [...] Esse sistema de produção, a priori, traria aumentos de produção em pequenas propriedades agrícolas tendo consequências distributivas favoráveis. Alimentos são duplamente importantes para os pobres, porque o cultivo responde por uma grande parcela de sua ocupação e trabalho e sua compra absorve grande parcela de seus gastos. Em princípio, acréscimos de produtividade agrícola devem aumentar as rendas que as populações rurais pobres obtêm da venda dos alimentos, ao mesmo tempo em que reduziria o preço que os pobres urbanos pagam pelos alimentos (MATOS, 2010, p. 01-02).

Atualmente as atividades agrícolas se dão dentro de um complexo sistema industrial e comercial. Sistema este que é denominado de agronegócio e surgiu a partir da intensificação da industrialização no setor agrícola, de modo que, como destaca Renato Buranello e Eirk Oioli (2019, p. 36), se permitiu maior integração de capitais agrícolas, comercial, industrial e financeiro, visando maior produtividade e eficiência. É a partir de tal modificação técnica e econômica que se desenvolve a ideia de *agrobussines* que passou a compreender a agropecuária de maneira sistêmica, com o envolvimento de todas as atividades a ela relacionadas.

John Davis e Ray Goldberg (1957) definiram o *agribusiness* como:

> "[...] o conjunto de todas as operações e transações envolvidas desde a fabricação dos insumos agropecuários, das operações de produção nas unidades agropecuárias, até o processamento e distribuição e consumo dos produtos agropecuários 'in natura' ou industrializados".

Em tal cenário, cada um dos atores são interdependentes e integrados a cadeias produtivas que vão desde o fornecimento dos insumos, produção agropecuária até o processamento dos produtos e seu fornecimento ao consumidor final. Em resumo, a gama de atuação do agronegócio é enorme, como nos ensina Gilson Luiz Rodrigues Souza:

> "A produção agropecuária está diretamente ligada aos alimentos, processados ou não, que fazem parte do nosso cotidiano, porém essa produção é mais complexa, isso por que muitos dos itens que compõe nossa vida são oriundos dessa atividade produtiva, madeira dos móveis, as roupas de algodão, essência dos sabonetes e grande parte dos remédios têm origem nos agronegócios". (SOUZA, 2017, p. 13/14).

Dentre as divisões realizadas em tal complexo sistema agroindustrial está aquela que estabelece uma diferenciação entre as atividades 'fora' e as atividades 'dentro das porteiras'. As atividades fora da porteira abrangem a logística, a indústria de defensivos, sementes e insumos em geral, fornecedores de equipamentos e máquinas etc., o que evidentemente compreende uma infindável gama de empresas com atuação nos mais variados setores industriais e comerciais.

Por sua vez, as atividades 'dentro da porteira' são todas aquelas diretamente ligadas ao local em que a produção agrícola se dá e se desenvolve, como nos ensina Massilon J. Araújo:

> Os segmentos produtivos que se realizam "dentro da porteira" constituem a produção agropecuária propriamente dita, os quais são divididos em subsegmentos distintos: agricultura (ou produção agrícola) e pecuária (ou criação de animais). "Dentro da porteira" significa dentro das fazendas, desde as atividades iniciais de preparação para começar a produção até a obtenção dos produtos agropecuários *in natura* prontos para a comercialização. Uma classificação difícil é a agroindustrialização verticalizada dentro das fazendas, como, por

> exemplo, laticínios, fumo em corda, açúcar, rapadura, cachaça, álcool, doces, polpas de frutas e outros, cujos produtos já saem processados das fazendas. A rigor, esses produtos são processados dentro das fazendas, mas constituem-se uma etapa posterior à produção agropecuária, com características bastante diferenciadas do processo de produção agropecuária. Portanto, a agroindustrializaçâo verticalizada dentro das fazendas não faz parte do segmento do agronegócio "dentro da porteira", mas "depois da porteira" (2007, p. 48-49).

As atividades do agronegócio sejam fora ou dentro da porteira, passaram a ser realizadas com extremo profissionalismo e com técnicas apuradas, sem o amadorismo que se fez presente por décadas. As atividades do agronegócio podem compreender diversas áreas do conhecimento especializado que pode abarcar desde ciências agronômicas, zootécnicas e veterinárias até logística, engenharia química, gestão, administração e direito. Em síntese, a profissionalização do agronegócio exige atores das mais diversas áreas de atuação e pesquisa, tanto para garantir uma qualidade e produtividade a contento, como também para que os processos, métodos, regras, regulamentações e leis concernentes às atividades sejam cumpridas.

Nas últimas décadas as relações entre governos, consumidores e empresas têm se modificado, seja através de alterações no próprio mercado, nas formas de fornecimento de serviços e produtos, ou ainda, mediante transformações regulatórias ou de legislações nacionais ou internacionais. Tais reformas regulatórias e legais têm tornado as relações entre particulares e entes públicos mais reguladas, visando maior conformidade das partes com as normas e leis instituídas para suas áreas de atuação. Se não bastassem tais fatos, o combate a fraudes e à corrupção também passou a ser protagonista em diversas legislações nacionais.

Evidentemente, um setor econômico como o agronegócio, que possui tamanho protagonismo, deve estar alinhado não apenas às mais modernas técnicas da área, como também em conformidade com as legislações e regulamentações nacionais e internacionais do setor, para que haja sustentabilidade em seus intentos produtivos, especialmente em uma era de relações globalizadas, nas quais os países possuem maior poder de migração entre fornecedores mediante o impacto de mudanças culturais, decisões políticas ou até legislativas.

Aliás, a legislação brasileira tem se desenvolvido ao longo dos últimos anos no sentido de exigir cada vez mais que os agentes econômicos estejam em conformidade com as leis e regulamentações aplicáveis à sua atividade, o que não é diferente em relação àqueles que atuam no agronegócio, e o combate a fraudes e corrupção também passou a ter maior ênfase no poder público.

Em tal contexto, se insere a relevância do compliance para os agentes do agronegócio, afinal a conformidade de suas atividades aos regulamentos e leis nacionais e internacionais passa cada vez mais a ser relevante para a competitividade, crescimento e sustentabilidade da atividade, evitando-se assim problemas legais mais sérios.

Em resumo, as atividades exercidas pelo agronegócio compreendem inúmeras áreas e estão sujeitas a incontáveis exigências regulatórias e legais que devem ser consideradas para que estejam em compliance.

O COMPLIANCE E SUA IMPORTÂNCIA PARA O AGRONEGÓCIO

O termo compliance deriva do verbo inglês *to comply* que significa estar de acordo, cumprir, aquiescer, ou seja, *in casu*, estar em conformidade com as leis e regulamentações.

O combate à corrupção, fraudes e violações às legislações em geral vem sendo cada vez mais intensificado no mundo todo. Tal movimento de perseguição à atividades ilícitas, especialmente a corrupção, tem seu nascedouro nos Estados Unidos da América em 1977, com o FCPA (Foreign Corrupt Practices Act), que tinha como foco o combate às práticas de corrupção de empresas americanas no exterior que visavam obter contratos com entes públicos estrangeiros mediante o pagamento de vantagens indevidas

A partir da década de oitenta e início da década de noventa, considerando que as empresas americanas se encontravam em certa 'desvantagem' em relação a empresas de países que não possuíam compromisso de combate à corrupção de suas empresas em territórios estrangeiros, a diplomacia americana passou a se esforçar para que o combate à corrupção passasse a ser esforço mundial, o que acabou ocorrendo com inúmeros países, tal como com o Brasil, ante compromissos estabelecidos a partir de convenções da ONU, OEA e OCDE.

Deste modo, tiveram papel central para o desenvolvimento de regras internacionais e nacionais de combate à corrupção, especialmente a Convenção sobre o Combate à Corrupção de Funcionários Públicos Estrangeiros em Transações Comerciais Internacionais, da Organização para a Cooperação e Desenvolvimento Econômico (OCDE); a Convenção Interamericana Contra a Corrupção, da Organização dos Estados Americanos (OEA); e a Convenção das Nações Unidas contra a Corrupção, da Organização das Nações Unidas (ONU).

No Brasil, tais convenções foram ratificadas, sendo que após, houve a promulgação de instrumento legal central para o desenvolvimento dos programas de integridade, a saber, a Lei Anticorrupção, Lei nº 12.846 de 2013. Foi a partir de tal Lei que o compliance passou a ser elemento realmente importante para as empresas nacionais.

Na realidade a Lei Anticorrupção foi precedida de outras leis que tinham entre seus dispositivos determinações relativas ao combate às atividades ilícitas e à corrupção, tal como: a Lei de Lavagem de Capitais, Lei nº 9.613 de 1998, recentemente alterada pela Lei nº 12.683 de 2012; a Lei Complementar de Responsabilização Fiscal, Lei Complementar nº 101 de 2000; a Lei da Ficha Limpa, Lei Complementar nº 135 de 2010; a Lei da Transparência Pública, Lei 12.527 de 2011 ; a Lei de Defesa da Concorrência, Lei nº 12.529 de 2011) e a Lei do Crime Organizado, Lei nº 12.850de 2013.

Vale destacar que atualmente é pacífico o entendimento de que o compliance possui fundamental importância para as empresas e seus sócios, inclusive do ponto de vista dos riscos relativos às sanções e eventual responsabilização por crimes, afinal, um adequado e efetivo programa de integridade deve ser levado em conta pela autoridade no momento da punição a eventual ilícito.

A mencionada Lei Anticorrupção (Lei nº 12.846/13) dispôs sobre a responsabilização administrativa e civil das pessoas jurídicas em razão da prática de atos contra a administração pública nacional ou estrangeira, visando impedir a promessa ou oferecimento de vantagens indevidas a agentes públicos, a frustração ou fraude de licitações ou contratos públicos, a dificultação de investigações ou fiscalizações de entes públicos, etc.

Por sua vez, segundo o Decreto nº 8.420 de 2015 em seu Art. 41, o programa de integridade para a pessoa jurídica, compreende o conjunto de procedimentos e mecanismos internos de integridade, auditoria e incentivo à denúncia de irregularidades e na aplicação efetiva de códigos de ética e de conduta, políticas e diretrizes visando identificar e sanar desvios, fraudes, irregularidades e atos ilícitos contra a administração pública nacional e estrangeira.

O programas de integridade deve ter total suporte da alta administração, caso contrário será inócuo, além disso é importante que sejam mapeados e geridos os riscos envolvidos na atuação da empresa, canal de denúncias, investigações internas, Due Diligence de terceiros e de M&A, monitoramento e auditoria interna, etc.

Programas de compliance meramente nominais, que não possuem efetividade, que não possuem contínuo monitoramento e melhoria, serão absolutamente inócuos para proteger tanto a sociedade como os acionistas ou sócios, trabalhadores e a economia, afinal não servirão para evitar crimes e ilegalidades para os quais foram estruturados.

Existe a necessidade de serem realmente cumpridas as leis e regulamentos impostos aos agentes do agronegócio, tal como as leis ambientais, de modo que a conformidade aos dispositivos legais seja exigência dentro das cadeias e redes estabelecidas neste mercado.

As propriedades rurais devem seguir inúmeras regras de cunho ambiental para que estejam em dia com o compliance ambiental, devendo ser observadas as disposições legais sobre áreas de preservação permanente, de uso restrito e de destinações especiais, as quais se encontram positivadas principalmente na Lei 12.651/2012, conhecida como Novo Código Florestal Brasileiro, dentre outras leis aplicáveis a depender da atividade exercida.

As proteções que devem ser observadas impõem restrições das áreas rurais, em razão do direito ambiental, que compreendem principalmente a vegetação nativa e o uso das águas, delimitando faixas de preservação marginal nos cursos d'água naturais, proteção das encostas, dos topos dos morros, restingas, manguezais, etc.

Aliás, relevante que a empresa envolvida em atividades com impacto ambiental se preocupe com a implementação de procedimentos internos e auditoria ambiental, inclusive nos termos da Resolução CONAMA nº 306, Anexo I que trata do tema da auditoria ambiental:

> "Processo sistemático e documentado de verificação, executado para obter e avaliar, de forma objetiva, evidências que determinem se as atividades, eventos, sistemas de gestão e condições ambientais especificados ou as informações relacionadas a estes estão em conformidade com os critérios de auditoria estabelecidos nesta Resolução, e para comunicar os resultados desse processo." (BRASIL, 2002).

Se não bastassem tais preocupações ambientais, importa também o desenvolvimento de um compliance contratual para que os negócios estabelecidos na cadeia do agronegócio estejam de acordo com as normas que regulam os contratos agrários típicos, por exemplo, os contratos de parceria e de arrendamento, os quais estão sujeitos às disposições estabelecidas no Estatuto da Terra, Lei nº 4.504/64, sendo que as disposições contratuais devem estar conforme a citada Lei, a qual impõe regras relativas aos seus limites e conteúdo.

A observação das regras legais para os contratos evita ilicitudes que poderiam acarretar demandas judiciais entre as partes, ante anulabilidades e nulidades contratuais, o que poderia impor revisão ou rescisão do contrato, prejudicando as partes e o mercado que depende dos produtos agropecuários.

Em síntese, as atividades do agronegócio estão sujeitas a legislações e regulamentações diversas que compreendem todos os agentes da cadeia, razão pela qual a implementação de programas de compliance adaptados às necessidades de cada um dos agentes é essencial ao desenvolvimento e sustentabilidade dos negócios.

Note-se que a importância do compliance ao agronegócio é central, afinal pode trazer benefícios e evitar prejuízos incalculáveis, seja para a empresa específica, para a economia nacional, ou ainda, evitando que atitudes ilegais pontuais reflitam em todo um setor da economia.

Um cristalino exemplo de que falhas nos programas de integridade podem causar prejuízos irreparáveis às empresas, ao setor e à economia do país como um todo, é a operação Carne Fraca realizada pela Polícia Federal em 2017 e que foi responsável por identificar e prender pessoas envolvidas em um esquema no qual se maquiavam, com produtos químicos, carnes impróprias ao consumo humano e com aval ou negligência de fiscais do governo.

A repercussão do escândalo foi mundial e ocasionou o rompimento de contratos internacionais e a suspensão de fornecimento de carne brasileira a diversos países, enfraquecendo em demasia a imagem do nosso setor de carnes perante o mundo. Por óbvio, que tal escândalo deve servir de exemplo a ser evitado, como destaca Eduardo Saad-Diniz:

> "A Carne Fraca reabre uma importante oportunidade para a superação da injustiça alimentar no Brasil, permitindo rever tanto a organização social dos regimes de produção do alimento quanto as iniciativas de compliance das empresas alimentícias." (SAAD-DINIZ, 2017, p. 01).

Até do ponto de vista societário, a preocupação com o compliance é igualmente essencial às empresas que atuam no agronegócio, afinal, o setor possui uma grande quantidade de incorporações, fusões e aquisições, de modo que as empresas em crescimento devem se atentar para um Due Diligence que abarque a questão da conformidade e dos programas de integridade, sopesando os riscos e benefícios de operações societárias.

Por exemplo, o Art. 4º da Lei Anticorrupção responsabiliza as empresas sucessoras pelos ilícitos praticados pela adquirida para fins de pagamento das multas e reparação completa dos danos. Todavia, tal responsabilização se dá no limite do patrimônio objeto da transferência, como dispõe o parágrafo 1º do citado artigo, a não ser nos casos de simulação com o intuito de fraude.

Assim, evidente que um due diligence que abarque questões de compliance nas operações de incorporação, fusão e aquisição é extremamente importante, como destacam Gustavo Justino de Oliveira e Gustavo Henrique de Carvalho Schieffler:

> Nesse contexto é que atualmente vem ganhando relevância a denominada *legal compliance due diligence*, cujo propósito é de determinar os riscos relacionados a eventuais comportamentos desviados adotados por representantes da companhia-alvo em suas relações jurídicas com os entes públicos – sejam esses desvios resultantes de diálogos público-privados ilegítimos, que estruturam esquemas de corrupção, sejam esses desvios resultantes de pactos estritamente privados, mas ilícitos sob a perspectiva estatal, como a formação de cartéis (OLIVEIRA & SCHIEFLER, pg. 04).

Em resumo, o compliance no agronegócio envolve as mais variadas áreas do direito, compreendendo as atividades das empresas em todos os níveis de suas relações, seja com o poder público ou com particulares, de modo que a sua inobservância ou fragilidade pode acarretar prejuízos e consequências incalculáveis aos atores do agronegócio e a economia como um todo.

CONSIDERAÇÕES FINAIS

A partir do aumento da importância do compliance no plano nacional e internacional, especialmente após a criação de legislações anticorrupção específicas, a implementação de um programa de integridade efetivo e verdadeiro passou a ser cada vez mais importante para as empresas que atuam no país.

Com o agronegócio não poderia ser diferente, afinal é um setor com ampla atuação no mercado internacional, de modo que procedimentos mais éticos e em conformidade com as normas nacionais e estrangeiras passam a ser cada vez mais exigidos.

Dentre as preocupações que aqueles que atuam no agronegócio devem ter está a implementação de programas de integridade com foco não apenas em anticorrupção, mas também nas normas e leis ambientais, contratuais, trabalhistas, tributárias, etc.

O Brasil é um dos maiores exportadores da agropecuária mundial, as atenções em relação às exigências legais que são impostas aos seus agentes é sempre o foco daqueles que adquirem suas mercadorias, de modo que a implementação de um programa de integridade efetivo certamente será cada vez mais importante para o setor.

Portanto, o desenvolvimento de programas de integridade voltados a cada um daqueles que atuam no agronegócio cada vez se tornará mais necessário, afinal em tempos de super desenvolvimento tecnológico e de economia globalizada, governos, consumidores e empresas do setor, passarão a ser cada vez mais exigentes em relação ao cumprimento das regulamentações, leis nacionais e internacionais, de modo a se evitar escândalos de corrupção e prejuízos comerciais ao setor.

REFERÊNCIAS

ARAÚJO, Massilon J. Fundamentos do Agronegócio. 2ª Edição, São Paulo, Editora Atlas, 2007.

BRASIL, CONSELHO NACIONAL DO MEIO AMBIENTE. Resolução Conama nº 306, de 5 de julho de 2002. Diário Oficial da União, Brasília, DF, 10 jul. de 2002.

BURANELLO, Renato & OIOLI, Erik. Certificado de recebíveis do agronegócio: os sistemas agroindustriais e o mercado de capitais. Londrina, PR: Thoth, 2019.

CASTILHO, António Feliciano de. Felicidade pela Agricultura. Ponta Delgada, Typ. da Rua das Artes 63, 1849. Disponível em: http://purl.pt/106/1/index.html#/7/html

Confederação da Agricultura e Pecuária do Brasil (CNA). O Futuro é Agro. Plano de Estado. 2018.

CONTINI, Elísio. Exportações na dinâmica do agronegócio brasileiro: Oportunidades econômicas e responsabilidade mundial. *In:* O mundo rural no Brasil do século 21: a formação de um novo padrão agrário e agrícola. Brasília, DF: Embrapa, 2014

DAVIS, J. H.; GOLDBERG, R.A. A concept of Agribusiness. Boston: Harvard University, 1957.

GOTTEMS, Leonardo. Brasil avança o uso de tecnologia na agricultura. Agrolink. 21 de agosto de 2019. Disponível em: https://www.agrolink.com.br/noticias/brasil-avanca-o-uso-de-tecnologia-na-agricultura_423346.html

MARANHÃO, Rebecca Lima Albuquerque; Vieira Filho, José Eustáquio Ribeiro (2016) : A dinâmica do crescimento das exportações do agronegócio brasileiro, Texto para Discussão, No. 2249, Instituto de Pesquisa Econômica Aplicada (IPEA), Brasília, 2016.

MATOS, Alan Kardec Veloso de. Revolução Verde, biotecnologia e tecnologias alternativas. Cadernos da FUCAMP, v.10, n.12, p.1-17/2010.

OLIVEIRA, Gustavo, SCHIEFLER, Gustavo. Compliance em operações de fusão e aquisição (M&A): intercorrências e inferências a partir dos acordos de leniência no Brasil. Disponível em: https://edisciplinas.usp.br/pluginfile.php/4282044/mod_resource/content/0/COMPLIANCE%20EM%20OPERA%C3%87%C3%95ES%20DE%20FUS%C3%83O%20E%20AQUISI%C3%87%C3%83O%20%28pdf%29.pdf>. Acesso em: 27 de agosto de 2019.

PASSAMAI, Roberta; SERIGATI, Felippe & SEVERO, Kellen. Acordo com a união europeia deve impulsionar a agroindústria. Revista Agroanalysis, set – 2019. Disponível em: http://www.agroanalysis.com.br/storage/2019/9/index.html

PASSARINHO, Nathalia. Por que a soja brasileira se tornou ponto sensível na guerra comercial de Trump contra a China. Uol Economia. 19 de agosto de 2019. Disponível em: https://economia.uol.com.br/noticias/bbc/2019/08/19/por-que-a-soja-brasileira-se-tornou-ponto-sensivel-na-guerra-comercial-de-trump-contra-a-china.htm

ROSS, Alana. Agricultura: dos povos nômades aos complexos agroindustriais. Rev. Elet. em Gestão, Educação e Tecnologia Ambiental. v(7), nº 7, p. 1423-1429, Mar-Ago, 2012. Disponível em: <https://periodicos.ufsm.br/reget/article/view/5562/3606>. Acesso em: 11 Set. 2019.

SAAD-DINIZ, Eduardo e SILVEIRA, Renato de Mello Jorge. Compliance, Direito Penal e Lei Anticorrupção. Saraiva: São Paulo, 2017.

SAAD-DINIZ, Eduardo. Injustiça alimentar, regulação e compliance: expectativas da Carne Fraca. Publicação do Instituto Brasileiro de Ciências Criminais, 2017.

SOUZA, Gilson Luiz Rodrigues. História do Agronegócio no Brasil. Folha Acadêmica do CESG - Centro de Ensino Superior de São Gotardo, Número XIII, Jan-mar, 2017.

TAGUCHI, Viviane. Quatro safras por ano. Revista Globo Rural. 2016. Disponível em https://revistagloborural.globo.com/Raca-Forte/noticia/2016/09/quatro-safras-por-ano.html

VIEIRA, Pedro Abel, CONTINI, ELisio. Reputação do agronegócio brasileiro: o novo desafio das exportações. Revista de Política Agrícola, Local de publicação (editar no plugin de tradução o arquivo da citação ABNT), 27, jun. 2019. Disponível em: <https://seer.sede.embrapa.br/index.php/RPA/article/view/1465>. Acesso em: 15 Set. 2019.

COMPLIANCE NAS RELAÇÕES DE TRABALHO COMO INSTRUMENTO DE VALORIZAÇÃO DO TRABALHO HUMANO: UMA ÓTICA CONSTITUCIONAL

José Eduardo Cavalari

Pode o *compliance* ser considerado uma forma de concretização da valorização do trabalho humano, um dos fundamentos da ordem econômica constitucional? Essa indagação foi o ponto de partida para a elaboração deste artigo, onde, a partir do estabelecimento de um nexo entre o *compliance* e a Constituição Federal, busca-se uma resposta positiva e fundamentada.

O artigo é composto de três capítulos. O primeiro deles aborda os diversos significados, características gerais e finalidades do *compliance*, relacionado a expressões explicativas como cumprimento normativo voluntário ou programa de cumprimento, que antecede e não se reduz ao programa de integridade regulado pela Lei n. 12.846, de 01/08/2013, conhecida como Lei Anticorrupção.

Adota-se, neste capítulo, o que foi denominada a finalidade maior do *compliance*, relacionada não somente a mitigação de riscos, mas, sobretudo, a preservação e continuidade do negócio, com inserção ou revelação de valores éticos muitas vezes dormentes na empresa. Para tanto, dá-se enfoque ao conceito utilizado pelo Instituto Brasileiro de Governança Corporativa - IBGC, que distingue *estar em compliance* e *ser compliance.*

O segundo capítulo trata do poder diretivo do empregador, e em que medida este atributo pode ser exercido na elaboração de um programa de *compliance* que venha a introduzir novas regras de conduta para empregados.

A análise de conceitos, fundamento legal, teorias e natureza jurídica, contida neste capítulo, deixa claro que o poder diretivo é exercido tão somente sobre a relação de emprego, ou seja, a ele se submetem empregados assim enquadrados de acordo com os parâmetros dos artigos 2° e 3° da CLT.

Os princípios como o da boa-fé e da função social, acoplados à teoria contratual - que, de acordo com reconhecimento doutrinário, dá suporte ao poder diretivo - e a identificação contemporânea de tal poder como um direito-função, permite que neste capítulo se encontrem subsídios para a legitimação de normas de conduta vinculativas que, se descumpridas, sujeitam-se a sanções disciplinares.

A delimitação da incidência do poder diretivo a relação de emprego exclui outras formas de trabalho, integrantes do gênero *relações de trabalho.* Contudo, o que se procura demonstrar é que mesmo essas outras formas de trabalho podem ser beneficiadas através do *compliance*, com o atributo constitucional da valorização do trabalho humano.

No terceiro capítulo, finalmente a indagação é respondida. O princípio da valorização do trabalho humano, fundamento da ordem econômica constitucional (artigo 170, *caput*), é analisado conjuntamente com princípio do valor social do trabalho, fundamento da República Federativa do Brasil (artigo 1°, inciso IV).

Com amparo doutrinário, demonstra-se que somente o trabalho goza de especial proteção constitucional, na medida em que a constituição lhe acresceu o atributo *valorização*, diversamente do que ocorre com a livre iniciativa (segundo fundamento da ordem econômica).

O que se demonstra, ao final do artigo, é que o *compliance* possui um papel de extrema importância, pois, além de permitir a convergência de interesses naturalmente divergentes - capital e trabalho - pode propiciar a valorização do trabalho humano exercido sob todas as formas de relações jurídicas.

COMPLIANCE: SIGNIFICADOS, CARACTERÍSTICAS GERAIS E FINALIDADE

Dada a relativa novidade, o termo *compliance* está cercado de profusão conceitos. Como explica Rodrigo de Pinho Bertocelli[1], até pouco tempo atrás, a palavra estava restrita ao ambiente corporativo de setores altamente regulados, como instituições financeiras e de saúde, e, mesmo nesses casos, o uso da expressão estava ligado a advogados com formação bem específica e profissionais envolvidos em questões regulatórias.

Há autores que usam expressões como *cumprimento normativo voluntário*[2] ou simplesmente *programas de cumplimiento*[3] para se referir ao *compliance*, que contribuem para a compreensão do instituto, que insere, nas organizações que o adotam, medidas de facilitação e estímulo ao cumprimento de normas.

---

[1] BERTOCELLI, Rodrigo de Pinho. *Compliance. In Manual de compliance.* Coord. André Castro Carvalho, Tiago Crispa Alvim, Rodrigo de Pinho Bertocelli, Otávio Venturini. RJ: Forense, 2019. p. 37/38.

[2] MENDES, Paulo de Souza. *Law enforcement & compliance. In Estudos sobre law enforcement, compliance e direito penal.* Coord. Maria Fernanda Palma, Augusto Silva Dias, Paulo de Souza Mendes. Coimbra: Almedina, 2018. p. 11.

[3] SILVA SÁNCHEZ, Jesús-María. *Deberes de vigilancia y compliance empresarial. In Compliance y teoría del derecho penal.* Coord. Lothar Kuhlen, Juan Pablo Montiel, Íñigo Ortiz de Urbina Gimeno. Madrid: Marcial Pons, 2013. p. 100.

A noção de cumprimento normativo voluntário ou de conformidade, pode ser encontrada em algumas definições:

> "O termo compliance origina-se do verbo inglês to comply, que significa cumprir, executar, satisfazer, realizar algo imposto. Compliance é o ato de cumprir, de estar em conformidade e executar regulamentos internos e externos, impostos às atividades da instituição, buscando mitigar o risco atrelado à reputação e ao regulatório/legal"[4].
>
> "O termo Compliance, que tem origem no verbo da Língua Inglesa to comply, vem sendo traduzido como conformidade e está relacionado em o quanto uma organização está adequada às normas, procedimentos e práticas recomendáveis ou obrigatórias pela legislação vigente"[5].

A mitigação de riscos e adequação à legislação, destacados nas definições reproduzidas, alcançou uma condição normativa com a promulgação do Decreto n. 8.420, de 18/03/2015, que regulamentou o Programa de Integridade criado pela Lei n. 12.846, de 01/08/2013.

No entanto, ao mesmo tempo em que o decreto contribuiu para a criação e implantação de programas de integridade com a finalidade específica de mitigação de riscos de corrupção em empresas públicas e privadas, trouxe mais dúvidas sobre o significado de *compliance*, que não pode ser confundido e resumido ao programa que a nova legislação buscou formatar.

Compliance não se esgota em um programa de integridade, e tampouco pode ser com ele confundido. Da mesma forma, não representa a mera conformidade com normas legais. Seu significado, para além dos parâmetros que, inadvertidamente o acondicionam em um programa de integridade,

---

[4] MANZI, Vanessa Alessi. *Compliance no Brasil – consolidação e perspectivas.* São Paulo: Saint Paul, 2008. p. 15.

[5] ADACHI, Pedro Podboi. *Governança, risco e compliance nas empresas familiares. In Tendências em governança corporativa e compliance.* Eduardo Saad-Diniz, Pedro Podboi Adachi, Juliana Oliveira Domingues (org.). SP: LiberArs, 2016. p. 69.

envolve uma atividade estratégica alinhada a identidade organizacional e a comportamentos éticos.

Essa extensão e importância é bem delimitada por Jesús-María Silva Sánchez[6], que classifica o *compliance* como uma medida de autovigilância[7]. Chamando a atenção para a relação entre o *compliance* e a cultura de cumprimento normativo, o autor adverte que os *programas de cumprimento* não se circunscrevem a adoção de medidas de vigilância (controles, determinação de fluxos de informação).

De acordo com o autor[8], referidos *programas de cumprimento*

> "También se integran con medidas positivas de formación, que tratan no solo de neutralizar factores culturales ou dinámicas de grupo favorecedoras de hechos ilícitos sino también de incentivar culturas de grupo de fidelidad al Derecho. En esta medida, la cultura del compliance se enmarca en la tradición de aquella variante de la prevención general positiva que hunde sus raíces en la doctrina de Wezel sobre el fomento de los valores ético-sociales de la acción como vía de protección indirecta de los bienes jurídicos".

O fomento de valores éticos-sociais, que pode ser proporcionado pela "cultura do *compliance*", dá uma boa dimensão do resultado positivo que pode

---

[6] SILVA SÁNCHEZ, Jesús-María. *Deberes de vigilancia y compliance empresarial. In Compliance y teoría del derecho penal.* Coord. Lothar Kuhlen, Juan Pablo Montiel, Íñigo Ortiz de Urbina Gimeno. Madrid: Marcial Pons, 2013. p. 100.

[7] Esta expressão é utilizada com certo tom de crítica, pois o autor sustenta que a cultura de cumprimento normativo representa a delegação, às empresa, de funções estatais de prevenção de ilícitos (vigilância em sentido amplo). (SILVA SÁNCHEZ, Jesús-María. *Deberes de vigilancia y compliance empresarial. In Compliance y teoría del derecho penal.* Coord. Lothar Kuhlen, Juan Pablo Montiel, Íñigo Ortiz de Urbina Gimeno. Madrid: Marcial Pons, 2013. p. 100.

[8] Ob. cit. p. 100.

ser obtido por empresas que adotem e tenham capacidade de executar um programa de *compliance.*

Na doutrina nacional, a amplitude do termo é bem expressada por Rodrigo de Pinho Bertocelli[9], para quem o *compliance* está além do mero cumprimento de regras formais:

> "Seu alcance é muito mais amplo e deve ser compreendido de maneira sistêmica, como um instrumento de mitigação de riscos, preservação de valores éticos e de sustentabilidade corporativa, preservando a continuidade do negócio e o interesse dos stakeholders".

A mitigação de riscos, preservação de valores éticos e da sustentabilidade corporativa, além da preservação da continuidade do negócio podem ser considerados elementos que compõem a finalidade do *compliance*, que, como vem sendo destacado, transcende a mera sujeição e cumprimento de normas internas e leis de combate à corrupção e lavagem de dinheiro.

A importância da distinção entre mero programa de cumprimento normativo ou de conformidade, e de verdadeira ferramenta que propicia a incursão de valores éticos em uma organização é destacada no Guia publicado pelo Instituto Brasileiro de Governança Corporativa em 2017[10]:

> "Há grande tendência de caracterizar o compliance como uma atividade operacional (estar em compliance) e não estratégica (ser compliant), alinhada a identidade organizacional e comportamentos éticos. ESTAR EM COMPLIANCE é cumprir a legislação e as políticas por mera obrigação ou para reduzir penalidades, caso a organização sofra uma

---

[9] BERTOCELLI, Rodrigo Pinho. *Compliance.* In Manual de *Compliance.* Coord. CARVALHO, André Castro; BERTOCELLI, Rodrigo de Pinho; ALVIM, Tiago Cripa; VENTURINI, Otávio. RJ: Forense, 2019. p. 39.

[10] Instituto Brasileiro de Governança Corporativa. *Compliance à luz da governança corporativa.* SP: IBGC, 2017. p. 8.

punição. SER COMPLIANT é o cumprimento consciente e deliberado da legislação e de políticas internas, guiado pelos princípios e valores que compõem a identidade da organização, visando sua longevidade. Nesse sentido, buscamos ressaltar também como finalidade do sistema de compliance a integridade, não no sentido estrito das medidas voltadas à prevenção de ilícitos, mas como a coerência entre pensamento, discurso e ação, buscando fortalecer a cultura e a reputação da organização".

A existência de uma definição em sentido estrito (cumprimento normativo ou de conformidade) e de outra em sentido amplo, relacionada ao fomento de valores ético-sociais por meio de uma atividade estratégica de coerência entre pensamento, discurso e ação, guiados pelos princípios e valores éticos que formam a identidade da organização, também se traduz em finalidades distintas, a depender da amplitude maior ou menor do *compliance*.

Quando considerado no sentido estrito, a finalidade do *compliance* resume-se a mitigação de riscos e prevenção de ilícitos, ou seja, é preventiva[11], notadamente quando obedecer aos parâmetros do programa de integridade previsto na Lei n. 12.846, de 01 de agosto de 2013. De outro lado, quando apresentado no sentido amplo, sua finalidade da mesma forma se amplifica para "*el fomento de los valores ético-sociales de la acción como vía de protección indirecta de los bienes jurídicos*", ou de mitigação de riscos, preservação de valores éticos e de sustentabilidade corporativa, preservando a continuidade do negócio.

Ao desdobrar o termo em "estar em *compliance*" e "ser *compliant*", o Instituto Brasileiro de Governança Corporativa mostra a importância de todos os envolvidos na organização, que devem "ser *compliant*" para que se atinja a finalidade maior, de coerência entre pensamento, discurso e ação, guiados pelos princípios e valores éticos que formam a identidade da organização.

---

[11] MENDES, Paulo de Souza. *Law enforcement & compliance. In Estudos sobre law enforcement, compliance e direito penal.* Coord. Maria Fernanda Palma, Augusto Silva Dias, Paulo de Souza Mendes. Coimbra: Almedina, 2018. p. 11; SILVEIRA, Renato de Mello Jorge. *Compliance: direito penal e lei anticorrupção.* Renato de Mello Jorge Silveira, Eduardo Saad-Diniz. SP: Saraiva, 2015, p. 255.

Somente se todos aqueles relacionados direta ou indiretamente na atividade da empresa estiverem de fato envolvidos no *compliance*, ou seja, se forem *compliant*, a finalidade maior poderá ser atingida.

José Luis Goñi Sein[12] faz uma interessante advertência a respeito da efetividade do *compliance*. De acordo com o autor, as condutas de cumprimento (formulações éticas de caráter preceptivo) inseridas em um programa de *compliance* possuem um grau de comprometimento maior do que o das próprias normas jurídicas, pois expressam verdadeiras e específicas obrigações exigíveis dos empregados, cujo descumprimento está sujeito a sanções disciplinares.

O *compliance* representa uma legítima manifestação do princípio da livre iniciativa, que deve ser prestigiada. Deve-se lembrar que a adoção do programa é voluntária, pois não há legislação que obrigue a implantação de um programa dessa natureza em empresas - a não ser em situações específicas e pontuais, relacionadas a contratação com o Poder Público. Da mesma forma, não há punição prevista para empresas *non-compliant*, como lembra Renato de Mello Jorge Silveira[13].

A característica de voluntariedade faz com que o *compliance* se caracterize como um potente instrumento de auto-regulação[14], que permite, mais do que a prevenção de imposição de sanções penais, cíveis e administrativas, a

---

[12] SEIN, José Luis Goñi. *Programas de cumplimiento empresarial (compliance programs): aspectos laborales. In Responsabilidad de la empresa y compliance: programas de prevención, detección y reacción penal.* Directores: PUIG, Santiago Mir; BIDASOLO, Mirentxu Corcoy; MARTÍN, Víctor Gómez. Madrid: Edisofer S.L., 2018. p. 385.

[13] SILVEIRA, Renato de Mello Jorge. *Compliance: direito penal e lei anticorrupção.* Renato de Mello Jorge Silveira, Eduardo Saad-Diniz. SP: Saraiva, 2015, p. 322.

[14] SILVEIRA, Renato de Mello Jorge. *Compliance: direito penal e lei anticorrupção.* Renato de Mello Jorge Silveira, Eduardo Saad-Diniz. SP: Saraiva, 2015, p. 119; MENDES, Paulo de Souza. *Law enforcement & compliance. In Estudos sobre law enforcement, compliance e direito penal.* Coord. Maria Fernanda Palma, Augusto Silva Dias, Paulo de Souza Mendes. Coimbra: Almedina, 2018. p. 13.

inserção de valores éticos e de sustentabilidade corporativa, e contribui para a longevidade empresarial.

De outra banda, não se pode ignorar que a auto-regulação, como expressão da livre iniciativa, não é absolutamente livre ou imune a riscos. Isso porque, dentre o feixe de relações negociais mantido pela empresa, existem algumas submetidas à regulação estatal, como ocorre, por exemplo, com a concorrência e as relações de trabalho, estas últimas marcadas por forte ingerência. Por isso, sua implantação deve ser cuidadosa.

Para além do fomento de valores ético-sociais, da mitigação de riscos e da sustentabilidade corporativa, o *compliance* pode alcançar uma importância ainda maior, representando uma potente ferramenta de valorização do trabalho humano. É o que se demonstrará a seguir.

PODER DIRETIVO E SUA RELAÇÃO COM O *COMPLIANCE*

Quando se perquire sobre a relação entre o poder diretivo e o *compliance*, deve-se ter bem clara a noção de quem detém tal poder, e de quem a ele se sujeita. Feito isso, há que se destacar os limites de seu exercício, e se somente aqueles a ele submetidos podem beneficiar-se da implantação do *compliance*.

A implantação de um programa de *compliance* deve abranger todo o feixe de relações jurídicas mantidas pela empresa, e afeta, em boa medida, as relações de trabalho. Estas, por sua vez, não se limitam ao trabalho exercido com subordinação do empregado ao empregador, regulado pela Consolidação das Leis do Trabalho.

Relação de trabalho é gênero[15], que compreende o trabalho autônomo, eventual, avulso, temporário, enquanto que relação de emprego trata de uma das espécies, o trabalho subordinado, cujos parâmetros encontram-se nos

---

[15] MARTINS, Sérgio Pinto. *Direito do Trabalho.* 29a ed. SP: Atlas, 2003. p. 94.

artigos 2º e 3º da Consolidação das Leis do Trabalho[16]. E somente a relação de emprego insere-se na esfera de atuação do poder diretivo, muito embora, como será demonstrado, o *compliance* possa beneficiar todas as relações de trabalho existentes em uma organização empresarial.

Os artigos 2º e 3º da Consolidação das Leis do Trabalho compõem o fundamento legal e implícito do poder diretivo. A partir da análise desses dispositivos que se configura o direito do empregador atuar na esfera de prestação de serviços do empregado, para dirigir, comandar, fiscalizar e subordinar seu trabalho, com a finalidade de atingir seus objetivos.

A subordinação, característica principal do contrato de trabalho, é o elemento a partir do qual a doutrina conceitua o poder diretivo.

Octávio Pinheiro Magano[17] conceitua o poder diretivo do empregador como a "*...capacidade oriunda do seu direito subjetivo, ou então, da organização*

---

[16] Art. 2º - Considera-se empregador a empresa, individual ou coletiva, que, assumindo os riscos da atividade econômica, admite, assalaria e dirige a prestação pessoal de serviço.
§1º - Equiparam-se ao empregador, para os efeitos exclusivos da relação de emprego, os profissionais liberais, as instituições de beneficência, as associações recreativas ou outras instituições sem fins lucrativos, que admitirem trabalhadores como empregados.
§2º Sempre que uma ou mais empresas, tendo, embora, cada uma delas, personalidade jurídica própria, estiverem sob a direção, controle ou administração de outra, ou ainda quando, mesmo guardando cada uma sua autonomia, integrem grupo econômico, serão responsáveis solidariamente pelas obrigações decorrentes da relação de emprego. (Redação dada pela Lei nº 13.467, de 2017) (Vigência)
§3º Não caracteriza grupo econômico a mera identidade de sócios, sendo necessárias, para a configuração do grupo, a demonstração do interesse integrado, a efetiva comunhão de interesses e a atuação conjunta das empresas dele integrantes. (Incluído pela Lei nº 13.467, de 2017) (Vigência)
Art. 3º - Considera-se empregado toda pessoa física que prestar serviços de natureza não eventual a empregador, sob a dependência deste e mediante salário.
Parágrafo único - Não haverá distinções relativas à espécie de emprego e à condição de trabalhador, nem entre o trabalho intelectual, técnico e manual.

[17] MAGANO, Octávio Pinheiro. *Do poder diretivo na empresa*. SP: Saraiva, 1982. p. 94.

empresarial, para determinar a estrutura técnica e econômica da empresa e dar conteúdo concreto à atividade do trabalhador, visando à realização das atividades do empreendimento".

Para Maurício Godinho Delgado[18], consiste no "*conjunto de prerrogativas asseguradas pela ordem jurídica e tendencialmente concentradas na figura do empregador, para o contexto no conjunto das relações de emprego*".

Partindo do princípio constitucional da livre iniciativa, Enoque Ribeiro dos Santos[19] elabora um conceito que abarca todas as fases da implantação e organização de um empreendimento:

> "(...) prerrogativas que derivam inclusive da índole constitucional (livre iniciativa) que atribuem ao empregador o direito de livre organização empresarial, desde a ideia inicial de seu empreendimento (projeto de criação) até a consolidação do negócio em todas as suas fases, e na seara trabalhista, o poder de estruturar funcional e hierarquicamente as relações internas entre o trabalho e o capital, inclusive a elaboração do regulamento da empresa".

Quando alude ao direito de livre organização empresarial como um derivativo do princípio da livre iniciativa, o conceito fornece substrato para que o empregador possa fortalecer e inserir regras que a organização entender necessárias para efetivação do *compliance*. Assim, além da estruturação funcional e hierárquica inerente ao contrato de trabalho, existe possibilidade de acréscimo de regras de conduta, restrições e sanções criadas pelo programa de *compliance*, legitimadas pelo poder diretivo.

---

[18] DELGADO, Maurício Godinho. *Curso de direito do trabalho.* SP: LTR, 2007. p. 79.

[19] SANTOS, Enoque Ribeiro dos. *Limites do poder disciplinar do empregador: a tese do poder disciplinar compartilhado.* Disponível em http://www.saoluis.br/revistajuridica/arquivos/Revista%202008/LIMITES%20AO%20PODER%20DISCIPLINAR%20DO%20EMPREGADOR.%20A%20tese%20do%20Poder%20Disciplinar%20Compartilhado..pdf. Acesso em 25/08/2019

Existem três correntes principais para fundamentar a existência do poder diretivo: teoria da propriedade privada, a teoria institucional e a teoria contratual. Assim como ocorre com o conceito, a compreensão de cada uma delas e daquela atualmente admitida, contribui para a criação do nexo entre poder diretivo e *compliance* nas relações de trabalho.

De acordo com a teoria da propriedade privada,

> "A empresa é propriedade de alguém, que a dirige e administra, com amplo poder de deliberação, razão pela qual o poder diretivo empresário realmente emana desse fato social, histórico e econômico: o empresário corre os riscos do negócio, e, em consequência, a ele cabe a prerrogativa de ditar as ordens[20]".

Esta teoria é considerada superada, sobretudo pela condição de desequilíbrio em que são colocados os polos da relação de emprego, tendo de um lado o empregador proprietário, e, de outro, o empregado a ele subordinado. Além disso, o reconhecimento constitucional da função social da propriedade também contribuiu para a superação da teoria, pois o *amplo poder de deliberação,* que lhe serve de amparo, deixou de ser absoluto.

A corrente que defende a teoria institucional sustenta que o poder disciplinar funda-se na concepção institucional ou comunitária da empresa, que possui um caráter mais político e social do que jurídico, e, assim como a teoria contratual, está em desuso[21].

A teoria contratual, que conta com ampla aceitação doutrinária, busca explicar o poder diretivo a partir do contrato de trabalho, e, justamente por essa razão, mantém-se contemporânea, pois, amolda-se à evolução interpretativa

---

[20] NASCIMENTO, Nilson de Oliveira. *Manual do poder diretivo do empregador.* SP: LTR, 2009. p. 66.

[21] BARROS, Alice Monteiro de. *Curso de direito do trabalho.* SP: LTR, 2016. p. 383.

contratual, absorvendo, por exemplo, princípios da função social e boa-fé objetiva. Segundo Nilson de Oliveira Nascimento[22],

> O poder diretivo é uma consequência natural da celebração da relação de emprego, através da qual o empregado se sujeita ao recebimento de ordens e se coloca sob responsabilidade do empregador, ao qual compete dirigir a atividade laborativa do empregado, com vistas à realização de seus negócios.

A análise da teoria contratual contribui para justificar a implantação de um programa de *compliance* e de inserção de regras de conduta inicialmente inexistentes no contrato de trabalho. A partir do reconhecimento da existência de deveres principais e acessórios relacionados a função social e boa-fé objetiva[23] - princípios inegavelmente aplicáveis ao contrato de trabalho, pode-se justificar a utilização do poder diretivo para finalidade que transcende o mero cumprimento de obrigações contratuais eminentemente ligadas ao objeto do contrato de trabalho.

No entanto, é a partir da compreensão da natureza jurídica do poder diretivo que fica clara a legitimação de seu uso para a implantação de um *compliance*, e, para tanto, menciona-se as duas principais: a que o considera um direito potestativo, e a que vê nele um direito-função.

Para a primeira corrente, o poder diretivo é um direito potestativo porque

> "(...) habilita uma pessoa a estabelecer uma relação jurídica com outra ou a determiná-la especificamente em seu conteúdo, modificá-la ou extingui-la mediante uma declaração de vontade unilateral. E a outra

---

[22] NASCIMENTO, Nilson de Oliveira. *Manual do poder diretivo do empregador.* SP: LTR, 2009. p. 69.

[23] MARTINS-COSTA, Judith. *A boa-fé no direito privado.* SP: RT, 1999. p. 439.

parte tem que aceitar e tolerar a modificação jurídica e a invasão súbita em sua esfera jurídica".

A afirmação de aceitação e tolerância de determinação e modificação unilateral de conteúdo dispensa maiores reflexões sobre a razão da superação desta teoria. Ao mesmo tempo - e por outros fundamentos que serão analisados - demonstra a coerência daquela que atribui ao poder diretivo a natureza de direito-função.

Alice Monteiro de Barros[24] explica que o direito-função consiste na "*imposição do exercício de uma função pela norma jurídica a alguém, com o que o titular do direito passa a ter obrigações*". É um direito com fins altruístas que deve ser cumprido segundo sua finalidade, da maneira mais útil possível pela pessoa habilitada. A função não elimina o direito, simplesmente o coloca a seu serviço, como ocorre com o direito de propriedade.

Ao relacionar o direito-função com o princípio da função social do contrato - que impõe restrições ao exercício do poder diretivo - a autora[25] fornece subsídios que corroboram a extensão do poder diretivo na inserção de regras de conduta nas relações de trabalho por meio do *compliance*:

> "Ora, a função social mitiga o princípio da autonomia contratual. Como o poder diretivo do empregador emana do contrato, aquele também deverá ser exercido com restrições. O empregador, enquanto chefe do empreendimento, deverá exercer sua autoridade, tendo em vista a "boa marcha da empresa" e não outro fim. O direito-função, como se vê, poderá ocorrer não só na esfera pública como também na esfera privada, ou seja, na empresa, nas sociedades, na família etc."

---

[24] BARROS, Alice Monteiro de. *Curso de direito do trabalho*. SP: LTR, 2016. p. 386.

[25] Ob. cit. p. 386.

A partir desse raciocínio, fica nítido que o exercício do poder diretivo está submetido a limites externos, impostos pela Constituição Federal, por outras leis, normas coletivas e pelo contrato, e um limite interno, pois deverá ser exercido de boa-fé e de forma regular[26].

De forma mais incisiva, Márcio Túlio Viana[27] salienta que as limitações ao poder diretivo do empregador têm, principalmente, natureza constitucional, previstas no artigo 5º da Constituição Federal, razão pela qual não pode discriminar o empregado (incisos I e VIII); obrigá-lo a fazer algo não previsto em lei (inciso II), submetê-lo a tratamento desumano ou degradante (inciso III); provocá-lo dano material, moral ou à sua imagem (inciso V); violar sua liberdade de consciência ou de crença (inciso VI); violar sua intimidade ou sua vida privada (inciso X); obrigá-lo a associar-se ou impedi-lo de fazê-lo (inciso XVI, XVII e XX); obstar seu acesso à justiça (incisos XXXIV e XXXV), privá-lo de sua liberdade ou de seus bens (inciso LIV), dentre outros.

Os artigos 7º a 9º da Constituição Federal também atuam como limitadores do exercício do poder diretivo, na medida em que sujeitam o empregador a uma série de obrigações positivas e negativas, como pagar salário mínimo e não discriminar pessoas portadoras de deficiência.

As definições de poder diretivo e a aceitação da teoria contratual poderiam, a princípio, afastar a criação e implantação de um *compliance* que abrangesse relações de emprego. Contudo, como visto, quando analisada à luz dos princípios da função social e da boa-fé objetiva, a teoria contratual permite que o poder diretivo não se restrinja às cláusulas contratuais em sentido estrito; possibilita que normas de conduta escolhidas como necessárias em uma organização sejam inscritas no programa de *compliance*, permitindo sanções pelo descumprimento.

---

[26] Ob. cit. p. 387.

[27] VIANA, Márcio Túlio. *Direito de resistência*. SP: LTR, 1996. p. 110.

Deve-se considerar, além disso, que a criação de um programa de *compliance* difere da contratação que marca o início da relação de emprego. Enquanto aqui as cláusulas demarcam e regulam obrigações e direitos inerentes ao contrato de trabalho, como remuneração, jornada, etc, o programa destina-se a mitigar riscos, fomentar e preservar os valores éticos-sociais, conferir sustentabilidade corporativa, e preservar a continuidade do negócio. Envolvem, por isso, todas as relações de trabalho mantidas com a empresa, seja sob a forma de prestação de serviços ou trabalho subordinado, com impacto muito maior sobre as últimas.

A abordagem da natureza jurídica que o considera um direito-função, por sua vez, não só legitima a criação de normas de conduta destinadas aos empregados, como também se ajusta a forma pela qual um programa é concebido. Diferente do que ocorre com o contrato de trabalho, que atinge relações individuais, o programa cria normas aplicáveis a toda a organização, e origina-se não da imposição e exercício de um poder, mas do exercício de um direito-função do empregador, em conjunto com empregados e colaboradores.

Destaca-se, ainda, que o poder diretivo somente tem relevância quando envolve a repercussão do *compliance* sobre as relações de trabalho. No que concerne às demais relações jurídicas (prestadores de serviço, fornecedores, clientes) a opção pela adoção e criação de um programa dessa natureza está relacionada a atribuições inerentes ao exercício da atividade empresarial. Aqui, é o empresário tomando a iniciativa de tomar medidas de preservação e continuidade do negócio.

Prevalece, neste caso, o poder de controle e gestão da atividade, que, no entanto, não pode extrapolar ou ignorar os limites do poder de direção nos casos de inclusão de regramentos sobre as relações de emprego. A esse respeito, discorre José Luis Goñi Sein[28]:

---

[28] SEIN, José Luis Goñi. *Programas de cumplimiento empresarial (compliance programs): aspectos laborales. In Responsabilidad de la empresa y compliance: programas de prevención, detección y reacción penal.* Directores: PUIG, Santiago Mir; BIDASOLO, Mirentxu Corcoy; MARTÍN, Víctor Gómez. Madrid: Edisofer S.L., 2018. p. 388.

> (...) como parte integrante de ese plan de supervisión se incluye el control de la actividad de los empleados en la concreta actividad de negocio que desarrollen. El control se traduce en un reporte integrado sobre la gestión de cada uno en su actividad. Los empleados terminan siendo objeto de supervisión porque la indagación acerca de la actividad de negocio tiene una conexión extrechísima com la actividad del sujeito. La actividad del empleado se incorpora de manera ineluctable al producto resultante, no siendo posible desgajar lo que es simple control de la gestión de lo que es el control del comportamiento.

O reconhecimento de uma inegável conexão entre a atividade do negócio e dos sujeitos nele envolvidos - clientes, fornecedores, empregados, prestadores de serviço, Estado - amolda-se com a moderna teoria que vê a empresa como um sistema (teoria dos sistemas)[29]. Esta teoria, mais do que chancelar a posição de José Luis Goñi Sein, corrobora o entendimento sobre a necessidade de um *compliance* bem executado, na "modalidade" *ser compliant,* pode trazer inegáveis benefícios para todos os envolvidos na empresa.

---

[29] *"A empresa deve ser considerada: a) um sistema complexo, composto de mais pessoas ordenadas em uma estrutura dinâmica e com uma cultura comum; b) um sistema social, que se auto-regula a respeito de determinados objetivos e parâmetros; c) um sistema aberto e dinâmico que ordena o próprio agir segundo as determinações de pessoas que o compõem e em relação ao ambiente externo. A perspectiva dinâmica implica considerar a distinção e as interações entre os elementos internos em seus diferentes níveis, o fluxo de informações e decisões, a ação resultante (output) e a capacidade de avaliar seus resultados no ambiente externo, ajustando-se e calibrando-se a conduta conforme tal avaliação. O sujeito econômico é considerado segundo as relações (mecanismos, estruturas) entre as pessoas que o formam e que lhe conferem os fatores primários de produção - trabalho e capital -, tendo cada uma dessas pessoas interesses econômicos e não econômicos na empresa".* (CAMILO JUNIOR, Ruy Pereira. *Direito societário e regulação econômica.* Barueri: Manole, 2018. p. 192/293).

Feitas essas considerações, resta saber em que medida o *compliance* pode contribuir para a valorização do trabalho humano.

VALORIZAÇÃO DO TRABALHO HUMANO POR MEIO DA ADOÇÃO DO *COMPLIANCE*: É POSSÍVEL?

Autêntico fator de produção, o trabalho é consagrado pela Constituição Federal como um dos fundamentos da República Federativa do Brasil, como se observa no inciso IV do artigo 1º[30], e como fundamento da ordem econômica, desta vez no *caput* do artigo 170[31]:

> Art. 1° A República Federativa do Brasil, formada pela união indissolúvel dos Estados e Municípios e do Distrito Federal, constitui-se em Estado Democrático de Direito e tem como fundamentos:
>
> I - a soberania;
>
> II - a cidadania
>
> III - a dignidade da pessoa humana;

[30] Art. 1° A República Federativa do Brasil, formada pela união indissolúvel dos Estados e Municípios e do Distrito Federal, constitui-se em Estado Democrático de Direito e tem como fundamentos:
I - a soberania;
II - a cidadania;
III - a dignidade da pessoa humana;
IV - os valores sociais do trabalho e da livre iniciativa;
V - o pluralismo político.

[31] Art. 170. A ordem econômica, fundada na valorização do trabalho humano e na livre iniciativa, tem por fim assegurar a todos existência digna, conforme os ditames da justiça social, observados os seguintes princípios (...).

> IV - os valores sociais do trabalho e da livre iniciativa; (Vide Lei nº 13.874, de 2019)
>
> V - o pluralismo político.
>
> Art. 170. A ordem econômica, fundada na valorização do trabalho humano e na livre iniciativa, tem por fim assegurar a todos existência digna, conforme os ditames da justiça social, observados os seguintes princípios (...).

As expressões *valor social do trabalho* e *valorização do trabalho humano* dão a dimensão da importância dada pela Constituição Federal ao trabalho, cujo valor social deve constituir um dos fundamentos da República Federativa do Brasil - ao lado do valor social da livre iniciativa - e cuja valorização deve consubstanciar um dos fundamentos da ordem econômica[32][33].

---

[32] Vital Moreira aponta três conotações utilizadas para a expressão ordem econômica: i) em um primeiro sentido, "ordem econômica" é o modo de ser empírico de uma determinada economia concreta; a expressão, aqui, é termo de um conceito de fato e não de um conceito normativo ou de valor (é conceito do mundo do ser, portanto); o que o caracteriza é a circunstância de referir-se não a um conjunto de regras ou normas reguladoras de relações sociais, mas sim a uma relação entre fenômenos econômicos e materiais, ou seja, relação entre fatores econômicos concretos; ii) em um segundo sentido, "ordem econômica" é expressão que designa o conjunto de todas as normas (ou regras de conduta), qualquer que seja a sua natureza (jurídica, religiosa, moral, etc) que respeitam à regulação do comportamento dos sujeitos econômicos; é o sistema normativo (no sentido sociológico) da ordem econômica; iii) em um terceiro sentido, "ordem econômica" significa ordem jurídica da economia. (MOREIRA. Vital. *A ordem jurídica do capitalismo. Apud* GRAU, Eros Roberto. *A ordem econômica na constituição de 1988.* 8ª ed. rev. e atualizada. SP: Malheiros, 2003). Da análise do artigo 170 da Constituição Federal, conclui-se que a expressão ali utilizada encaixa-se no terceiro sentido apontado por Vital Moreira.

[33] É interessante a advertência feita por Eros Roberto Grau a respeito do título VII da Constituição Federal, denominado «Da Ordem Econômica e Financeira» - mais precisamente da denominação «ordem econômica»: «A finalidade dos conceitos

Ao comentar os dois dispositivos, Eros Roberto Grau[34] observa, com alusão a Gomes Canotilho, que *valor social do trabalho* e *valorização do trabalho humano* são princípios constitucionalmente conformadores. A interação entre esses dois princípios e o fim da ordem econômica - assegurar a todos existência digna - importa em conferir ao trabalho e seus agentes (os trabalhadores) tratamento peculiar.

Interpretação semelhante, ou seja, de que os valores do trabalho humano têm prioridade sobre a livre iniciativa e demais valores da economia de mercado, é feita por José Afonso da Silva[35]:

> A Constituição declara que a ordem econômica é fundada na valorização do trabalho humano e na iniciativa privada. Que significa isso? Em primeiro lugar quer dizer precisamente que a Constituição consagra uma

---

jurídicos é a de ensejar a aplicação de normas jurídicas. Eles não são usados para definir essências, mas sim para permitir e viabilizar a aplicação de normas jurídicas. Sucede que o conceito de ordem econômica constitucional não enseja a aplicação de normas jurídicas. Logo, não é conceito jurídico. Presta-se unicamente a indicar, topologicamente, no texto constitucional, disposições que, em seu conjunto, institucionalizam a ordem econômica (mundo do ser). Cuida-se, pois, de conceito ancilar da Dogmática do Direito e não do direito. Na Constituição de 1988, no art. 170, *caput*, tal qual ocorria em relação às de 34 e 46 e 67-69, "ordem econômica" designa realidade do mundo do ser; a Carta de 1937 somente usa a expressão como título que engloba seus arts. 135 a 155. Em todas elas, de qualquer forma, no quanto a expressão é dotada de alguma utilidade, só a aparenta na medida em que indica o local, na Constituição, no qual se irá encontrar disposições que, no seu conjunto, institucionalizam a ordem econômica (mundo do ser). (GRAU, Eros Roberto. Comentário ao art. 170. *In* CANOTILHO, J. J. Gomes; MENDES, Gilmar F.; SARLET, Ingo W.; STRECK, Lênio L. (Coords.). *Comentários à Constituição do Brasil.* SP: Saraiva/Almedina, 2013. p. 3842).

[34] GRAU, Eros Roberto. Comentário ao art. 170. *In* CANOTILHO, J. J. Gomes; MENDES, Gilmar F.; SARLET, Ingo W.; STRECK, Lênio L. (Coords.). *Comentários à Constituição do Brasil.* SP: Saraiva/Almedina, 2013. p. 3849.

[35] SILVA, José Afonso da. *Curso de Direito Constitucional Positivo.* 37ª ed. rev.atual. SP: Malheiros, 2014. p. 800.

> economia de mercado, de natureza capitalista, pois a iniciativa privada é um princípio básico da ordem capitalista. Em segundo lugar significa que, embora capitalista, a ordem econômica dá prioridade aos valores do trabalho humano sobre todos os demais valores da economia de mercado. Conquanto se trate de declaração de princípio, essa prioridade tem o sentido de orientar a intervenção do Estado, na economia, a fim de fazer valer os valores sociais do trabalho que, ao lado da iniciativa privada, constituem o fundamento não só da ordem econômica, mas da própria República Federativa do Brasil (art. 1o, IV).

A importância e prioridade conferida pela Constituição Federal ao trabalho humano em relação a livre iniciativa também é reconhecida por Eros Roberto Grau[36]. Segundo o autor, a livre iniciativa é tomada singelamente, ao passo que o trabalho é consagrado como objeto a ser valorizado.

Lafayete Josué Petter[37], da mesma forma reconhecendo a preponderância do trabalho sobre a livre iniciativa na ordem econômica constitucional, defende que a valorização do trabalho humano equivale a valorizar a pessoa humana. O trabalho, direito de todos e dever do Estado, é muito mais do que um fator de produção; diz respeito à dignidade da pessoa humana, merecendo, por tal razão, ser adequadamente compendiado.

A valorização do trabalho humano é um componente da concepção de justiça social, assim configurado pelo *caput* do artigo 170 da Constituição Federal. Ricardo Antônio Lucas Camargo[38] destaca dois desdobramentos de sua interpretação.

---

[36] GRAU, Eros Roberto. Comentário ao art. 170. *In* CANOTILHO, J. J. Gomes; MENDES, Gilmar F.; SARLET, Ingo W.; STRECK, Lênio L. (Coords.). *Comentários à Constituição do Brasil.* SP: Saraiva/Almedina, 2013. p. 3850.

[37] PETTER, Laffayete Josué. *Princípios constitucionais da ordem econômica: o significado e o alcance do art. 170 da Constituição Federal.* SP: RT, 2005. p. 163.

[38] CAMARGO, Ricardo Antônio Lucas. *Ordem jurídico-econômica e trabalho.* Porto Alegre: Sérgio Antonio Fabris Editor, 1998. p. 55.

O primeiro deles diz respeito ao descarte de interpretações de disposições infraconstitucionais que menosprezam as formas de ganho com o trabalho, o que equivale a desvalorizar o trabalho, dentro do princípio lógico segundo o qual a afirmação de uma proposição é a negação daquela que lhe é oposta. Um bom exemplo disso é o artigo 203, inciso V, da Constituição Federal, que, condiciona o pagamento de um salário mínimo ao deficiente e ao idoso que não tenham meios de prover a própria mantença, nem de tê-la provida por sua família, desde que tais circunstâncias sejam cabalmente comprovadas.

Um segundo desdobramento impõe o *"...descarte de interpretações conducentes a considerar as verbas pecuniárias decorrentes do esforço físico e/ou intelectual do trabalhador como caridade"*[39], o que conduz a evidente conclusão de que a remuneração do trabalho é um direito subjetivo, que se traduz na proibição de imposição de trabalho gratuito, ou mesmo na garantia de isonomia salarial, desde que preenchidos requisitos estabelecidos pela CLT - Consolidação das Leis do Trabalho.

Eros Roberto Grau[40] chama a atenção para a *potencialidade transformadora* dos princípios e prevalência dos valores do trabalho na conformação da ordem econômica:

> Valorização do trabalho humano e reconhecimento do valor social do trabalho consubstanciam cláusulas principiológicas que, ao par de afirmarem compatibilização - conciliação e composição - a que acima referi, portam em si evidentes potencialidades transformadoras. Em sua interação com os demais princípios contemplados no texto constitucional, expressam prevalência dos valores do trabalho na conformação da ordem econômica, podendo, inclusive, se induzidos pela força do regime político, reproduzir em atos, efetivos, suas potencialidades transformadoras.

---

[39] Ob. cit. p. 57.

[40] Ob. cit. p. 3849.

A observação feita pelo autor é extremamente pertinente quando se pretende inserir o *compliance* como instrumento de valorização do trabalho humano. Quando se atenta para as finalidades do *compliance* - fomento e preservação de valores éticos-sociais e da própria continuidade do negócio - torna-se inevitável reconhecer sua potencialidade transformadora, que pode concretizar, tornar factível, a valorização do trabalho humano.

O sentido mais profundo adotado pelo Instituto Brasileiro de Governança Corporativa - *ser compliant,* por meio de uma atividade estratégica de coerência entre pensamento, discurso e ação, guiada pelos princípios e valores éticos que formam a identidade da organização - revela o *compliance* como um instrumento que possibilita a convergência entre interesses do capital e do trabalho, historicamente distintos.

Essa conhecida distinção é lembrada por Eros Roberto Grau[41], quando aborda o tratamento peculiar conferido ao trabalho pela Constituição Federal (artigo 1º, IV e artigo 170, *caput)*:

> Esse tratamento, em uma sociedade capitalista moderna, peculiariza-se na medida em que o trabalho passa a receber proteção não meramente filantrópica, porém politicamente racional. Titulares de capital e trabalho são movidos por interesses distintos, ainda que se o negue ou se pretenda enunciá-los como convergentes. Daí porque o capitalismo moderno, renovado, pretende a conciliação e composição entre ambos.

De fato, se a empresa e o *compliance officer* tiverem a capacidade de promover tal coerência entre todos os membros, de modo que o programa seja efetivamente adotado e suas condutas passem a fazer parte do cotidiano,

[41] GRAU, Eros Roberto. Comentário ao art. 170. *In* CANOTILHO, J. J. Gomes; MENDES, Gilmar F.; SARLET, Ingo W.; STRECK, Lênio L. (Coords.). *Comentários à Constituição do Brasil.* SP: Saraiva/Almedina, 2013. p. 3849.

o antagonismo de interesses pode restar relativizado. A adoção do *compliance* atinge, dessa forma, uma finalidade maior, relacionada a possibilidade de convergência de interesses de empregados e empregador.

Enfim, consideramos que o *compliance* tem um inegável papel de concretização do princípio da valorização do trabalho humano. Tal concretização pode ocorrer de forma imediata, por meio do respeito aos limites do poder diretivo em relação às relações de emprego atingidas pelo programa, o que se dá, por exemplo, pela não discriminação do empregado; pela não submissão a tratamento desumano ou degradante; pelo respeito a liberdade de consciência ou de crença; a intimidade ou sua vida privada, etc, além do cumprimento dos preceitos dos artigos 7º a 9º da Constituição Federal.

De forma mediata, a valorização do trabalho humano decorre dos benefícios que a empresa pode obter por meio da adoção do *compliance*, relacionados não só a absorção de valores ético-sociais, mas, sobretudo, a preservação e fortalecimento da empresa.

Desse modo, o *compliance* pode contribuir para a valorização de todos os que, subordinados a relação de emprego ou qualquer outra espécie de relação de trabalho (prestadores de serviço e terceirizados, por exemplo), mantenham vínculo jurídico com a empresa.

CONSIDERAÇÕES FINAIS

É certo que dentre as finalidades do *compliance*, não se encontra a de proporcionar a valorização do trabalho humano, e tampouco de conferir ao trabalho o valor social pretendido pela Constituição Federal.

Por outro lado, também é certo que sua adoção deve ficar adstrita a determinados limites legais e constitucionais, para que os princípios conformadores acima mencionados não restem violados.

Como visto, o *compliance* não é legalmente obrigatório, e representa verdadeira manifestação de livre iniciativa. Por isso, pelo menos por esta via o empresário não tem o ônus de promover concretização da valorização do trabalho humano. Contudo, a partir do momento em que houver a sua adoção torna-se exigível que as condutas que integrarem o programa sejam criadas com vistas ao preenchimento desse princípio, explícito fundamento da ordem econômica.

O poder diretivo - melhor considerado como direito-função - é indispensável e legítima a inclusão das relações de emprego na esfera do *compliance*. Isso não quer dizer que somente os empregados sejam os destinatários do valor social a que faz menção o texto constitucional.

Quando se defende o *compliance* como uma ferramenta de mudança de cultura organizacional, que permite a inserção de valores éticos e a preservação de continuidade da empresa, chega-se à conclusão de que sua implantação depende muito mais da conscientização do empregado - um dos principais interessados - do que do exercício do poder diretivo.

Quando o artigo 170, *caput*, da Constituição Federal alude a *trabalho humano*, diz respeito a todas as formas pelas quais este fator de produção é manifestado. Estão aí incluídas a terceirização, trabalho autônomo, prestação de serviços, etc. Por isso, são destinatários o terceirizado, o autônomo e o prestador de serviços, e todos podem ganhar com o *compliance*, ainda que não se sujeitem diretamente às condutas e sanções disciplinares relacionadas ao descumprimento. A razão dessa constatação reside no reconhecimento de que a preservação e fortalecimento da empresa a todos beneficia.

O desenvolvimento deste artigo mostrou que a valorização do trabalho humano não é o único *plus* obtido pelo *compliance*. Como visto, sua efetiva implantação, que faça com que a organização seja *compliant*, pode representar um instrumento de convergência de interesses historicamente contrapostos - capital e trabalho, revelando, neste aspecto, nova fonte de ganho para todos os envolvidos direta ou indiretamente na empresa.

REFERÊNCIAS

ADACHI, Pedro Podboi. *Governança, risco e compliance nas empresas familiares. In Tendências em governança corporativa e compliance.* Eduardo Saad-Diniz, Pedro Podboi Adachi, Juliana Oliveira Domingues (org.). SP: LiberArs, 2016.

BARROS, Alice Monteiro de. *Curso de direito do trabalho.* SP: LTR, 2016.

BERTOCELLI, Rodrigo de Pinho. *Compliance. In Manual de compliance.* Coord. André Castro Carvalho, Tiago Crispa Alvim, Rodrigo de Pinho Bertocelli, Otávio Venturini. RJ: Forense, 2019.

CAMARGO, Ricardo Antônio Lucas. *Ordem jurídico-econômica e trabalho.* Porto Alegre: Sérgio Antonio Fabris Editor, 1998.

CAMILO JUNIOR, Ruy Pereira. *Direito societário e regulação econômica.* Barueri: Manole, 2018.

DELGADO, Maurício Godinho. *Curso de direito do trabalho.* SP: LTR, 2007

GRAU, Eros Roberto. Comentário ao art. 170. *In* CANOTILHO, J. J. Gomes; MENDES, Gilmar F.; SARLET, Ingo W.; STRECK, Lênio L. (Coords.). *Comentários à Constituição do Brasil.* SP: Saraiva/Almedina, 2013.

Instituto Brasileiro de Governança Corporativa. *Compliance à luz da governança corporativa.* SP: IBGC, 2017.

KUHLEN, Lothar; MONTIEL, Juan Pablo; GIMENO, Íñigo Ortiz de Urbina. *Compliance y teoría del derecho penal.* Madrid: Marcial Pons, 2013.

MENDES, Paulo de Souza. *Law enforcement & compliance. In Estudos sobre law enforcement, compliance e direito penal.* Coord. Maria Fernanda Palma, Augusto Silva Dias, Paulo de Souza Mendes. Coimbra: Almedina, 2018.

MANZI, Vanessa Alessi. *Compliance no Brasil - consolidação e perspectivas.* São Paulo: Saint Paul, 2008. p.

MARTINS-COSTA, Judith. *A boa-fé no direito privado.* SP: RT, 1999. p. 439.

NASCIMENTO, Nilson de Oliveira. *Manual do poder diretivo do empregador.* SP: LTR, 2009.

MARTINS-COSTA, Judith. *A boa-fé no direito privado.* SP: RT, 1999. p. 439.

MOREIRA. Vital. *A ordem jurídica do capitalismo. Apud* GRAU, Eros Roberto. *A ordem econômica na constituição de 1988.* 8ª ed. rev. e atualizada. SP: Malheiros, 2003).

PETTER, Laffayete Josué. *Princípios constitucionais da ordem econômica: o significado e o alcance do art. 170 da Constituição Federal.* SP: RT, 2005.

SEIN, José Luis Goñi. *Programas de cumplimiento empresarial (compliance programs): aspectos laborales. In Responsabilidad de la empresa y compliance: programas de prevención, detección y reacción penal.* Directores: PUIG, Santiago Mir; BIDASOLO, Mirentxu Corcoy; MARTÍN, Víctor Gómez. Madrid: Edisofer S.L., 2018. p

SILVA, José Afonso da. *Curso de Direito Constitucional Positivo.* 37ª ed. rev. atual. SP: Malheiros, 2014.

SILVA SÁNCHEZ, Jesús-María. *Deberes de vigilancia y compliance empresarial. In Compliance y teoría del derecho penal.* Coord. Lothar Kuhlen, Juan Pablo Montiel, Íñigo Ortiz de Urbina Gimeno. Madrid: Marcial Pons, 2013.

SILVEIRA, Renato de Mello Jorge. *Compliance: direito penal e lei anticorrupção.* Renato de Mello Jorge Silveira, Eduardo Saad-Diniz. SP: Saraiva, 2015.

SLAIBI FILHO, Nagib. *Direito constitucional.* RJ: Forense, 2004.

SOLIS, Julio Ismael Camacho. *La etica en los negocios y la responsabilidad social para el trabajo.* Temas de Derecho de la Empresa. Revista de Derecho de la Empresa. n. 7. México. Primavera 2014.

SOUZA, Washington Pelluso Albino de. *Primeiras linhas de direito econômico.* 5a ed. SP: LTR, 2003.

VINAGRE, Bianca. *Limites ao poder de fiscalização nas relações de trabalho.* Disponível em https://www.teses.usp.br/teses/disponiveis/2/2138/tde-11042016-085834/publico/BIANCA_VINAGRE_N_USP_7938990.pdf. Acesso em 23/08/2019.

CONHECIMENTO DE ESTUDANTES E PROFISSIONAIS EM TECNOLOGIA DA INFORMAÇÃO DE COMUNICAÇÃO SOBRE PROGRAMA DE *COMPLIANCE* PARA *STARTUPS*

José Luiz Gondim dos Santos[1]

O conhecimento sobre a temática de Programa de *Compliance* aplicada ao mundo das *Startups* é essencial para o bom desenvolvimento de trabalhos por parte dos profissionais em Tecnologia da Informação e Comunicação (TIC), bem como fator chave para uma boa formação de estudantes da área para uma sociedade digital.

O Século XXI é marcado por estratégias digitais de mercado, empreendedores, profissionais e estudantes da área de TIC vivenciam o modelo de negócio em *Startups*, com suas inovações disruptivas, desafiando amarras jurídicas societárias tradicionais de desenvolvimento de negócios. Exemplos disso são a adoção de institutos como o *vesting*[a] e os memorandos de pré-constituição de negócio[1].

Não obstante esse disrupção proposta normativa no mundo das *Startups*, em recente pesquisa realizada pela ***CB Insights***, baseada em análise do pós-morte de *startups*, listaram-se 20 principais motivos pelos quais *Startups* falham e morrem. O estudo relata que 76% dos motivos estão direta e indiretamente conectados ao universo jurídico, assim estratificados: 29% da mortalidade é por falta de dinheiro, 18% precificação/custos, 13% por desarmonia entre o time, 8% por desinteresse de investidores e 8% por assuntos regulatórios/legais[2].

Parte-se da perspectiva de que uma *Startup* deve se desenvolver como uma organização entre empreendedores, com sustentabilidade econômica e financeiras, eficiência e redução de riscos para os empreendedores e *stackholders*, com mais mobilidade e flexibilidade de seus institutos e relações.

Noutro pilar da discussão, os Programas de *Compliance* devem ser aplicados como uma cultura da ética para *startups*, a adoção de instrumentos contratuais, negociais e normativos que firmem o compromisso com a responsabilidade social, com o crescimento econômico[1].

Um Programa de *Compliance* pode ser perfeitamente adaptável ao modelo de negócios de uma *Startup* e traz segurança não só aos seus idealizadores, investidores, além de trazer confiabilidade no mercado, sendo fundamental uma cultura ética baseada em programas de governança corporativa e uma consequente consolidação de sua reputação[3].

Dessa forma, o objetivo do estudo é analisar o conhecimento de estudantes e profissionais na área de TIC sobre Programas de *Compliance* e suas aplicações em modelos de negócios de *Startups*.

MÉTODO

O tipo de estudo é exploratório, com abordagem hipotético-dedutiva, com procedimento de coleta de dados por meio de questionário semiestruturado e aplicado por meio eletrônico, utilizando o Google Formulários, socializado pelo link https://forms.gle/ykQpwavD8mEfv2yG7, para servidores público da Secretaria de Estado de Indústria, Ciência e Tecnologia (SEICT), professores do curso de administração e análise de sistemas da Faculdade da Amazônia Ocidental (FAAO) e profissionais do Serviço Brasileiro de Apoio às Micro e Pequenas Empresas (SEBRAE). O questionário ficou disponível para receber respostas entre os dias 3 a 13 de julho de 2019.

Participaram da pesquisa 41 respondentes, sendo 26,8% (n=11) foram respostas de profissionais da área de tecnologia da informação e comunicação (TIC) e 73,20% (n=30) foram respostas de estudantes da área de TIC. Rio Branco/AC foi a cidade com mais respondentes (n=38), seguidas de Anápolis/GO (n=01), Senador Guiomard/AC (n=01) e Cruzeiro do Sul/AC (n=01).

O questionário faz indagações sobre perfil e localidade dos respondentes, bem como 5 questões sobre *Compliance* em *Startups*, assim discriminadas: 1. Você sabe o que é um Programa de *Compliance* aplicado à Startups? 2. Você sabe qual é a função do Programa de *Compliance* para *Startups*? 3. Programa de *Compliance* é aplicável em *Startups*? 4. Tem conhecimento de como se implanta um Programa de *Compliance* a *Startups*? 5. Programas de *Compliance* são uma vantagem competitiva no modelo de negócios para *Startups*?

As respostas às questões formuladas cingiam-se a Sim; Não; Talvez. A duas primeiras com grau de certeza absoluto e altamente exclusivas, ao passo que a última mantém o grau de incerteza para efeito de conhecimento do assunto.

Utiliza-se fonte de literatura do Google e literaturas cinzentas[b], tendo em vista que elaboração do manuscrito seguiu as normas da revisão de literatura, e aproximou-se da abordagem qualitativa[4]. Ou seja, há um levantamento bibliográfico em artigos, publicações em geral, opiniões e outras formas de transmissão de conhecimento quanto ao *compliance* aplicado às *startups* considerando sua contemporaneidade e a diversificação de formas de discussão do tema, cuja publicação de artigos científicos ainda escasso; ao mesmo passo, a avaliação das respostas são consideradas em seu conteúdo, estratificadas com variáveis exclusivas e que expressam a possível compreensão do assunto pelo respondente.

RESULTADO

Os dados da pesquisa são predominantes do Estado do Acre, uma das 27 unidades federativas do Brasil, localiza-se no sudoeste da Região Norte, fazendo divisa com duas unidades federativas: Amazonas ao norte e Rondônia a leste; e faz fronteira com dois países: a Bolívia a sudeste e o Peru ao sul e a oeste, conforme se demonstra pelas Figuras 1 e 2.

Figura 1. Posição geográfica do Acre em relação ao Brasil.

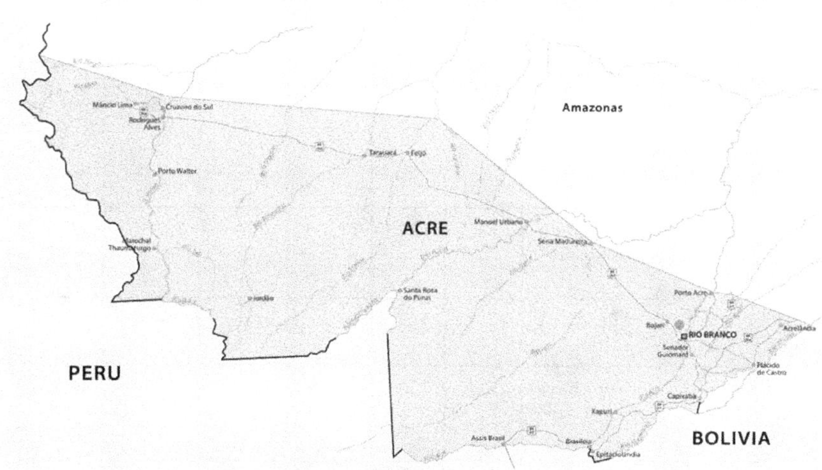

Fonte: IBGE, Diretoria de Geociências, Coordenação de Cartografia.

Figura 2. Estado do Acre com suas principais rotas e divisas.

Quanto ao conhecimento sobre *Compliance* em *Startups*, 65,9% (n=27) dos respondentes desconhecem o que é programa de *compliance* aplicação em *startups*; da mesma forma 70,7% (n=29) desconhecem a função de um programa de *compliance* para *startups* e 63,4% (n=26) demonstraram incerteza sobre a possibilidade de aplicação de programa de *compliance* em *startups*; 80,5% (n=33) não têm conhecimento de como fazer a implantação de programas de *compliance* em *startups*; 61% (n=25) afirmaram incerteza se programas de *compliance* são uma vantagem competitiva no modelo de negócios em *startups*, como bem ilustrado no quadro a seguir:

Quadro 1. Nível de conhecimento entre profissionais e estudantes em TIC sobre *Compliance* em *Startups*

Questão	Sim	%	Não	%	Talvez	%
1. Você sabe o que é um Programa de *Compliance* aplicado às Startups?	7	17,1	27	65,9	7	17,1
2. Você sabe qual é a função do Programa de *Compliance* para *Startups*?	7	17,1	29	70,7	5	12,2
3. Programa de *Compliance* é aplicável em *Startups*?	13	31,7	2	4,9	26	63,4
4. Tem conhecimento de como se implanta um Programa de *Compliance* às *Startups*?	2	4,9	33	80,5	6	14,6
5. Programas de *Compliance* é uma vantagem competitiva no modelo de negócios para *Startups*?	12	29,3	4	9,8	25	61

Fonte: Elaborado pelo Autor.

Os profissionais em TIC compreenderam 26,8% (n=11) das respostas na pesquisa e 73,20% (n=30) foram respostas de estudantes da área de TIC. De Rio Branco/AC originaram-se a maior parte das respostas (n=38), seguindo-se de Anápolis/GO (n=01), Senador Guiomard/AC (n=01) e Cruzeiro do Sul/AC (n=01).

DISCUSSÃO

O conhecimento sobre a temática de *compliance* aplicada ao mundo das *Startups* é essencial para o bom desenvolvimento de trabalhos por parte dos profissionais em Tecnologia da

Informação e Comunicação, bem como fator chave para estudantes das áreas para uma sociedade digital, onde as relações humanas e de mercado são cada vez mais inseridas no contexto virtualizado e concreto, com normatizações específicas e negócios disruptivos.

As *startups* são ambiente de ideação e concepção de negócios inovadores, com alto grau de incerteza e risco quanto aos seus impactos e resultados associados à plataformas tecnológicas e com possibilidade de crescimento exponencial, caracterizado pela ausência de regulação específica[3].

Os resultados demonstram que 65,9% (n=27) estudante e profissionais de TIC desconhecem o que é um programa de *compliance* e 63,4% (n=26) tem incerteza sobre a aplicação de *compliance* em *Startups*.

Esses níveis de conhecimento para estudantes e profissionais da área de TIC por significar riscos para os empreendimentos no modelo de *Startup* e também podem mitigação de oportunidade de mercado, pois quanto mais preparado para o ambiente de negócios mais efetividade de resultados econômicos, financeiros e técnico dos trabalhadores/empreendedores na área.

Em uma *Startup* como uma união entre empreendedores e investidores, um programa de *compliance* garantirá a prevenção e detecção de condutas criminosas e ilegais, bem como estimular uma condução ética empresarial em todas as relações, sendo as condutas éticas um fator humano importante para a integridade de regras corporativas e do programa de *compliance* que se deve instalar para garantia da segurança das relações empresariais e cumprimento dos contratos[5,6].

Outra questão que se analisa é que 70,7% (n=29) dos estudantes e profissionais em TIC desconhecem a função dos programas de *compliance* em *Startups*; do mesmo modo, 80,5% (n= 33) não têm conhecimento de como se dá sua implantação. Segundo Serpa, o programa de *compliance* deve fomentar a vontade, ou a necessidade, de se seguir a lei[5].

De acordo com Carvalho, os Programas de *Compliance* são adaptáveis ao modelo de negócio de *Startups*, estabelecendo o mínimo de governança corporativa, concretizando a ética em negócios inovadores, desmistificando as estruturas jurídicas complexas que podem atrapalhar o andamento das atividades empresariais[1].

No que tange à implantação de um programa de *compliance*, como já observado, é construído com base em normas corporativas e normas empresariais devidamente estabelecidas pelas partes[7]. Percebe-se, que no âmbito das *Startups*, essas normas corporativas são estabelecidas em contrato, em verdadeira primazia *da pacta sunt servanda* ao que as partes estabelecem.

Todavia, não se pode olvidar que além das regras estabelecidas contratualmente entre as partes há incidência de normas de direitos fundamentais quanto à dignidade, propriedade, segurança, bem como regras quanto ao resguardo da propriedade intelectual e industrial, normas consumeristas, trabalhistas e outras. Essas regras devem proteger os negócios a partir da concepção de uma ideia - esta por si só, não tem proteção jurídica - até a oferta de um produto ou serviço.

Segundo a Melo Moreira Advogados, podemos citar como instrumentos de *compliance* aplicáveis às *Startups*:

> ...formalização do negócio; formalização da Startup; memorando de entendimentos; acordo de sócios; planejamento societário; blindagem jurídica (Digital); termos de uso; políticas de privacidade;

> adequação jurídica para o Marco Civil da Internet; adequação jurídica para a Lei de Proteção de Dados Pessoais; proteção de dados pessoais; contratos de coleta e tratamento de dados pessoais; adequação jurídica de Startups de Saúde; contrato de não concorrência e não competição; contrato de vesting; contrato social; contrato de prestação de serviços com clientes e fornecedores; contrato de investimento; acompanhamento de Investimento Anjo; contratos de trabalho; registro de marcas; depósito de patentes; contratos de propriedade intelectual; cessão de direitos; contratos de E-commerce e outros[7].

A implantação de um programa de *compliance* para *Startup* deve considerar cada etapa do processo de desenvolvimento, desde a criação até o produto ou os serviços gerados pelo processo criador e desenvolvedor, sempre com o fim de garantir segurança jurídica, ética e reduzir os riscos decorrentes da natural incerteza do negócio inovador de todas as *Startups.*

Ter como elemento essencial a integridade negocial que pode ser produzido por um programa de *compliance* e tem como um dos efeitos ser um fator de competitividade no mercado.

Outra questão pesquisada é o entendimento de estudantes e profissionais em TIC quanto à visão de *compliance* enquanto fator de competitividade em negócio de *Startup*, como 29,3% (n= 12) positivas e, noutro passo, com 61% (n= 25) deixando clara a incerteza de sua compreensão.

De acordo com Costa, não basta apenas uma ideia e um investimento para que a *startup* saia do papel, cresça e entre no mercado: são necessários cuidados em relação à propriedade intelectual, registros de nomes e de marcas, identidade visual a ser consolidada, formalizações necessárias a sua gênese através da criação empresarial propriamente dita, que vai desde o memorando de entendimentos, instituição da forma societária, contratação de funcionários, até o monitoramento contínuo dos indicativos. Em todas essas fases, o acompanhamento jurídico se torna essencial e o auxílio de um profissional de *compliance* faz-se necessário para que todas as fases sejam monitoradas e reguladas[3].

O fator de competitividade das *Startups* é decorrente da lei, que interfere nas relações com clientes e fornecedores, bem como interfere nas medidas de sanções aplicáveis em situações de responsabilização.

No caso brasileiro, desde que sejam enquadráveis nas disposições do Decreto nº 8.420/2015 definiu no seu art. 41 o que é Programa de Integridade, que regulamentou a Lei Anticorrupção (Lei nº 12.846/2013):

> "Programa de integridade consiste, no âmbito de uma pessoa jurídica, no conjunto de mecanismos e procedimentos internos de integridade, auditoria e incentivo à denúncia de irregularidades e na aplicação efetiva de códigos de ética e de conduta, políticas e diretrizes com objetivo de detectar e sanar desvios, fraudes, irregularidades e atos ilícitos praticados contra a administração pública, nacional ou estrangeira".

Decreto nº 8.420/2015:

> *(...)*
>
> *Art. 5º No ato de instauração do PAR, a autoridade designará comissão, composta por dois ou mais servidores estáveis, que avaliará fatos e circunstâncias conhecidos e intimará a pessoa jurídica para, no prazo de trinta dias, apresentar defesa escrita e especificar eventuais provas que pretende produzir.*
>
> *(...)*
>
> §4º Caso a pessoa jurídica apresente em sua defesa informações e documentos referentes à existência e ao funcionamento de programa de integridade, a comissão processante deverá examiná-lo segundo os parâmetros indicados no Capítulo IV, para a *dosimetria das sanções a serem aplicadas.*
>
> *(...)*

Empreendimento e empresas com programas de integridade trazem um componente de competitividade concernente à ética na condução dos negócios perante seus colaboradores e os *stakeholders* interessados no negócio, principalmente quando esse componente passa a ser critério de avaliação em licitações, contratos e outros ajustes com empresas públicas e privadas.

Já nos mercados internacionais, as disposições da FCPA (EUA) *Sarbanes-Oxley* (EUA) e a *UK Bribery* (Reino Unido), tornam obrigatória a adoção de medidas de conformidade legal e ética nas empresas, para celebração de qualquer negócio, ou seja, medidas de *Compliance*, perfeitamente aplicáveis às *Startups*.

As *startups* são ambientes de ideação e inovação, com associação tecnológica, negocial e jurídica que os participantes se envolvem em responsabilidades e obrigações operacionais e gerenciais que se confundem. É o ambiente de *bootstrapping*, que se caracteriza pela ausência de regulação específica, sendo um ambiente fértil para programas de *compliance*, que podem significar vantagens competitiva de mercado, como mecanismos que assegurem direitos e mitiguem as incertezas inerentes ao modelo de negócio.

O Brasil tem iniciativas do Poder Executivo para propositura de uma regulação apropriada às *startups* e seus ambientes de negócios, conforme se observa pela proposta do Marco Legal de *Startups* e Empreendedorismo Inovador, com a criação da figura jurídica da Sociedade Anônima Simplificada (SAS), objeto de consulta pública promovida pelo Ministério da Ciência, Tecnologia, Inovações e Comunicações. O texto proposto, que ficou disponível até 23/06/2019, não tem nada de simplificada e demonstra uma real incompreensão do modelo de negócio e pode significar um verdadeiro entrave burocrático de mercado. A SAS é absolutamente burocrática, exigindo um tratamento tributário e administrativo não volátil que os modelos de *startups* exigem.

Como já destacado, os ambientes de negócios desenvolvidos em uma *startups* são ausentes de regulação específica e a liberdade de criação, concepção, lastreada em plataformas digitais e de alto risco podem ser adequadamente regulados por mecanismos de *compliance* que garantam a lisura das relações negociais com base na *pacta sunt servanda* e boa-fé entre as partes, mitigando riscos e garantido a legalidade, legitimidade e repartição de benefícios em mercados exponenciais.

Há uma necessidade de regulação dos modelos de negócio das *startups* com a simplificação de procedimentos quanto à regulação documental e incidência de tributação sobre suas fases de transação sob pena de se fadar ao eterno costume brasileiro de arrefecer o crescimento desse modelo de negócio e prejudicar totalmente o ambiente de inovação e a celeridade que eles proporcionam ao mercado de produtos e serviços tecnológicos.

Por oportuno, estudos sistemáticos sobre a temática apesar da pululância da temática, mas ainda requerem um trato de cientificidade mais apurado para orientação de estudantes e profissionais nas áreas de tecnologia em ambiente negociais de *startups* e programas de *compliance.*

CONCLUSÃO

O conhecimento dos estudantes e profissionais em TIC sobre conceitos, instrumentos e efeitos práticos de Programas de *Compliance* aplicáveis aos modelos de negócios em *Startups* permitirá maior capacidade de atuação no mercado de trabalho contemporâneo.

Noutro passo, o conhecimento sobre *compliance* aplicável às *Startups* nas universidades e ambientes de trabalho garantirá segurança jurídica, credibilidade ética e aumento de competitividade em mercados internos e externos desse modelo de negócio.

A regulação de mercado digital ainda é deficiente no Brasil, carecendo de um arcabouço jurídico mais robusto e que atenda a celeridade de mercado que, no caso das *startups* é característica principal e em empreendimentos recheados de incertezas.

De toda forma, os conceitos, instrumentos e efeitos práticos de programas de *compliance* aplicados às *Startups* é terreno estimulante e passível de tanta criatividade quanto o próprio modelo de empreendimento, sendo a compreensão e utilização de programas de *compliance* uma necessidade para estudantes e profissionais em TIC, com fins ao melhor aproveitamento das potencialidades negociais e profissionais que possam experimentar em um mercado digital cada vez mais presente em uma sociedade de convergência e numa economia de dados.

REFERÊNCIAS

1. Carvalho CB. *Compliance* para *Startups*: Como Utilizar. 10/5/2018. Disponível em: <https://parceirolegal.fcmlaw.com.br/startup/compliance-startups/> Acessado em: 08/08/2019;

2. Albuquerque R. *Startups* e a sobrevivência pela ótica jurídica. E-Commerce News: Tudo sobre comércio digital. 22/10/2018. Disponível em:< https://ecommercenews.com.br/artigos/dicas-artigos/startups-e-a-sobrevivencia-pela-otica-juridica/> Acessado em: 08/08/2019;

3. Costa J. Os benefícios de um programa de *compliance* nas *startups*. 8/8/2019. Migalhas. Disponível em:< https://www.migalhas.com.br/dePeso/16,MI295749,21048-Os+beneficios+de+um+programa+de+compliance+nas+startups> Acessado em: 08/08/2019;

4. Dourado CS, Fustinoni SM, Schirmer J, Brandão-Souza C. Body, culture and meaning. J Hum Growth Dev. 2018; 28(2):206-212. DOI: http://dx.doi.org/10.7322/jhgd.147240

5. Serpa AC. *Compliance* descomplicado: Um guia simples e direto sobre Programas de *Compliance*. 1ª ed. 2016;

6. Silveira ADM. Governança corporativa no Brasil e no mundo: teoria e prática. 2ª ed. Rio de Janeiro: Elserver, 2015;

7. Melo Moreira Advogados. Disponível em: https://melomoreiraadvogados.com.br/o-que-podemos-fazer-pela-sua-startup/ Acessado em: 08/08/2019;

8. Brasil. Poder Executivo. Ministério da Ciência, Tecnologia, Inovações e Comunicações. Disponível em: <http://www.mdic.gov.br/index.php/inovacao/marco-legal-de-startups>. Acessado em: 25/08/2019.

[a] *Vesting* é um instrumento contratual popularizado pelas *startups* que prevê uma aquisição progressiva de direitos sobre o negócio. Na prática, ele busca garantir que a participação de fundadores e funcionários nas ações da empresa seja compatível com o envolvimento real que eles tiveram no seu crescimento e sucesso (Fonte: http://marcelotoledo.com/vesting-o-guia-definitivo/).

[b] O tema é novo, e por sua natureza dinâmica e com rápida mutação, utilizou-se de informações da Internet, publicações em blogs etc, sendo fundamental para assegurar a contemporaneidade do artigo.

www.ingramcontent.com/pod-product-compliance
Lightning Source LLC
Chambersburg PA
CBHW071321210326
41597CB00015B/1301

9780989076173